公安部公安理论及软科学研究计划项目（2012LLYJGXST071）资金支持

警察法治的理论与实践

陈 华 著

知识产权出版社
全国百佳图书出版单位

图书在版编目（CIP）数据

警察法治的理论与实践／陈华著．—北京：知识产权出版社，2019.6

ISBN 978-7-5130-6260-2

Ⅰ.①警…　Ⅱ.①陈…　Ⅲ.①警察—法治—研究—中国　Ⅳ.①D922.14

中国版本图书馆 CIP 数据核字（2019）第 094608 号

责任编辑：刘　睿　邓　莹　　　**责任校对**：谷　洋
文字编辑：邓　莹　　　**责任印制**：刘译文

警察法治的理论与实践
陈　华　著

出版发行：	知识产权出版社有限责任公司	网　　址：	http：//www.ipph.cn
社　　址：	北京市海淀区气象路 50 号院	邮　　编：	100081
责编电话：	010-82000860 转 8346	责编邮箱：	dengying@ cnipr.com
发行电话：	010-82000860 转 8101/8102	发行传真：	010-82000893/82005070/82000270
印　　刷：	保定市中画美凯印刷有限公司	经　　销：	各大网上书店、新华书店及相关专业书店
开　　本：	710mm×1000mm　1/16	印　　张：	17.25
版　　次：	2019 年 6 月第 1 版	印　　次：	2019 年 6 月第 1 次印刷
字　　数：	270 千字	定　　价：	68.00 元

ISBN 978-7-5130-6260-2

序　言

警察权乃现代国家公权之核心权力。其一方面担负着打击违法犯罪、维护社会秩序与公共安全之神圣职责，另一方面又充当着公民权利保护神的重要角色。警察权之运行既要体现国家权力所共有的公益性、法定性和支配性等特征，又需要体现高度的效率性、强制性、风险性等特殊个性。基于对“权力扩张性”和“即时强制性”的高度警觉，无论是理论上还是实践中，警察权在造福桑梓保一方平安的同时，往往被视为最有可能侵犯公民权利的国家“威权”，社会各界对警察执法的要求也近乎苛刻。

国内警察法的研究虽起步较晚、时间不长，但是其对法治国家建设的重要意义已获各界共识，表现在“警察法治”相关议题逐渐受到学界和实务界的关注。目前国内围绕“警察法治”展开的研究多从“权利本位”出发，以“分权和控权”为主要研究思路，以规范和治理警察权及其运行为基本目标。学界从不同视角展开了系列研究，晚近比较有代表性的议题包括：警察法基础理论研究，对警察的本体论、价值论、发展论等进行阐释；中国警察发展史研究；中外警察制度比较研究；“袭警罪”立法问题研究；警察涉枪问题研究；警察防卫权研究；警察盘查、讯问、传唤等强制措施研究；警察职（执）业保障研究；警察执法公信力和执法权威研究以及《人民警察法》修改问题研究等。总体上看，国内警察法研究呈现出鲜明的问题导向特征，即由个案或类案进行法理阐释进而提出应对策略。随着警察职业化发展，网络警察、环境警察等新型警察的出现必将引发更多的理论和实务探讨。尤其是在步入“新时代”的伟大时刻，我国社会的主要矛盾和治理方式均发生了深刻变革，警察执法环境亦面临广泛而深刻的变化：全球化的反恐、禁毒和犯罪趋势，互联网时代虚拟财产的保护，自媒体时代公民自由的保护，人工智能带来的治理理念与方式革新等，这些问题都需要公安机关及人民警察在权力规范依据、运行机制、教育培训和执法理念上做出必要的回应和调整。

作为一名公安院校的教师，笔者在十八年的法律教学、科研以及数次赴基层公安机关挂职锻炼过程中，持续不断地对上述警察法治进程中的理论与实务问题进行追问和反思。本书所收录的内容是这期间发表的部分论文和从未公开出版或发表的课题研究报告，并根据学科属性进行分类汇总。具体包括：第一章“警察法治理论研究”，对中国宪法文本中的警察权、公安执法规范化与人权保障之关系、法治理念与公安执法同构之关系、人民警察的宪政意识、公安执法的动机问题、公安人性化执法的形成要素与实践价值等问题进行初步的理论探讨；第二章“警察教育研究”，对警察院校的人权法教学、《行政法》课程教学改革、宪法课程事例教学改革以及公安院校警务化管理等当下事关警察职业素养和执法能力的我国警察教育进行反思；由于广西地处边境地区，与东盟国家依山傍水，因此笔者较为关注对东盟国家警察制度以及警务合作问题的研究，于是便有了第三章“国际警务研究”，包括“中国—东盟区域警务合作机制研究”“中外警察教育培训机制比较研究”以及国内几乎是首次对马来西亚警察制度进行的精细化研究；第四章“警务实践研究”，重点分析当前警务实践中发生或面临的焦点问题，如当前频繁发生的“袭警案”“辱警案”所引发的“行政执法中的警察执法权益保障研究”；由司法体制改革中“以审判为中心”改革引发的“我国刑事侦查程序中被害人参与权保护”问题的关注；基于困扰基层公安工作多年的“基层公安机关法制部门的困境与反思”以及在信息化高速发展背景下对“大数据时代公安机关侦查模式转型”的思考与探索。

持续多年的公安执法规范化建设经验表明，“警察法治”是中国特色社会主义道路中国警察制度发展的必由之路。在中国的文化传统和权力构造背景下，警察法治建设进程不会一帆风顺，因为无论是从理论还是从实践看，仍有太多的问题值得我们关注和研究。但我相信，伴随着习近平新时代中国特色社会主义理论不断由理念转变为现实，中国警察当前所面临的“人民群众日益增长的警务需求与警察权的不充分不平衡发展之间的矛盾”必将得以解决。“路漫漫其修远兮”，我们需要时间，也需要更多理论与实务界的专家学者参与警察法学研究，更需要可以相互交流和沟通的平台，这也许正是本书结集出版的意义所在。

陈　华

2019 年 3 月 15 日于邕城寓所

目　　录

第一章　警察法治理论研究

第一节　中国宪法文本中的警察权研究*

在宪治国家中，宪法统领国家政治生活并约束着一切国家权力。警察权作为事关国家安全、社会稳定和人权保障的重要权力亦不例外，其产生运行必须获得宪法或法律授权。从宪法文本角度观察，尽管世界各国对警察权的规范方式不尽相同并各具特色，但对警察权之目的与功能界定则高度相似。这在一定程度上为我国警察权之宪法规制提供了经验和借鉴。我国宪法文本亦不乏警察权规范，"人权保障""分工制约"等宪法原则应成为当前警察法修改之基本理念，并在警察权功能与范围界定、警察法体系构建等问题上，与宪法精神与规范保持一致。

一、宪法是警察权产生和运行的根本性规则

（一）宪法是警察权的正当性源泉

在宪治国家中，现代警察机构是基于社会公共安全、公共服务以及公民权利保护的需要，由法创建，是宪法和民主政体的产物。宪法作为一国公民意志的最高反映，是集民主、政治、法律与道德认同等多重因素的集合体，是宪治国家内最为仰仗的治国宝典，是一切国家权力产生运作的基

* 本部分的写作得到广西警察学院院长、博士生导师张军教授的悉心指导与修改，在此表示感谢。

础。正因如此，执行能够为现代国家及其民众带来安稳与福祉的宪法和法律，无疑成为警察权存在的最大理由。换言之，警察只有最为忠实地执行宪法，守护宪法所确立的“人民主权”“安全秩序”“公平正义”“人权保障”等理念，捍卫宪法所确立的各项制度，才能从根本上保证其权力的正当性。

（二）宪法是警察权功能定位的最高依据

警察权作为一种特殊的行政权，其本质是执法权。[1] 警察执法在某种程度上就是“会说话的法律”，必须忠实地实现法律的意图。出于权力的平衡以及对权利的保护，在涉及警察权这种具有极大强制力的国家权力时，应当由立法机关或者是制宪机构规范警察权的设置、运作、监督等基本问题，而不能由行政权以“行政立法”自我赋权。因此，警察权的定位就是维护并实现国家宪法及法律，在价值取向上必须与宪法保持一致。一方面，国家通过宣告宪法的最高权威，包括警察权在内的一切国家权力运作是否合法或正当，都须依据宪法判定。另一方面，依据宪法原理，公权力与私权利呈现出反比例关系，警察权的扩张同时意味着公民权利的缩减。[2] 尤其在当下，各国均面临着严峻的公共安全压力和秩序管控压力，势必引发对警察权扩张、适当压缩诸如隐私权、信息自由、言论自由等公民权利的发展空间。如何平衡警察权与公民权两者之间的关系，既是宪法面临的社会挑战，也是警察权功能定位的新课题。但从总体上看，警察权的功能，正在宪法的作用下同现代国家一起，在实现社会秩序稳定和保障人权方面发挥着无法取代的作用。

（三）宪法是警察权运行的终极边界

警察作为宪政国家的基础性力量，创设的目的即为维护国家安全、社

---

[1] 关于警察权的性质，我国理论界一直存在争议。一说认为公安机关作为行政机关，其行为属执行法律，本质上属行政权；另一说认为警察因办理刑事案件而具有刑事司法属性，故性质上兼具行政权与司法权属性。笔者采取前说观点，原因详见后文。

[2] 刘杰．论我国警察权的宪法制约与监督机制的构建［J］．安徽警官职业学院学报，2005（2）：37.

会稳定以及权利保护，这与宪法和国家的根本目的是一致的。作为实现宪法和法律的主要力量，警察权可以使用武力和暴力，然而正是由于这种暴力属性，警察权最有可能违背宪法目的和使命被不当使用。[1] 为此，为警察权划定运行边界，应当成为宪法的基本内容之一。尤其是在特殊的历史条件下，立法很可能基于某种特殊目的而赋予警察特殊权力，从而忽视并侵犯宪法所保护的公民基本权利，或者以改革或制度创新的名义扩张警察权，进行所谓“良性违宪”，此时的警察权由于具备法律授权而具有形式意义上的合法性，但其正当性应当通过宪法审查机制进行检验。在此意义上，宪法应当成为警察权运行的终极边界和审查依据，警察权的运行必须符合人民的最高意志，符合宪法精神并经得起合宪性审查。

二、多国宪法文本中的警察权考察

既然宪治国家中警察权是如此重要，最理想的规范形式莫过于在本国宪法文本中明确规范警察权，让本国公民站在宪法的高度对警察权有最为直观和清楚的认知。宪法文本与警察权之关系究竟如何？笔者选取了 15 个不同类型国家的宪法文本进行考察，[2] 并初步归结出以下几个特征。

（一）宪法文本是否明文提及“警察权”存在差异

在考察的国家中，宪法文本中直接提及“警察”或“警察权”的国家主要是议会内阁制和议会制君主立宪制国家，[3] 而总统制国家宪法中几乎没有提及“警察”二字，相同的情况也出现在人民代表会议制国家的宪法

---

[1] 刘洋．警察执法的宪法维度［J］．中国人民公安大学学报（社会科学版），2015（2）：92.

[2] 此次国家的选取兼顾了政权组织形式的差异，既有总统制，也有议会内阁制、议会君主制、委员会制、人民代表制；也兼顾了地域因素，囊括了五大洲的不同国家，具体为美国、法国、澳大利亚、希腊、南非、俄罗斯、德国、意大利、阿联酋、新加坡、韩国、朝鲜、瑞士、越南及葡萄牙。此外，鉴于制宪传统因素及研究便利，只考察成文宪法国家，英国等不成文宪法国家未列入本次考察范围内。

[3] 以瑞士为代表的委员会制国家的宪法也直接提到了警察，但因其政体在世界范围内不具代表性，故此不做分析。

中。笔者认为，之所以呈现如此情形，与不同国家间政体差异有很大关系：在议会政制国家中，议会是国家政治生活的中心，“议会至上”的传统下，行政权需要对议会负责并接受其监督，警察权作为“野性”最大的行政权，势必受到立法权的最大关注，因而在宪法中，民意更为关心的是对警察权的制约与控制。在总统制国家中，以总统为代表的行政权处于优势地位，而警察权只是行政权的一部分，作为“二级”权力存在而被认为在宪法中无须特别提及。在人民代表会议制国家中，由于受到传统社会主义国家学说影响，警察被认为是国家的“暴力机关”或“专政工具”，不太适合直接规定在宣扬权利保护的宪法中。可见，不同国家因为政治现实的差异，对警察权的态度并不一致，因此在制宪时采取了不同的策略对待警察权，故而警察或警察权是否明确纳入宪法文本并无普世性的范式。

（二）警察权在宪法文本中出现的位置不尽相同

由于各国宪法文本结构有所区别，故警察权被放置于不同的章节予以规定，体现出制宪者不同的设计思路：其一，警察权相关规定放置在“公民权利”部分的国家最多，占据考察对象半数以上，并且以代议机关优位的议会制国家居多。由此可见，在制宪传统上，警察权被认为是公民权利最主要的威胁，并且主要通过约束或限制以达到保护公民权利的目的。例如，韩国虽然是总统制国家，但其宪法明确规范了警察行为，且主要在“国民的权利与义务”一章中对警察权的行使进行规制。❶ 其二，在司法制度与司法机构中提到警察或警察权，内容主要是规定警察在司法过程中的行政协助职能。例如《阿拉伯联合酋长国临时宪法》第 106 条规定：“设联邦检察官一人，经内阁同意后以联邦命令予以任命。并设立由若干成员组成的检察署协助其工作。……联邦刑事诉讼法及法院规定这一机构的权限及其工作程序，以及检察官助手对警察与公安部门的权力。”❷ 其

---

❶ 《大韩民国宪法》第 29 条。可参见 http：//baike. baidu. com/link？ url = kE-OiTqVIcvzT7FUpqo2CshHpzkB0TUSuNv4VqbxdMqF_ SLIIRon-fHi81Csjk1JHbu3ax2vbqzAh-X0pVYoGOuq。

❷ 阿联酋临时宪法全文内容，可参见 http：//www. 360doc. com/content/15/0519/09/3872310_ 471627107. shtml。

三，在国家机构或政府组织形式中提及警察权，此类国家多属议会内阁制，因而宪法行文更偏重对警察权的限制。例如《德意志联邦共和国基本法》第 87 条规定："联邦边境保护机关，警察情报和通信、刑事警察以及为保护宪法、防止在联邦境内通过使用暴力或准备使用暴力的准备活动危害德意志联邦共和国的外交利益而收集资料的中央机关，由联邦立法建立。"❶《意大利共和国宪法》第 98 条第 3 项规定："对于法官，现役军人，警务人员与警察，驻国外的外交代表和领事，法律可对其加入政治党派的权利加以限制。"❷

（三）宪法文本很少对警察或警察权的含义进行阐释

通过考察笔者发现一个颇有意味的现象，即很少有国家的宪法文本专门针对警察或警察权的含义进行界定，越南是极少数界定警察"定义"的国家，在《越南社会主义共和国宪法》中规定："国家建设革命化、正规化、逐步实现现代化的人民公安部队，人民公安是保卫国家安宁、维护社会秩序，保卫政治稳定，保卫公民的民主自由权利，保卫社会主义财产和公民的生命财产和同犯罪作斗争的骨干力量。"❸ 笔者认为，各国之所以不在宪法中对警察（权）含义作出解释，除了"警察"含义本身已经在语言学意义上固定化和专属性，极易为普通人理解而无须过多解释外，从制宪技术层面看，多数认为警察权属于行政权的范畴，其含义或制度更适合由立法机关通过专门性法律加以细致规范，宪法作为高度概括和抽象的最高效力的法，并无太多空间也无必要对如此"细微"的问题进行规定。

---

❶ 德国宪法的全文内容，可参见 http：//jpkc. fudan. edu. cn/s/63/t/376/19/61/i/9/info6497. htm。

❷ 意大利共和国宪法的全文内容，可参见 http：//www. 110. com/fagui/law_14949. html。

❸ 此处的"人民公安"基本等同于"警察"的含义，但这段表述突出的是警察的目的，明显侧重强调警察的阶级性与政治性，更像是一种定义或口号，而对警察的性质、权力内容、监督等实质性内容没有涉及。本部分参考自刘琳璘．警察含义的宪法分析［J］．中国人民公安大学学报（社会科学版），2012（6）：125-128.

（四）各国宪法文本中警察权的目的与功能高度相似

在被考察的国家中，尽管各自国体、政体及法治状况不同，但其宪法文本中的警察权还是呈现出了某些相似之处，主要表现在：第一，警察权被普遍地认为是一种行政权。虽然一些国家宪法文本在司法机构或司法制度中提到警察，但其内容仍然强调警察的行政执法性，例如《希腊共和国宪法》第96条第2款规定："可处以罚金的违反社会治安的案件交由行使警察职责的机关审理。"❶ 第二，警察权的目的在于维护公共秩序和公民权利。例如《德意志联邦共和国基本法》第35条第2项："为维持或恢复公共安全或秩序，在特别重要的情况下，如果没有这种协助警察就不能完成或相当困难才能完成任务时，各州可呼吁联邦边防军的部队和设施来协助其警察。为应付自然灾害或某种特别重大的事件，各州可要求其他各州警察或其他行政当局或联邦边防军或国防军的部队和设施的协助。"又如《希腊共和国宪法》第11条第2款规定："只有在公共场所举行集会，警察始得在场。依照法律的规定，在公共场所举行集会如直接严重威胁社会治安，特别是严重扰乱社会、经济生活时，一般得根据警察当局说明理由的决定予以禁止。"第三，警察权主要以法定的强制方式实现其功能，但不同程度地兼具公共服务功能，呈现出消极行政与积极行政并存的特点。例如，几乎所有国家均规定警察权必须以法律为依据，例如《德意志联邦共和国基本法》第91条规定："为避免联邦或州的存在或自由民主的基本秩序遭受任何紧迫危险，各州可以要求其他州的警察，或其他行政机关的力量和设施以及联邦边防军的协助。"《葡萄牙共和国宪法》第272条规定："警察措施由法律规定，非确实必要不得使用。"

综上所述，由于各国宪政传统、政治实践以及法律文化等诸多因素的差异，不同国家的宪法对警察权的规制采取了不同的方式，有的直接在宪法文本中作出规定，有的则是通过立法加以规范，而有的甚至完全没有提及。警察权在不同国家的法律属性大致相同，即被视为治安性行政权力，

---

❶ 希腊共和国宪法全文内容，可参见 http://www.chinalawedu.com/news/15300/154/2006/1/ma18961840441421600210060８_182381.htm。

但具体的规制方法有所区别，有的强调其司法控制性，主张在司法程序中对警察权进行约束，而有的则习惯以行政权力的自我约束为主。尽管各国宪法文本对警察权的规定各有千秋，但有一点是共通的，即强调警察权是维护社会秩序和人权保护的最为仰仗的力量，并且均致力于在两者间寻求平衡。正是基于这样一个基本共识，让我们对多国宪法文本的梳理具有极强的现实意义，即如何在中国这样一个后发型法治国家中以宪法来规范和保障警察权，在中国的宪法文本中，警察权是否应该具有一席之地？怎样在中国语境和传统之下，让警察权这样一个“无冕之王”接受宪法的约束，是一个非常有奠基性意义的法治话题。“他山之石，可以攻玉”，回归中国宪法文本，寻找警察权规范的精神与制度源头，也许不失为思考和解决当下困扰警察执法和制度建设的可行路径。

三、我国宪法文本中的警察权解读

在我国的宪法文本中，“警察”二字虽未出现，但“公安”二字在宪法的不同位置出现了六次。❶ 为直观呈现我国宪法对警察权的规定，现对相关的六条宪法规定作逐一解读。

其一，《宪法》第 37 条第 2 款：“……任何公民，非经人民检察院批准或者决定或者人民法院决定，并由公安机关执行，不受逮捕。”

---

❶ 在大陆法系国家，警察与警察机关是通行的称谓，如在法国，警察既指人员又指机关，警察一词可在人员与机关双重意义上使用。而在我国，警察主要指人员而非机关，机关称为公安机关（还包括安全机关等履行警察职能的部门），在相当一个时期内，“警察”被视为旧法术语而被弃用并改称公安人员。直至 20 世纪 80 年代后，随着 1980 年《人民警察使用武器和警械的规定》以及 1995 年《中华人民共和国人民警察法》的颁布，“警察”一词才在我国法律上逐渐恢复。但作为机关，我国一直沿用“公安机关”而未使用“警察机关”这一称谓，而且习惯上也一直将警察称为“人民警察”。在实践中，“警察”与“公安”并非严格区分的概念，二者在一般语义上等同。而在学术上，“警察”是一个较“公安”指向范围更大的概念，它既包括公安机关及人员，也涵盖了安全机关、司法机关及其他行政机关中履行警察职能的人员。在本书的论述中，除特别指出外，并不对二者的概念做严格区分，并且将警察权理解为：“宪法或法律规定的警察（公安）机关及警察人员为实现警察目的依法享有的创制警察法律规范、实施警察组织管理、执行警察公务的各种权力的总称。”

《宪法》第37条是对公民人身权的保护规定。在总结“文化大革命”的严重教训基础上，现行宪法增加了第2款的规定，原因是为了让公民人身权的宪法保护更具可操作性。上述第2款是对保护公民人身自由权的排他性规定，除了宪法设定的这个条件任何人均不受逮捕，且明确规定了逮捕的批准权或决定权属于人民检察院或法院，除此以外任何机关、团体或个人都没有这种权力。逮捕的执行权专属于公安机关，公安机关是宪法确认的唯一拥有逮捕执行权的部门。与前述部分国家将警察权放置在公民基本权利章节表述类似，我国《宪法》第37条第2款的规定同样是通过明示公民具有某种基本权利，并且警察（公安）是保护这种基本权利的重要手段。该条款暗含的基本理念是：公安机关（警察权）无权决定事关限制公民人身自由的事项，这种权力属于司法机关（检察院或法院），❶ 警察权只是作为执行性的行政力量去实现司法机关的决定。同时为了实现国家权力间的平衡（制约），逮捕的决定权和执行权要实现分离，分别专属于不同机关，在事关逮捕的事项上，警察权专职于逮捕的执行。

其二，《宪法》第40条：“中华人民共和国公民的通信自由和通信秘密受法律的保护。除因国家安全或者追查刑事犯罪的需要，由公安机关或者检察机关依照法律规定的程序对通信进行检查外，任何组织或者个人不得以任何理由侵犯公民的通信自由和通信秘密。”

《宪法》第40条是对公民通信自由权的保障规定，体现了宪法对公民个人隐私权的保护，但权利并非绝对的，国家基于正当理由和法律程序，可以对公民的通信自由加以限制。公安机关（警察权）此时因为宪法授权而拥有了限制的权力，但必须满足宪法设置的条件：一是国家安全或者追查刑事犯罪的需要；二是必须依据法定的程序进行。国家安全是一个含义高度概括和模糊的概念，警察权是否拥有对其的解释权？从立宪精神看，警察权在限制公民通信自由时，是需要被约束以防止被滥用的，因而无权对国家安全进行任意解释，以免扩大介入事由而加大公民权利的负担。有

❶ 在学界，我国“司法机关”的界定一直存在争议，本书的讨论遵循传统观点，将检察院和法院列入司法机关范围。

权解释应当属于“法律”，即全国人大及常委会通过立法进行解释，如《刑法》中关于“危害国家安全罪”的认定。另外需要注意，“依照法定程序进行”是宪法对警察行使检查权的限制，是宪法防止对警察权恣意的技术性措施。由此可见，我国宪法仍然是将警察权作为人权保护的必要手段进行定位，并且对其运行提出了基本的程序性要求。

其三，《宪法》第 89 条第（3）项：“国务院行使下列职权：……（八）领导和管理民政、公安、司法行政和监察等工作。”

《宪法》第 89 条是关于国务院职权的规定。国务院是国家的最高行政机关，也是最高立法机关的执行机关，统领全国的行政事务，拥有最高的行政权。由于行政事务的复杂性与专业性，国务院设置不同部委并委以不同的行政管理权以达到高效管理行政事务的目的。公安机关是负责维护国家安全、社会秩序以及打击刑事犯罪的部门，是行政机关体系内重要的行政执法力量。我国《宪法》第 89 条第（3）项规定的意义在于，明确公安（警察）作为国务院的下设部门的宪法地位，即警察权是国家重要的行政权，警察执法行为是行政执法性质的行为。这与前述部分国家中，将警察列为国家组织机构的做法一致，即警察是不同于法院（或检察院）等司法机关的行政机关，因而警察权的运行要遵循宪法设置的行政权运行规则，接受权力机关或司法机关的监督，并且在刑事案件的个案中，与司法机关形成宪法或法律设定的协作或制约关系。

其四，《宪法》第 107 条：“县级以上地方各级人民政府依照法律规定的权限，管理本行政区域内的经济、教育、科学、文化、卫生、体育事业、城乡建设事业和财政、民政、公安、民族事务、司法行政、监察、计划生育等行政工作，发布决定和命令，任免、培训、考核和奖惩行政工作人员。”

《宪法》第 107 条是关于地方各级人民政府职权的规定。与联邦制国家不同，我国是单一制国家，警察权作为行政权属于国家集中统一行使，各地各级政府只能在遵循中央政府统一领导下管理本行政区域内的公安工作。实践中，由于财政上分税制的存在，目前我国各地的公安机关及人民警察的人财物等问题主要由地方负责，公安部作为国家级的警察部门的最高领导机构，主要在机构建制、部门规章以及业务指导等方面发挥宏观性领导作用。由此可见，我国宪法目前并未对公安机关的组织建制以及经费保障等基本制度问题作出规定，应当由法律作出相应规定。而目前《人民警察法》对此问题也未作明确规定，遂导致实践中警察队伍的管理方面存在诸多问题。

其五，《宪法》第120条："民族自治地方的自治机关依照国家的军事制度和当地的实际需要，经国务院批准，可以组织本地方维护社会治安的公安部队。"

该条是对民族自治地方可以建立地方公安武装力量的规定。我国的1954年《宪法》也曾经规定民族自治地方自治机关享有这一自治权，并且在20世纪50年代，内蒙古及新疆等自治地方曾相继组建了本地方的公安部队。后由于"左"的思想影响，民族自治地方的公安部队被取消。1982年《宪法》总结了1954年《宪法》的经验，作了更切合实际的修改，表现在：首先，是否建立公安部队要依照当地的实际需要；其次，公安部队建制可以按我国的军事制度组织；再次，能否建立公安部队要经国务院批准；最后，明确规定公安部队的任务是"维护社会治安"。我国宪法之所以允许少数民族组建公安部队，是因为中华人民共和国成立前有的少数民族就有地方武装的传统。然而中华人民共和国成立后国家不允许保留地方武装，若少数民族确有必要建立武装，则只能将武装职能定位于维护社会治安，不能用于军事目的。❶ 在当前的宪政实践中，《宪法》第120条属于沉睡中的条款，因为国内各民族自治地方均未组建地方公安部队。但宪法的这一条款并非毫无意义，它一方面表明了国家对民族地区少数民族传统和自治权的尊重，另一方面也为将来民族自治地方确因防暴反恐、边疆安全、民族团结等安全问题的需要而组建独具民族特色的公安部队留下了宪法空间，具有非常丰富的理论研究价值。

其六，《宪法》第135条："人民法院、人民检察院和公安机关办理刑事案件，应当分工负责，互相配合，互相制约，以保证准确有效地执行

---

❶ 蔡定剑．宪法精解［M］．北京：法律出版社，2004：396.

法律。”

该条是对公安、检察院、法院在刑事诉讼中相互关系的原则规定。所谓“分工负责”，是指在刑事案件中，公安机关负责案件的侦查、拘留、执行逮捕及刑事强制措施等，以查证是否犯罪的证据；检察机关负责对公安机关侦查案件批准逮捕，对国家公职人员犯罪进行侦查、提起公诉；法院负责对公诉案件的审判。所谓“相互配合”，目前并无法律上的明确要求，主要是对公、检、法三家的一种工作上的要求，即互相配合，不能推诿或扯皮。所谓“相互制约”，体现在公安机关侦查的行使案件需要逮捕的，须经检察院批准；公安机关侦查终结的案件需移送起诉的，检察院有决定权；检察机关对审判中违反法定程序的，有权向法院提出纠正意见，对认为裁判有误的案件，可以向上一级法院抗诉；公安机关对检察院决定不起诉的案件，认为有错误的可以要求复议，当意见不被接受时，可以向上一级检察院提请复核。《宪法》通过第135条的规定，确定了我国刑事诉讼中公、检、法三家的工作关系、机制与目的，这与其他国家的刑事诉讼模式有本质区别。在宪法所确立的这种“分工、配合、制约”的关系模式中，权力分工是为了制约，并在制约的同时实现配合，整个诉讼程序以“准确执行法律，保障公民权利”为宗旨，从而与宪法的价值追求达成一致。

综上所述，我国宪法文本并没有对警察权进行专门描述，且仅有的六次提及也被分散到第二章公民基本权利与义务、第三章国家机构的各个分节中，属于被“顺带”提及的内容。正是这种宪法中警察或警察权规范的含混不清、未能明确指引警察立法、警察执法等警察权运行的各个环节，造成了实践中的诸多困扰，现择其一二说明。其一，宪法规范与部门法规范之间存在冲突。法治社会中，警察权作为最重要的国家权力之一，其来源、性质和地位应当在宪法或宪法性法律中得以明确体现。例如，以宪法或组织法为警察机关设定国家权力层面的警察权，使之与其他国家部门划清权限，将警察权的范围予以明确规定。同时以相应的单行法律、法规、规章等法律文件规范每一个警察机关和警察所拥有或行使的警察权，划分出他们各自的职权范围，为具体警察权的获取和运行划定明确的条件、方式和程序，形成从宪法、法律、法规到规章等各种位阶的法律规范统一体，让警察权在任何情况下都有法律依据，从而实现全面的法律规制。然而在我国，由于警察权缺乏明确的宪法规范，且规定警察权力来源、性质和地位的法律规范位阶不高、内容模糊，再加上实践中各种权威极高和级别极高的政策性文件“冲击”，导致人们对警察机关和警察在性质、地位、功能等认识上的混乱，把警察与其他行政机关的职能相混淆，严重干扰了警察权的运行和警察职能的发挥。又如，由于法律规范的缺失，在警察权的授予、委托和分配等具体问题上，往往无法可依或无健全的法律可依，以致在实践中出现不少地方政府或政府部门非法擅授、滥用警察权，许多社会组织甚至个人非法擅取、擅用警察权的现象❶。

其二，警察权的法律定位与社会定位存在冲突。在我国，“警察”在国家和社会治理层面中所发挥的实际功能，远远超出了法律规范意义上的警察职能，其社会定位远非西方国家“行政执法力量”般存在。由于宪法和法律对警察的法律定位模糊，使得公安机关面临着成为可以履行任何职能的“万金油”的尴尬。实践中，我国的警察除了要履行维护国家安全、社会稳定等传统职责外，还承载着“贯彻党委政府领导”“为地方经济保驾护航”等政治或政策任务，同时还要“摆平”各种群体性事件和涉法涉诉事件，更要兼顾不计其数的诸如打狗、清摊、收粮、计生、家庭纷争等其他政府部门的“非警务”活动，警察承载了太多法律之外的职能与任务。如此“泛化”的警察权最终影响和伤害了警察职能的有效发挥和整体形象定位，加上各地警力配备严重不足，疲于奔命，执法效能降低，执法缩手缩脚、压力巨大，严重影响了警察执法的公信力、损害了警察权威。由上可见，宪法文本对警察权规范的缺失，不仅造成了部门法在警察权规范问题上的冲突和混乱，更严重影响警察机关和警察作为国家重要执法力量的法律定位和社会功能的发挥。“有所不为方能有所为”，要解决当下警力奇缺、任务繁重、执法效能低下等问题，构筑科学、理性和健康的警务

❶ 李元起．警察权法律规制体系初探［J］．河南公安高等专科学校学报，2010(2)：38.

发展道路，需要宪法和警察法对警察的法律功能与社会角色间长期存在的矛盾予以回应和明确，从“源头”正视和思考问题，从宪法和法律层面重新审视警察及警察权的功能定位，聚焦主业和主要职责才是破解我国警察权发生运作中各种难题的根本途径。

四、兼谈我国警察法修改中的宪法学问题

《中华人民共和国人民警察法》是规制我国警察制度和队伍管理的基本性法律，但时过境迁，现行的《人民警察法》已实施 20 余年，早已无法适应法治国家、法治政府和法治公安建设的需要，缺陷与不足日益凸显。目前，国家正在对《人民警察法》进行修法调研并多次召开座谈会听取专家、学者意见。笔者结合我国宪法和法治实践，在前述基础上对我国警察法修改应当注意的基本问题有如下思考。

（一）警察法修改的立法理念应当与宪法精神保持一致*

警察法的核心是赋予、界定和规范警察权力行使，同时要实现权利保障的目的，故警察法立法须兼顾自由与秩序、权利与权力的平衡。一方面，警察具有暴力性，必须赋予足够的权力和权威，这是维护秩序、惩罚犯罪的必要，警察的权威代表着国家的权威，不容挑战；另一方面，又要防止警察权的滥用导致人权受到侵犯，必须给权力的运行划定边界和规定程序。在我国现阶段，反恐应急和处理突发事件及诸多风险隐患突出，权利和安全保护的更高需求，各种力量的交叠重合，致使警察权存在着扩权、限权与分权的理论争议。笔者认为，警察权首先需要的是法律上的授权、限权和分权。从前述多国宪法文本的考察看，宪法对警察权的授权的

---

* 由于篇幅所限，此处警察法修改理念主要讨论“权力制约”问题。需要说明的是，警察法的修改应当全面贯穿宪法的基本原则与精神，“人民主权、公平正义、正当程序、人权保障”等理念均应体现在此次修法中。例如，“国家尊重和保障人权”必须作为警察法的基本原则明列，与《刑诉法》等保持一致。此外，警察权作为重要的行政权，应当接受行政法上“依法行政”“比例原则”“信赖保护”等基本原则的检验，警察法的修改应当将其作为基本原则予以固定。

同时进行限制、分权和监督是最普遍的立法通例，结合我国“行政强权”的现实，警察法修改中，立法理念应当定位于对警察权限制、规范和分权，对妨碍警察执法的措施和处罚也应当更有力度和可操作性。

具体来看，警察法对于警察权的“限权”，应当通过立法明确警察的职责、权限及责任来实现。例如，2004 年《日本警察法》的修改，就对日本 1947 年和 1954 年该法中警察的职责、权限及相互关系进行大幅修改，使相关规定细致详尽，让公众和警务人员均能直观明了地认知警察权。关于警察权的“分权”，在我国一直是颇具争议的话题。长期以来，警察权的运行在我国存在着分工问题，即在公安、安全、检察、法院、司法行政、武警等部门之间分工，即部门（警种）上的分权。再加上《宪法》第 135 条的规定，多年来我国公安机关一直承担着刑事司法职能，因此很多学者呼吁我国采取刑事（司法）警察与行政（治安）警察分设的做法，让警察权在公安机关内部进行二次分权，或干脆让刑警从公安机关独立出来。从理论上看，两警分设体制主要存在于法国、德国等大陆法系国家，我国是否走向两警分设尚有待实践发展和持续观察，立法不宜过于超前，但这种“分权”思路的理性是具有价值的，也符合我国宪法“权力分工”的精神。需要提及的是，警察权的分权还涉及一个“纵向分权”的问题，即警察权如何在中央和地方分配的问题。由于我国是单一制国家，无须像联邦制那样分设联邦警察和州（邦）警察，但考虑到权力使用效率的原因，确实应考虑将纯粹地方性事务上的事权交由地方行使，例如，各地呼声较高的交警编制核定权下放等问题。作为警察规范的基本性法律，对于警察权在中央与地方以及共享事权的划分等这样一直存在争议的问题，本次《警察法》修改应当正视并积极寻求解决方案。[1]

当然，对警察权的限权和分权并非机械式的教条主义，而是立足国情，在一定阶段、一定情势下允许对警察权适度扩张。例如，在打击恐怖主义极端势力、构建打击犯罪新机制、完善国际警务合作、应对紧急事态

---

[1] 蒋熙辉．关于《人民警察法》修改的几点思考［J］．江西警察学院学报，2015（6）：8.

等领域，囿于传统思路是难以有效控制犯罪、保障公共安全的，必须赋予警察更大的权力。但关键一点必须把握：警察权的扩张必须与宪法精神保持一致，权力的获得与行使必须具备正当性，即为了公共安全和人权保护，并且这种扩权必须具有明确的法律依据，[1] 必须由修改后的《人民警察法》明确其扩张的条件、内容和程序。

（二）警察权的功能与范围通过宪法明确规定

（1）警察权的功能由宪法明确规定。如前文所述，由于当前我国宪法和法律对警察功能缺乏明确的界定，致使警察权运行中被“泛化”和“异化”，为此有必要从宪法高度明确警察权的功能。从宪治国家的发展历程与宪法文本分析，警察从诞生伊始的一般统治权发展至以维护国家安全和社会秩序为职责的特别统治权，再到以保障人权、服务社会的国家行政权，虽然经历了巨大跨越，但警察权的功能总体上保持着行政性特质，且越发呈现出专门化与职业化特征，其“阶级性、暴力性、工具性”功能逐渐被淡化。虽然我国《宪法》第 135 条规定了刑事诉讼中的警察职能，但并不能因其承担了部分刑事侦查职能就推定其具有司法权属性。为此，可考虑在《宪法》第 135 条中增设第 2 款，即“公安机关是维护国家安全、社会秩序和实现人权保障的治安性行政力量，其行为应接受司法机关的监督”。[2] 一方面借此规范当前饱受诟病的警察刑事侦查权不受监督和容易滥用权力的现象；另一方面将警察权功能限定在“治安性行政力量”，以规避各种政治性、政策性任务及“非警务”活动的干扰，确保警察权的功能发挥按照宪法设计的方向运行。

（2）警察权限范围应当由宪法规定。通过宪法划定警察的权力范围，涉及两方面内容：一是明确警察权与其他行政权的职权界限，防范警察权

[1] 笔者认为，此处的“法律依据”应当是狭义的“法律”，即全国人大及其常委会制定的法律。国务院或公安机关均不能以行政法规或规章的形式自我赋权，警察权的扩张应当属于严格的“法律保留”事项。

[2] 为尊重习惯和保持宪法文本前后一致性，此处采用“公安机关”而非“警察”字样，但其含义可包括警察机关和警察个体。为避免“警察”含义的模糊，建议在《人民警察法》（宪法性法律）中对“警察”含义作明确界定。

扩张和滥用，同时规范和保障警察权力的行使，防止其他机关及其规范附加警察更多职责，突破其宪法上的功能设定。由于警察权的权限范围具有较强的时代性，其具体内容需跟随社会发展及时调整，并不适合在稳定性较强的宪法文本中列明，因而在立宪技术上可采用“警察的权限范围由法律规定”的法律保留条款和方法，随后在未来《人民警察法》的修改中，专设一条明列警察权的权力清单，让所有单项警察权力有法可查。由宪法划定警察权的范围，能有效抬高警察权力来源的层级，并以宪法性法律（人民警察法）的形式加大法律修改的难度，能较好地赋予警察权正当性、稳定性和严肃性；与此同时，清晰的警察权范围能较好避免其他行政权的不当干涉，制度性地化解各种“非警务”行为压力，保障警察权依法履行其法定职能。二是划定警察权力行使的边界，防范其侵犯公民基本权利，并最终实现保障人权的价值追求。“一切有权力的人都容易滥用权力，这是万古不易的一条经验。有权力的人们使用权力一直到遇有界限的地方才休止。”[1] 警察权作为一种与公民关系最密切的国家权力，极易被滥用，从而对公民的基本权利造成侵害。“要防止滥用权力，就必须以权力约束权力”，人民可以通过最高立法权对警察权进行监督和制约，其方法就是以宪法或宪法性法律明确划定警察权力行使的边界，让警察权始终在“法无明文规定不可为”的状态下运行。需要强调的是，在事关公民基本权利保护事项上，立法应沿袭《宪法》第 37 条第 2 款以及第 40 条的惯例，遵循严格的“宪法保留”或“法律保留”原则，凡是涉及重要公民基本权利限制（政治自由、言论自由等）的规定，都应当由宪法、至少是宪法性法律予以规定，警察权不可任意地自我赋权，从而对公民施加义务。总而言之，宪法直接对警察权的功能和范围加以规范，是将警察权“关入制度笼子里”最好的方式，便于警察和人民直观地认知警察的性质、功能和权力范围。退一步看，即便宪法暂时未能修改，在这个事关我国警察制度改革和未来警务发展的全局性、基础性问题上，作为宪法性法律的《人民警察

---

[1] ［法］孟德斯鸠．论法的精神（上）［M］．张雁深，译．北京：商务印书馆，1992：154.

法》不能再等待，必须在修法中明确予以界定。

(三) 警察法律体系构建应在宪法框架下进行

警察权力大而全，涉及社会和个人生活的方方面面，注定了警察法体系的庞大。据不完全统计，目前以“人民警察”为关键词的在用法律规范有324部，其中宪法性法律5部、行政法规7部、部委规章113部、司法解释11部、地方性法规34部、军事法规2部、政府文件199项、政策纪律19项。❶ 如此庞大的法律文件构建起我国的警察法律体系。然而，在这个体系中，新法与旧法、不同层级之间、相同层级之间法律规范“打架”现象比较常见，给警察执法实践造成诸多困扰。例如，2012年3月修改后的《刑事诉讼法》第285条规定：“依法不负刑事责任的精神病人的强制医疗，由人民法院决定。”“对实施暴力行为的精神病人，在人民法院决定强制医疗前，公安机关可以采取临时的保护性约束措施。”而现行《人民警察法》第14条关于公安机关对精神病人采取保护性约束措施，以及送往指定的单位、场所加以监护的规定与前者规定不一致。又如2006年实施的《公务员法》在第12条关于公务员的义务规定“执行上级依法作出的决定和命令”，在第54条规定“公务员执行明显违法的决定或者命令的，应当依法承担相应的责任”。❷ 而《人民警察法》第32条关于人民警察必须执行上级的决定和命令的规定与之不一致。此类现象不胜枚举，此不赘述，且相似的情况在其他部门法中亦反复出现。为此，本书尝试以宪法为出发点，反思警察法体系建构应注意的几个问题。

(1) 所有警察法律规范的立法定位和价值追求须与宪法保持一致，从源头保持具有共同的行进方向。无论警察法规范的立法目的是“赋权”“限权”还是“分权”，也不管由哪个权力机关或政府机关执笔，在部门利益考量之外，都必须始终坚持一个共同原则：宪法规范或宪法精神。当

---

❶ 数据来源于“中国法律法规数据库”，http://law.jschina.com.cn/law/home/begin1.cbs，2016-07-29.

❷ 高新．修改《人民警察法》应当借鉴吸收相关立法的有益成果［J］．江西警察学院学报，2015（6）：17.

宪法有明确规定的时候，决不可设定与宪法规定冲突的规范；当宪法没有明确规定的时候，应当遵循宪法基本原则，创制与宪法精神一致的规范；相同层级的法律规范要前后保持一致，后制定的法律规范应当与之前的规范保持一致，避免前后矛盾；不同层级的规范间必须遵循“下位法服从上位法”的宪法原则，立法时注重自我抑制，切忌滥用立法权，在部门利益与公共利益、执法权力与私权保护间，以科学合理的方式、公平正义的态度维持两者的平衡。尤其是在当前我国“违宪审查”和“违法审查”机制运行效率不足的情况下，更应当注重立法机关的自谦自抑精神，始终清楚立法的价值追求是什么，以“客观公正、审慎科学”的态度完成《人民警察法》的修改。

（2）警察范围之争应尊重宪法文本解读。长期以来，学界对“警察”的范围存在较大争议。现行《人民警察法》第 2 条规定，人民警察是指在公安机关、国家安全机关、监狱、劳动改造管理机关工作的人民警察和在人民法院、人民检察院工作的司法人民警察。但在实践中，许多法律规范却扩张了《人民警察法》确立的警察范围，如 1992 年《国务院批转公安部评定授予人民警察警衔实施办法的通知》的规定，评定授予警衔的范围为各级公安机关（包括公安机关设在铁道、民航、交通、林业部门的公安机构）、国家安全机关和劳动改造管理部门中，从事指挥、决策、监督、保障业务工作的人民警察，以及在各级人民法院、人民检察院工作的司法人民警察，在警察专业技术单位、报社、医院、院校中担任人民警察职务的人员。❶ 而 2014 年最高人民法院、最高人民检察院、公安部等部门联合公布的《人民警察抚恤优待办法》第 2 条更是明确界定了人民警察的范围，即“在公安机关（包括铁路、民航、交通、森林等公安机关和海关缉私部门）、国家安全机关、司法行政机关工作的人民警察，以及在人民法院、人民检察院工作的司法人民警察”。❷ 由于宪法文本中并未对警察的含

---

❶ 关于该《通知》的详细内容，可参见 http：//law. fayi. com. cn/641685. html。

❷ 关于该《办法》的详细内容，可参见 http：//www. mca. gov. cn/article/zwgk/fvfg/yfaz/201405/20140500634120. shtml。

义和范围作出具体规定，《人民警察法》对此规定又含混不清，实践中各种层级的规范性文件对该问题的规定不一，遂导致警察范围的界定从规范到事实认定的混乱。

警察范围的界定涉及公安机关与其他国家机关的关系协调问题，《人民警察法》作为规范我国警察制度的基本性法律，应当对该问题作出明确规定。借此《人民警察法》修改之际，笔者认为有几个问题需要注意：第一，法律的制定要严格遵循“根据宪法，制定本法”的逻辑，忠实于宪法文本，不可随意突破宪法规定。从前述宪法文本的分析可看出，我国宪法中对警察的六处规定均以“公安”或“公安机关”表述，表明宪法中的警察主要指行政机关中的公安机关，并不指向司法行政机关、安全机关、人民法院或人民检察院中的警察，而宪法文本解释意义上的警察应当仅指公安。第二，虽然实践中规范警察的法律规范不胜枚举，但作为基本性法律的《人民警察法》并不必然迁就这种事实性存在，让各种混乱且冲突的凸显部门利益的各层级规范性文件“牵着鼻子走”，破旧立新式的立法思路在“警察范围”这个问题上，未必不能突破。第三，从现有的征求意见稿来看，高层似乎倾向于将警察法定位于“大警察法”，有其合理性，即除了公安机关外，将国家安全机关、司法行政机关工作的人民警察，以及在人民法院、人民检察院工作的司法人民警察统统纳入警察法中。[1]《人民警察法》应当主要规定公安机关的人民警察的职责、权限、责任等内容，其他国家机关人民警察的规范则由其他相关专门法规定。如国家安全机关人民警察由《国家安全法》《反间谍法》规定，监狱人民警察由《监狱法》规定等。这样做的最大益处在于，厘清不同国家机关之间的权力关系，以法治方式规范国家权力，让权力清晰、透明，更有利于对不同权力的监督与问责。

（3）从立法内容和立法技术上看，要妥善处理好《人民警察法》与其他法律规范的对接问题。任何一部法律的制定都不可能面面俱到，总是要

---

[1] 邓国良．《人民警察法》修改应协调的几个关系之思考［J］．江西警察学院学报，2015（6）：11.

有所取舍。在警察法修改中，对于那些并非必须规定、但又需要作出详细规定的内容，应当另行制定法律法规或实施细则。例如，人民警察的教育训练、警务保障等问题，可以考虑由公安部另行制定规章，没有必要在《人民警察法》中详细规定。对于那些已经由法律法规作出规定的问题，修改时不应再作规定，否则会造成法律规范间的重复交叉。例如，关于人民警察使用武器的问题，在《人民警察使用警械和武器条例》中已有明确规定，因而在警察法修改时就没有必要再作具体规定，只需在技术上用“关于……依照《……》执行”对接相关法律法规即可。[1] 进一步说，即便立法者认为现有的法律规范不合理，与警察法内容相冲突需要完善，此时只需要修改相应的法律法规即可，避免在《人民警察法》中更正，从而保证法律规范之间逻辑关系清晰，内容层次清楚、条理分明。

第二节　公安执法规范化与人权保障关系研究

实践证明，公安执法规范化建设对规范民警执法行为、重塑公安机关形象、改善警民关系作用重大。但建设效果始终不达预期，不得不让我们展开更深层次的思考。人权理论的核心价值在于保障“人”的权利，这与“执法为民”的公安执法宗旨高度同构。在建设法治国家的时代背景下，通过在公安执法规范化建设中植入人权保障训练项目，在价值层面培育执法民警“保障人权”的现代执法观，既是国际执法发展趋势的需要，也是应对国内执法环境、实现公安机关执法为民目标的需要。

一、公安执法规范化建设概述

（一）公安执法规范化建设产生的背景与发展历程

改革开放以来，伴随着市场经济的不断发展，我国社会步入转型期，

[1] 朱炜．修改《人民警察法》应注意的几个宏观问题［J］．江西警察学院学报，2015（6）：15.

社会矛盾的变化激发了许多社会不安定因素，日渐威胁着社会稳定，同时也对社会治理结构提出挑战。1997 年 9 月，党的十五大报告提出要“进一步扩大社会主义民主，健全社会主义法制，依法治国，建设社会主义法治国家”。同时，报告强调“依法治国”是党领导人民治理国家的基本方略，是发展社会主义市场经济的客观需要，是社会文明进步的重要标志，是国家长治久安的重要保障。[1] 1999 年 3 月，“依法治国”入宪，正式成为“治国方略”。2004 年，“国家尊重和保障人权”入宪。自此，“法治”成为我国应对挑战的战略性选择，开启了建设社会主义法治国家的伟大历程。

在此背景下，2008 年 9 月，全国公安厅局长座谈会在南京召开，会上明确提出全国公安机关要把“三项建设”作为公安工作的重点来抓。从此以后，在公安部统一部署下，公安执法规范化建设逐年升温，取得显著成绩。特别是党的十八大以来，公安执法规范化建设在建设法治国家热潮的推动下，步入快车道。

——2012 年 12 月，新修订的《公安机关办理刑事案件程序规定》发布，明确将“尊重和保障人权”作为公安刑事执法的基本任务，把“不得强迫任何人证实自己有罪”和“严禁刑讯逼供”写入总则。

——2013 年 1 月 1 日，修订后的《公安机关办理行政案件程序规定》正式实施，严格规范了公安行政强制措施的使用，防止行政强制权的不当使用侵害公民合法权利。

——2013 年 10 月，公安部下发《公安机关执法办案场所办案区使用管理规定》，对规范公安机关执法办案场所办案区使用管理作了进一步细化规定。截至 2014 年 8 月，全国 90.5%的办案所队已完成了功能区改造，建成办案中心 3 500余个，已完成改造的办案区大多数符合要求。

——2013 年 11 月，公安部印发《公安机关深化执法规范化建设工作任务和阶段目标》，对今后 3~5 年全国公安机关深化执法规范化建设工作进行全面部署，描绘了“法治公安”建设的宏伟蓝图。

---

[1] 周罗庚．共产党执政方式的重大创新［J］．社会科学，2003（2）：41.

——2013 年 11 月 24 日，首次公安机关人民警察高级执法资格考试举行，来自全国各省、自治区、直辖市公安机关以及交通、民航、森林、海关行业公安系统的 12 万名民警参加考试。与此同时，全国公安机关法制员业务技能竞赛总决赛圆满落幕。全国公安机关 33 支代表队参加决赛。截至 2014 年 8 月，全国共有法制员 105 927 名，其中专职法制员 20 889名。❶

对于上述成绩，国务院在专题报告中指出，“公安机关执法规范化建设已取得阶段性成效，公安执法制度体系基本形成，执法办案场所面貌焕然一新，执法管理更加科学、系统”。❷

（二）公安执法规范化建设的基本内涵

在此处，我们无意为“公安执法规范化建设”下一个定义，因为类似概念已然不少。其实从简单的文字学意义上看，“公安执法规范化建设”可拆分为“公安执法”“规范”“建设”等关键词，其核心语意是“规范公安执法”，即研究用什么标准来规制公安执法行为的问题。公安执法是一个高度抽象的集合概念，涵盖了公安行政处罚、行政强制、公安刑事司法中的侦查、逮捕、讯问、刑事强制等一系列执法行为，要针对这些无论是内涵还是表象均存在巨大差异的行为进行规范，无疑是困难的，更不能是简单化一的一刀切。从逻辑关系出发，一个由“明确标准—制定规则—规制行为—行为监督—奖惩反馈”等环节构成的控制系统才可能对公安执法行为进行有效规范。为此，从“建设”的高度将规范公安执法作为一项长期而艰巨的事业来做无疑是明智的。

---

❶ 人民公安报．党的十八大以来公安执法规范化建设大事记［DB/OL］．http：//www. chinapeace. gov. cn/2014-10/14/content_ 11143712. htm，2014 - 10 - 14/2015 - 01 - 08.

❷ 郭声琨．国务院关于公安机关执法规范化建设工作情况的报告［DB/OL］．http：//www. npc. gov. cn/npc/xinwen/jdgz/bgjy/2013-06/27/content_ 1798652. htm，2013-06-27/2015-04-01.

特别需要注意的是，规范公安执法，其标准或者说根本原则必须是“法治”，❶ 即必须将执政党的意志和社会治理的现实需求纳入法治的范畴内，通过各种符合“法治”的方式，将规范行为合法化，让规范公安执法的“规范行为”符合法治的要求，切不可打着“执法改革”或“制度创新”的名义突破“法治”的底线，重回过去那种“人治”的旧思维和旧办法，避免规范化建设陷入低水平重复建设的恶性循环。

（三）公安执法规范化建设的核心价值取向

在公安执法规范化建设过程中，如果不能够对公安执法规范化进行价值分析，不对公安执法规范化的价值取向进行深层次的思考，恐怕公安执法规范化建设会再次陷入过去那种轰轰烈烈“走过场”、热热闹闹“搞运动”的窘境。因此，必须通过对公安执法规范化的价值分析来定位规范化建设，即弄清楚规范化建设所要达到的终极目标是什么，这对于明确建设方向、找准建设方法、获得广大执法干警的认同、重塑警察权威，进而维护社会稳定，都是至关重要的。

“执政为民”“执法为民”“以人为本”“全心全意为人民服务”“权为民所用、情为民所系、利为民所谋”等经典的表述均指向一个关键词：“人民”。人民是由一个个人组成的，任何一个国家和政府，执政的目的只有一个：为本国公民谋取利益，否则其执政的正当性将值得怀疑。我国是一个人民当家做主的国家，人民是国家的主人，国家、政府包括一切政党的行为，都必须是为民谋利的。从这个意义上看，“人”应当是政府行为的目的，竭尽所能地维护人民的权益才是政府执法行为的终极归宿。在法治社会中，人民的权益以法律权利方式呈现。在宪法层面上，本国公民享有宪法保障的包括政治权利在内的公民基本权利；在法律层面上，每个人都应当受到法律的保护；在国际法层面上，个人应当不分种族、国籍、宗教信仰、政治立场等因素而享有作为“人”应当享有的人权。因此无论从

❶ 究竟何为“法治”，众说纷纭，由于篇幅所限，本书无法展开。法治的内涵和量化标准，比较有代表性的观点可参考李步云教授提出的“法治国家的十条标准”。李步云．法治国家的十条标准［J］．中共中央党校学报，2008（1）：78.

哪个层面上看，“人”都应当成为公安执法的核心价值取向。

在此，我们需要警惕两种错误的执法取向：一是“法律工具主义”，即将法律看作执法的工具，当法律有利于执法时，就选择“依法执法”，若法律束缚执法时，便选择突破或抛弃法律。这种执法观念是与“法治”明显相违背的，其错误根源在于“人治”思想。二是“执法目的异化”，即将执法行为视为谋取部门利益或私利的工具，当执法行为能带来利益时，便不择手段地违法执法或侵害当事人合法权益。这种执法观念显然将“私利”视为公安执法的目的，从而将原本的执法目标是“人民群众合法权利”抛之脑后，进而产生各种腐败、不作为、冤假错案等丑恶现象。

综上所述，公安执法规范化建设的核心价值取向应当是“人”，公安机关和执法民警应当在法治下，竭尽所能地维护好人民的权利。尤其是当下中国正处于转型期，立法的滞后难免造成法律对公民权利保护的真空地带，此时公安机关的“依法”必须符合更高的要求，即体现出法治的精神，并始终将“人”作为制定规则和执法行为的目标所在。

二、人权保障的含义、内容与价值

近代意义上的“人权”概念发源于西方，对我国来讲，“人权”是一个舶来品。简单地说，所谓人权就是人之所以为“人”所应当享有的权利。人权概念的内涵在学理上争议不大，一般都是从人的自然属性和社会属性两个方面入手研究，[1] 存在争议的部分是人权实现的方式，概因不同国别、不同政治立场以及价值观的差异而有所不同。笔者认为，排除各种干扰因素，对于“人权”这个词汇，首先是人，其次是权利。人的自然属性是基础，保障人身的健康和自由，是人享有权利的前提。但人是社会中的人，抛弃人与人之间的社会关系空谈天赋权利是不现实的，人的各种权利在交往中产生，也应当在交往中得以保护，否则正常的社会秩序将难以

[1] 在近代人权概念中，西方人把人权看成自然权利或者是天赋权利；我国学者则多将人权视为自然权利和社会权利的结合。例如，夏勇教授认为“人权是人依其自然属性与社会本质所享有和应当享有的权利”。

为继。可见，人权必须加以保护，这是自然属性的需要，也是维持社会秩序的需要。

（一）人权保障的基本含义

在当今社会，当私权利与公权力发生冲突时，私权利仍然处于弱势地位，个人权利缺乏平衡的力量，因此人权若不能借助一种制度，而且在制度中处于中心地位，难免就会受到伤害。法治国家的重要特征之一，便是法律在该国取得至高无上的地位，人权在国家中得到了制度性的保障。所谓人权保障，指的是由宪法所确立的制度性保护机制。健全的人权保障制度，一般应具备两种机制：首先，在侵害发生前预先为人权设防，以使侵害减小到最小限度，故预防侵害是人权保障制度的事前机制。其次，当人权已被侵害时，对受侵人权立即实施救济并对侵权行为迅速予以矫正使之恢复常态，这便是人权保障的事后机制。只有当人权保障制度同时具备这两种机制，才能说一国的人权保障是有效的。需要说明的是，人权的保障不是简单依靠法律的保障，还需要政治、经济、物质、观念等制度性保障，它是一个综合的保障体系。随着经济发展和政治体制改革不断推进，我国的人权保障正在不断完善事前机制的基础上，努力探索与实践事后机制，具有中国特色的人权的保障体系正在形成与不断完善之中。

（二）人权保障的主要内容

1. 人权保障的主体

在宪政国家里，人权（基本权利）是对应于国家权力的一组概念。如果说权利义务具有一致性，那么人权的实现要依赖于国家义务的履行，从这个意义上看，人权保障的责任主体是国家。[1] 具体而言，依据宪法规定，国家权力依据属性不同分配给立法机关、行政机关和司法机关（检察机

---

[1] 公民之间也会发生侵权的行为，但这种行为已被普通法律所调整，通常是民事法律行为（平等主体间）；公民与行政机关间的纠纷通常可通过行政诉讼的途径解决，但是当立法无视或阻碍行政诉讼时，应当通过宪法调整这种矛盾；当公民与立法机关、司法机关间发生纠纷时，只能通过宪法框架下的政治途径解决，此时的责任主体只能是国家。

关）行使。首先，立法机关负责制定法律规范来保护人权，在宪法的统领下，立法机关应当积极制定不同层级的法律规范，尽可能地调节好人们的日常生活，从而形成该国的法律体系。若因为立法机关怠于履行立法职责，造成立法严重滞后社会发展，应当承担相应的政治责任。其次，行政机关依行政权负责执行法律，由于行政权具有强制性，往往容易被滥用，因而最有可能侵犯人权（基本权利），若因为滥用权力或怠用权力侵犯人权的，行政机关应当承担违宪或违法责任。最后，司法机关是保障人权的最后一道屏障。当立法机关或行政机关侵犯人权的情况下，应当允许公民寻求司法机关的救助，国家有义务设置相应的渠道和程序，有效保护人权得以实现。

2. 人权保障的对象

在现代法治国家里，人权不仅仅保障本国的公民，还保障居住在本国的外国人、无国籍人或难民。某些国家的宪法还规定，“人权”不仅保障个人，还包括那些需要特别救助的群体，如妇女儿童、残疾人、少数族裔等。❶ 当代的人权理论认为，人权主要包括三大类：第一类是人身人格权利，如生命权、人身自由权、迁徙自由权、通信自由权、人格尊严权、隐私权、思想自由、宗教信仰自由等。第二类是政治权利，如选举权和被选举权、集会游行示威权、结社自由、言论自由、出版自由、请愿权、种族平等权等。第三类是经济、社会、文化权利，如财产权、劳动权、休息权、最低生活保障权；妇女权利、儿童权利、老人权利、残疾人权利、受教育权、科学研究自由、文学艺术活动自由等。在国际上，还有自决权、和平权、发展权、自然资源权、环境权等。❷ 以上这些权利是彼此依存、不能分割、非经法定程序并符合宪法精神是不可任意限制和剥夺的。

3. 人权保障的基本矛盾

（1）人权保障的普遍性与特殊性矛盾。一方面，尽管存在国别差异，

---

❶ 在国际关系中，人权的主体主要是指国家，其次是民族或国家集团。在有的情况下，当个人的权利受到侵犯时，也有权向国际的或区域性的人权机构提起申诉。

❷ 央视网．中国人权发展记录［DB/OL］．http：//www.cctv.com/zhuanti/renquan/zhishi5.html，2015-04-03.

但人类有着共同的生理构造，善良、正义、和平、追求幸福，等等，构成了人类最基本的价值认同。例如，一些基本人权得到各国法律的一致保护，不同社会制度的国家共同签署国际人权文书和在人权立法与人权保障上采取共同行动，这是人权普遍性的表现。另一方面，人类存在着利益上的对立与冲突，存在着道德上的不同价值判断。例如，人权的内容与形式往往受到国家的社会制度、历史文化传统、发展模式和水平、价值观念等多样性的影响，决定了在人权制度、人权政策、人权理论、人权实现途径上采取某些不同的立场和做法。为此，我们应保持清醒头脑，既不盲从国外人权保障的做法，也要积极吸取其中的有益经验。

（2）人权保障的理想与现实之间的矛盾。虽然人类一直在努力追求全面的自由，希望过上人人平等、安全富足的理想生活。但是，“梦想是丰满的，现实是骨感的”，政治、经济、文化、宗教等各种因素无一不限制着权利的实现，不同国家间人权保护呈现出巨大差异性，尤其是发展中国家的人权保护现状距离理想状态仍非常遥远。这种理想与现实的矛盾告诉我们，欲构建中国特色人权保护体系，不必妄自菲薄，应正确认识理想与现实的关系，摆正位置，调整心态，循序渐进。

（三）人权保障的价值

1. 人权保障是国家义务

依照我国宪法规定，“人民民主专政”是国家特征的集中体现，国家的权力来源于人民，国家有义务保障人民与公民的权利，对人权更应该进行保护，保障人权是社会主义制定法律与实施的根本目的。❶“尊重与保障人权，既是政府的首要目标，也是政府拥有和行使公共权力的合法性基础。”❷ 在人权保障的动力下，行政机关应当在法律的范围内行使行职权，遏制违法行政行为的发生。另外，按照“有权利，必有救济”的法治原

---

❶ 在人民与国家的关系上，卢梭认为，国家起源于一种“契约”，国家里的每一个社会成员放弃本身的自然权利以换取法律之下的新权利，人民让渡一部分自然权利给政府，赋予国家权力。反过来，国家在享有权力的同时，也有义务对人民的基本权利加以保护。

❷ 郭道晖．人权的国家保障义务［J］．河北法学，2009（8）：11.

则，既然人权是一项具体的权利，当人权受侵害时就应得到救济，这也就要求国家和政府承担起保障人权的义务。

2. 人权保障是司法与行政的基础

司法是法律保护的最后一道屏障。凡权利都应有救济，从人权的属性角度看，人权同样需要救济，司法应当成为人权保障的有力武器。例如，平等是人权的基本属性之一，人不应当因为性别、种族、宗教、财富等差异而不同，这是人权普遍性的表现。因此在刑事司法上，无论是刑事侦查、审查起诉还是审判阶段，都必须公正公开，不能做没有合理性的差别对待，否则不但司法公正无从谈起，更是对人权的公然侵犯。

对行政而言，追求效率一直是其最显著的特征。但西方法谚“法无授权不可为”❶ 一再提醒我们，行政的本质是执行法律，根本上说是执行人民的意志。人民通过国家授权行政机关必要的执法权力，目的是保护人民的权利，包括基本权利，在此基础上，才能谈效率。近代以来，虽然国家的行政权一再扩张，尤其是警察权，几乎渗透到民众生活的每一个角落，但行政权始终应当铭记：行政权力再大也不过是手段，人权保障才是根本目的。

3. 人权保障是人本理念的制度实践

“以人为本的执政理念，其对象不仅是社会发展问题，同时也是人的发展问题。”❷ 可以说，执政党提出“以人为本”的执政理念，恰好与人权保障具有高度一致性，两者都特别强调“人”的价值和保护。人本理念应当成为我国新时期人权建设的指导思想。例如，2004 年，“国家尊重与保障人权”被写入宪法中，使得“保障人权”上升为国家意志。在人权入宪的带动下，国家制定、修改和废止了一批法律法规，使得中国特色社会主义法律体系越发呈现出以人为本的理念特征。党的十八大以来，在社会主义法治理

---

❶ “法无授权不可为，法不禁止即自由”是源自 17~18 世纪西方的法律谚语，是卢梭《社会契约论》、孟德斯鸠《论法律精解》的相关表述与延伸。“法无授权不可为”指国家公权力的行使必须经过国家授权；“法不禁止即自由”指公民的行为无法律禁止皆不违法。

❷ 屠春友. 中国共产党执政新理念研究［M］. 北京：中共中央党校出版社，2006：116.

念下，人权保障越发体现出其制度实践功能。人权是一个权利体系，人权涵盖政治、经济、文化和社会权利等方面，相关部门在调控社会关系时，人权的保障程度已逐渐成为判断其行为合法性和有效性的重要标准，这也标志着我国的民主化与法治化正在一个更高层次的界面上运行。

三、公安执法规范化建设中引入人权保障训练项目之论证

（一）公安执法规范化建设中引入人权保障训练项目的必要性

1. 破解公安执法难题的需要

如前文所述，公安执法规范化建设取得了显著成绩，公安执法整体水平明显进步，这是值得肯定的，是主流和大方向。但这并不意味着当前我国公安执法现状足以令我们沾沾自喜，其中依旧存在的问题，或者说长期困扰公安执法实践的难题依旧存在。这些难题大概可归纳为以下几点：第一，执法制度欠整合。当前，少数直接指导公安执法行为的法律制度存在着重合情况，而许多亟须规范的执法行为又存在真空，导致实践中执法行为缺乏明确有效的规范，以至于公安机关很难推进依“法”行政。第二，执法观念落后。少数民警仍然秉持过去那种“专政机关”立场，重“打击”轻“服务”，轻视群众的权利诉求，执法理念相当落后。第三，执法内容混乱。上级公安机关对下级机关下达不科学指标、不合实际的执法办案指南，导致一些民警在日常执法中受到多种不良因素干扰，未能将法律作为执法的唯一依据，出现办人情案、以罚代法、滥用职权等现象。第四，忽视执法程序。由于不少执法程序规范过于原则，操作性规定不足，导致部分民警“随意执法”，“重结果轻程序”。此外，还有一种典型观念认为法律程序规定的存在极大地束缚了手脚，还不如“偷工减料”，其后果常常导致证据难以形成链条，直接影响事实认定，案件的处理结果时常引发民愤，严重影响公安队伍公信力。❶

❶ 丁国锋．问题和对策：公安执法规范化的完善路径［J］．公安研究，2013（2）：62-63.

针对上述问题，学界和警界从未停止过研究寻找破题的方法，但目前为止，效果并不理想。以上问题之所以不断重现，其原因不少，但最为根本的原因大概可归结为八个字——“手中有法，心中无法”。自从20世纪末提出“建设社会主义法治国家”以来，国家法制建设飞速发展，各种法律规范如雨后春笋般一夜之间冒出来，立法景象极度繁荣，国家用了很少的时间就搭建起法律体系的基本框架，并随着改革开放的进程不断修缮和完善着这个庞大体系。时至今日，客观地说，中国的法律体系已相当完善，立法上的“漏洞”已经不多，并且因为我国是后发型国家，立法行为多数充分借鉴了发达国家的有益经验，因此我国的立法水平和法律体系在世界上都算是不错的。然而，正是在这样一种“繁荣景象”背后，人们却普遍存在着对一个问题的思考：法律的执行情况如何？

“法制”不等于“法治”，对应的回答是：尽管我国法律体系日趋完善，但执法水平和守法现状仍严重滞后。打个比方说，“有法可依，有法必依，执法必严，违法必究”这十六字方针中，目前只能说实现了第一条，后面三条仍然任重而道远。公安机关亦是如此，为了规范公安执法行为，多年来，公安部发动了难以计数的“运动战”“号召令”，也出台了相当数量的部门规章、红头文件，但全国各地仍不时发生着执法中的违法违纪事件，有些甚至是野蛮、暴力执法等恶性案件。这些事件都有个共同的特点：除了“有法不依”的行为特征外，深层次的原因是“心中无法”，即在执法时根本没有守法的意愿。“心中无法”的原因固然很多，如利益驱使无视法律、法律工具主义蔑视法律、歪曲误读法律，等等，但其核心因素在于：没有正确认识法律的价值，即不理解法律是“保护人民权利的纸”，更未意识到公安机关是忠实执行法律的机构，没有将自身定位于保障人权的“公仆”。

公安机关是行政机关中最具强制力的部门，警察权的强大一方面能够有力打击违法犯罪，另一方面也容易“误打”公民权利。若干年前，“收容遣送”的执法主力是公安机关、“暴力拆迁”少不了公安机关，现如今，相关制度早已废止，法律日现其本来面目。但饱受诟病的户籍制度、侦查程序规范、网络言论管制、集会游行审批制度等问题，依然拷问着公安机关在保护人权问题上的态度。可喜的是，部分制度改革已经启动，这充分证明了人权保护的重要性已经被重视，也验证了人权保护的社会需求可以倒逼相关制度改革，激励公安机关改善执法。因此，在执法规范化建设中，植入人权保障理念训练，不但能够对制度建设发挥指导性作用，更能够训练执法个体应对执法个案时，从人权保护的立场出发，充分考虑时局和法律规定，在合法的基础上，做出更为理性化和人性化的判断。

2. 适应国际发展趋势的需要

（1）国际人权发展环境以及国际政治环境亟须我们重视并引入人权保障培训。

第二次世界大战后，伴随着对战争的深刻反思，国际人权保护已逐渐成为跨国界的具有一定普世价值的世界主题。70 年来，联合国及其人权机构积极致力于国际人权事业，先后制定近百件人权宣言、公约、议定书、决议案，特别是《经济、社会、文化权利国际公约》《公民权利和政治权利国际公约》，等等，都是《世界人权宣言》内容的补充和具体化。这两个公约具有法律效力，签署与批准者两个公约的国家都要义不容辞地履行自己的法律义务。中国一贯尊重和赞赏包括《世界人权宣言》在内的国际人权文书，作为人权委员会的重要成员国，积极参与国际人权文书的制定工作，并支持联合国为普遍促进人权和基本自由所做的努力，积极投身于促进人权保护事业的各项工作。中国先后加入了 20 多个有关人权问题的国际公约，并采取法律的、行政的和其他一系列有力措施促进这些公约在国内的实现。[1] 与此同时，以美国为首的少数西方国家，将中国视为威胁并借助人权问题，每年都向联合国人权机构指责我国的人权保护状况，企图干涉中国内政，凸显了国际政治斗争的复杂性与艰巨性。虽然美国等霸权国家用心险恶，但其每年提出的人权提案中，针对我国人权保护现状的陈述却并非价值全无，仍然可以作为一面镜子，警示我国在人权保护领域的不足之处，毕竟我们并非没有缺点，在不少领域，国内的人权保护实践

[1] 谷春德．中国特色人权理论与实践研究［M］．北京：中国人民大学出版社，2013：122.

仍然有许多值得改进的地方。综上所述，鉴于人权保护问题的敏感性与重要性，国家应继续加大相关建设的投入力度，体现到公安机关中，就是要在规范化建设过程中，重视并构建起符合中国实际需求的警察队伍人权保障专项训练科目。

（2）国际执法环境的新发展呼唤开启人权保障培训。

近年来，国际恐怖活动、战争、禁毒、种族灭绝、海盗以及有组织跨国犯罪等反人类的违法犯罪行为发展迅猛，严重危害着各国的国家安全和人民生命、财产等基本人权。警察打击犯罪行为早已突破了国境限制，世界范围内的警察执法日益常态化。跨国联合执法等新的执法形式，要求一国警察既要熟悉国际法律和国际交往准则，又要懂得国际人权保护基本规则和习惯做法。为此，在国际和国内两个层面上，许多联合国机构和成员国国家日益重视本国警察执法力量的人权保护培训。例如，联合国人权事务高级专员办事处在1997年专门编写印发了一部专门的“警察人权培训教材”，这套教材共分三个部分，第一部分是“人权与执法”，详细介绍执法中人权的渊源、制度和标准，并提出实践方面的指导意见，并在附件中列出有关国际文书。第二部分是“教员参考材料”，为教员提供指导和提示、进一步的专门知识，以及投影幻灯图片等培训用品，在警察培训课程中结合手册一起使用。第三部分是“袖珍手册”，扼要列出各种标准，执法人员可随身携带，随时查阅，其中共列出数百项标准，按照警察的职责、任务和议题编排，并在详细的尾注中注明出处。此后，联合国在培训实践的基础上，不断丰富相关培训丛书，先后于1999年、2002年以及2003年，多次对上述教材进行修订。又如，随着国际警务合作的深入开展，我国亦不断举办涉外警务培训，积极研发外警培训项目。广西警察学院也于近两年开始承办外警培训，主要面向东南亚等发展中国家的警察进行警务理论与实战培训。随着湄公河流域联合执法常态化，以及中国—东盟自贸区的崛起，次区域警务合作执法将日益频繁，一国警察将有可能进入他国执法，这就需要熟悉该国的法律规定，尤其是关于人权保护的基本规范，以免在执法过程中侵犯犯罪嫌疑人和该国公民的基本权利。

3. 打造职业化公安队伍的需要

随着我国社会现代化进程不断加快，包括法律职业在内的各行业开始朝着职业化建设方向发展。例如，法院系统很早就提出了法官职业化建设规划并付诸实施。律师、公证以及司法鉴定等行业，均已实现职业化准入、评价与管理。公安机关是国家机构中最具武装特点的治安行政和刑事司法专门机关，虽然当前公安机关尚能够按照法律要求履职尽责，也获得各方面的肯定，但随着现代社会分工日益精细化和中国司法改革的不断深入，公安机关也面临着职业化建设的问题。所谓警察职业化，是指警察成为社会中的一种专门职业，其基本内涵包括警察职权的合法性与警察职能的专业化。也就是说，职业警察作为区别于其他国家机关的执法力量，具有自己的职业道德、职业素养、职业技能和职业文化。

职业发展理论认为，职业对职业人士的精神生活和精神传统有重大影响：一方面，它决定着职业人士的社会责任，影响着职业人士对生活目标的确立和对人生道路的选择，甚至在很大程度上影响着其人生观、价值观和职业观；另一方面，职业活动方式及其对职业利益和义务的认识，对职业精神的形成有着决定性作用。[1] 如前所述，公安执法的核心价值是“人”，其执法的终极任务应当是保护人权，维护好人民群众的根本利益。这应当从根本上决定警察队伍的社会责任，影响着公安执法规范化建设的目标确立和执法民警的行为选择，“为民执法”应当成为警察职业最基本的价值观、职业观。为此，在公安执法规范化建设过程中，通过在执法培训中植入人权保障项目训练，不断强化警察队伍的“权利保障”意识，从根本上培育警察职业化队伍的正确人生观，势必会对未来执法产生积极影响。有朝一日，当警察职业化完成后，具备高素质、高技能的执法队伍将成为公民基本权利的忠实维护者，公安机关与社会、人民间的良性和谐关系自然水到渠成。

---

[1] 唐洁，龙波．加强公安队伍职业化建设的几点思考［J］．湖北警官学院学报，2009（1）：77.

4. 建设法治中国的需要

依法治国，建设具有中国特色的社会主义法治国家，是党和国家在经历了沉痛的历史教训后做出的历史选择。中国历史上是一个“人治”传统极其浓厚的国家，历朝历代均以中央集权于个人及其统治集团为鲜明特征，虽然在历史上曾出现过“法家”流派，主张以严刑峻法为统治方式，但其主张的“法治”并非我们今天所讲的“法治”，其治理的目的在于加强皇权，而非保护人权。然而，历史是具有连贯性的，几千年形成的传统和思维并非一朝一夕通过引入某种理论和推动某种制度革新就能够轻易改变。“人治”传统延续至今的危害，在公安执法的过程中，表现在制定政策或行为规则时，无视上位法或法治的精神，随意突破法律的底线；或者在领导下达指令时，过于武断，不尊重集体决策程序，拍着屁股下决定；或者在具体执法中，无视法律，知法犯法；或者在面对老百姓维权诉求时，简单粗暴执法或任意不作为，视执法权为个人可随意处置的特权。虽然这些情况并非当今主流，但它们存留下的遗毒会不时爆发，严重抹黑公安机关整体形象，伤害了警民关系，破坏了人民群众对公安机关的信任感。

毫不过分地说，作为和平时期最重要的维护社会安宁和百姓幸福的执法力量，公安机关执法素养和能力的高低将直接影响法治中国的建设进程。在新时期，提升公安执法素养，除了各项知识提升和技术手段外，内心的执法观念塑造亦非常重要。“态度决定一切”，看似唯心主义，其实非常有道理。正如同科幻小说描述的那样，在未来世界里，依照规则简单地机械化执法，由机器警察就能完成。但是，机器人永远无法像人类那样进行思考，因为人类懂得执法的目的何在。人执法终究是为了人，是为了维护人本身的权利，除此之外，都是手段而已。明白了这个道理，民警就能在执法中，始终坚持“维权意识”，在遵守法律的前提下，充分考虑人的价值因素，更加人性化执法。因此，在公安执法规范化建设中，对民警开展人权保障意识训练，目的就是要培育一种权利意识，并将这种意识作为贯穿执法全过程的基础要素，同时，这也是与法治国家的构成要素相吻合的。

（二）公安执法规范化建设中引入人权保障训练项目的可行性

1. 理论上的契合性

在公安执法规范化中植入一种全新的训练科目，首先面临的问题是：两者在价值取向方面不能存在冲突，否则将难以兼容。导致项目难产。正如前文两个部分所述，公安执法规范化建设的核心价值理念在于通过规范执法行为，达到正确实施法律、维护公民权利的目的。而人权教育的核心价值更是直接明了地指向保护公民权利（基本权利），可见两者具备价值目标上的一致性。也正是这种高度一致性，使两者在理论上实现契合，在这样的背景下，公安执法规范化建设引入人权保障训练项目，将不存在理论上的障碍。

有一个问题需要注意，鉴于人权概念的不确定性和复杂性，人权具有普遍性和特殊性、理想性和现实性等多重矛盾，因此在制定人权保障训练项目方案时，要明确两个问题。首先是立场问题。毫无疑问，在中国讲人权，必须是在中国的语境下展开讨论，切不可照搬照抄西方的人权理论简单套用到中国的人权问题上来，这既是学术严谨问题，也是政治立场问题。特别是对忠诚于党和人民的公安队伍来说，坚持正确的政治立场是非常重要的，因此对这样的队伍开展人权保障训练项目，始终以中国的人权理论、围绕中国的实际情况、进行理论和实践相结合的训练才是正道。其次是尺度问题。由于人权理论最核心的概念是分析公权力和私权利的关系问题，其中必然要对中国法治实践中的一些社会现象进行分析，哪些问题可以讲，讲到什么程度，这是尺度问题。这个问题解决不好，容易产生不必要的误解，因此需要慎重考虑。当然，直面问题、剖析问题总比掩盖问题、粉饰太平来得更好，只要能够坚持客观中立的学术立场，中肯地评价与分析，相信对于提升广大受训民警辨别是非能力、正确认识社会现象有一定的积极作用。

2. 培训机制上的便利性

当前，全国各地公安机关都较好地贯彻了公安部“三个必训”的要求，形成了比较成熟稳定的培训机制。例如，针对新警培训，较为典型的做法是根据毕业生源类型不同而采取不同的训练模式，如新警属于非公安类专业生源，则会特别加强公安业务和警务技能培训。并且许多地方的新警培训改变了过去那种“先工作再培训”的做法，转而安排在上岗前完成，很好地保证了新警的业务素质和即战能力。在警衔晋升和业务培训方面，根据目前的国家规定，民警在职参加培训属强制性义务，即每一名执法民警每3年或4年就必须参加集中培训，否则将不予晋升。此外，各地还不定期地举办各种所长班、青干班、局长班等专题培训，有针对性地对某一执法群体进行“对症下药”式的提高型培训。由于这些民警大多属于部门骨干力量，甚至包括局领导，他们亟须了解最新的法律规范、当前时局的动态以及提高自身法治意识，许多地方经常专门邀请上级业务部门领导、法院检察院等相关业务部门专家以及法学专家等，从执法经验、案例剖析、法学理论等不同方面对民警进行培训。❶

应当说，目前我国公安机关在培训机制建设方面已经获取了宝贵的经验，数以万计的公安民警从中受益，培训效果比较理想。人权教育恰好可以利用这一平台，进入到公安执法干警这个群体中，借助现有的不同层次和类型的民警培训机制条件，针对不同受训对象（新警、警衔晋升、协警等），开展不同形式和不同要求的人权保障培训。此外，由于现有的培训平台已经获得了足够的政策支持和经费保障，而人权保障项目培训既没有实验器械，也没有实训场地的特别需求，只要政策允许，即可立即展开，除了培训教员的费用支出外，并不需要消耗大量的财政支出，因此从经济角度看，也是非常适宜的。

3. 培训教员构成上的适当性

目前，全国各地公安机关开展的各类民警培训，主要依托各省、自治区、直辖市的公安高校或地市一级的公安干校完成。在这类专业的公安高校或公安培训干校中，活跃着一批兼具理论知识和实战经验的专业培训教官。公安院校中的教师区别于普通高校教师的最大特点在于：他们不但知

---

❶ 雷鑫洪．对公安执法规范化建设一些问题的认识［J］．公安教育，2013（6）：47.

晓专业理论（如运动理论、法律理论、机械原理等），更熟悉公安业务，能够将专业的普遍原理与公安业务结合起来，经过这些教师多年的经验摸索，总结出一套适合公安职业群体培训的方法，既能够提升受训民警的理论知识，也能够回应干警在工作中遇到的实际问题，套用时髦的话说就是“复合型人才”。同时，由于身为人民警察，他们具备坚定的政治立场和较高的政治觉悟，对把握教学尺度等问题较普通高校教师更为准确。

以公安高校中的法学教师为例，这些教师多数毕业于我国著名高校的法学专业，接受过正规的法学训练，属于法学科班出身。硕士或博士毕业后，❶ 进入公安院校教学，在与公安院校以及公安实战部门磨合一段时间后，都基本调整了自己的科研方向，将科研与教学结合起来，有针对性地开展公安法律教学。以广西警察学院为例，该校法律系教师除了承担校内授课任务外，还常年担任各种在职民警进修班的培训任务，聚集了一批经验丰富的公安执法培训好手。近年来，学校专门成立了“警察权与人权研究中心”，从法律系教师中抽调精兵强将，致力于开展警察权与人权相关研究。在研究中心推动下，该校面向全校学生开设了“警察执法与人权保障”课程，既满足了学生对相关知识的需求，也为教师积累了丰富的人权法教学经验。相信经过一段时间以后，随着人权法教师队伍的逐渐壮大，相关专业教材以及教辅资料的相继面世，能够为这些教师承担公安民警人权保障训练提供足够的基础。可以说，在公安执法规范化建设中引入人权保障训练项目，教学人员构成方面不但没有障碍，而且非常便利与适当。

4. 具有可供借鉴的有益经验

面向公安民警开展定期化、制度化的人权保障主题培训，就目前掌握的信息来看，国内应该还没有先例。经过初步调研，除了国际经验外，其实国内许多实践已经有足够的经验可供借鉴。首先，虽然制度化的执法民警人权保障专题培训难寻先例，但相关的短期培训或专题研讨会较为常

---

❶ 目前，由于法学属于教育部“严控”专业，法学专业学生数量大，因此高校在招聘法学教师时，至少都是硕士起点，这客观上保证了法学教师的高素质，也为将来公安院校承担民警的人权保障培训奠定了优良的师资基础。

见。例如，2012年12月，湖南警察学院与湖南大学人权研究与教育中心联合主办了题为“警察执法与人权保护”知识培训班，面向来自湖南省内各地市公安局监管支队长和看守所所长的一线执法民警进行人权理论与人权实践培训。2013年，广西警官高等专科学校（广西警察学院前身）举办“博士生导师系列学术报告”“法律实务大讲堂”“多学科前沿系列学术报告”等系列学术报告会，邀请国内人权法领域知名学者李步云教授对基层民警进行人权法知识普及讲座。同年，该校校长、博士生导师张军教授，对2013年度“鲁桂滇青”四省区公安机关基层所队长培训班学员做了题为“宪法与人权”专题讲座，专门阐述人权的三种形态及其相互关系、人权保障的条件和义务主体、宪法中的人权规范及其功能以及宪法与中国人权事例分析等几个问题。2014年11月，广西警官高等专科学校主办了针对校内教师开展的“警察执法与人权保护”师资高级研修班，对校内25名教师进行人权一般理论、国际人权标准等方面的知识培训。

其次，国内许多著名高校，包括一些公安院校也积累了丰富的人权法教学经验，包括针对警察执法中的人权保护问题编写了专门的教材或著作。例如，中国人民公安大学的涉外警务专业就开设了《警察执法与人权》课程。早在2004年，李文燕、左坚卫教授就编写了《警察执法与人权保障》并由中国人民公安大学出版社出版，这是公安机关内部发行的国内较早的针对警察执法人权保护问题的教材。2013年，由湖南大学出版社出版了李步云、李先波教授主编的《警察执法与人权保障》，这是一部公开出版发行的著作，比较系统地论述了我国警察执法中如何面对人权保障的问题。总体来看，相比法学院校的人权法研究来说，公安院校开展人权保障仍处于起步阶段，但也积累了宝贵的教学与科研经验，可以为将来公安执法民警进行人权保障培训提供经验支持。

四、设置公安人权保障训练项目应注意的问题

（一）人权培训理念的纠偏与重视

中华人民共和国成立以来，由于受到“极左”思潮的影响，我国在很

长一段时间里将“人权”等同于西方政治制度，并将其视为西方霸权侵入我国、妄图颠覆我国社会主义政权的洪水猛兽，因此人权在我国的主流社会和公共话语平台长期处于“禁言”的状态。改革开放以后，国人开始真正认识世界，人权的真实面目得以呈现，学界开始对人权展开系统性研究。但是，以美国为首的西方国家连年以人权为借口试图干涉我国内政，“人权”始终难以抹去其敏感性，因此相关研究仍处于学术圈等极小的范围内，社会大众对“人权”的认识仍然相当模糊。这种情形反映到公安机关就是：从公安决策层到普通执法民警，对“人权”是回避的，尽量不谈人权。归纳其原因，大概有以下几点。首先，对人权概念存在误解，认为人权是同政治挂钩的敏感话题；其次，谈“人权”就是谈“权利”，但权力与权利是一对永恒的矛盾体，权利大了，权力自然就要受到约束，这是少数人主观上不愿意看到的；再次，虽然经济体制改革成效显著，但政治体制改革仍刚刚起步，包括户籍制度等在内的相关制度改革仍在推进中，制度框架挤压了人权空间，这让执法者既无所适从也无能为力，因此公安机关不愿正面回应人权诉求；最后，面对人权，公安机关在很多情况下处于“心有余而力不足”的尴尬处境。例如，在部分群体性事件中，起因通常是由于土地纠纷、山林纠纷或劳资纠纷，其处置与责任单位并非公安机关，但由于这些部门的失职或不作为导致事态扩大，而当地政府又无力面对情绪高昂的人民群众，慌乱之下只能借助“刀把子”，妄图使用强制力压制百姓的正当利益诉求。其实在现有法律规定下，很多情况下并不需要出动警力，但政府终究是上级部门，公安机关对上级的命令无可抗拒。类似的情况还有很多，这些原因综合起来，造成了公安机关至今不愿多谈“人权”。然而，社会终究在前进，既然人权保障已经成为时代主题，就必须要给予正视。

综上所述，各级公安机关和广大执法民警应当与时俱进，与党中央保持一致，积极投身法治建设洪流中，当前要做的首要工作，就是从观念上抛弃过去那种旧思维，要在时代的背景下正确认识人权，将人权保护提升到政治高度来看待。为此，公安机关应通过各种途径大力普及人权知识和开展人权保障技能培训，将人权保障训练项目作为各级公安干警执法上岗或职务晋升的必修科目，努力做到让每一个执法民警都参加人权保障培训，让每个执法民警都拥有正确的人权观念和掌握适当的人权保障技能。从根本上说，只要用心去维护人民的基本权利，群众肯定感受得到，并会满意我们的工作，社会才能从根本上实现稳定，和谐社会才会成为现实。

（二）训练内容侧重于执法理念的培育塑造

开展人权保障训练项目的首要工作，就是确定训练的内容。鉴于人权理论的抽象性和复杂性，以及在职培训脱产时间短、任务重等原因，对于人权概念、人权发展史、人权分类等这类具体知识性内容可不做要求，暂不列入培训范围。可以考虑将培训的重点设定在执法理念的培育塑造，即通过人权概念的普及，传递一种人权保护的理念，通过在民警内心播种下人权保护的种子，让其自由思考，并在工作中结合执法实践反复强化这种观念，从而达到牢固树立人权保障执法理念、指引执法行为的目的。具体来看，训练内容可以包含以下几点。

（1）以经典的人权法案例开始话题，通过案例吸引受训者兴趣，并逐步转入人权概念的解读以及人权保障的核心内容。在国际人权发展史上，有许多著名的中外案例，其中也不乏涉及警察执法的人权保护案例，这些案例经过培训教员的筛选后，可以作为课堂教学资料使用。通过对精选案例的解读，激发受训人员对人权相关话题的关注，并在后续的讨论中了解学员们最关心的问题，最想了解的问题，最想解决的问题，最大的疑惑点，等等，为下一步的教学收集素材并进行相关的准备。

（2）在职民警的培训尤其要注重学员的参与性。在职干警与在校学生不同，他们许多人已经具备了相关专业基础知识，并且已经在社会上工作多年，具有丰富的实践经验，因此不需要“一言堂”式的授课。长期实践证明，在职培训更适合小班教学，最好能最大限度地增加学员参与讨论和交流的课时比例，若因大班教学无法实现，也应尽量考虑以分组的方式进行。在教学过程中，除了概念性知识由教员陈述外，案例分析环节应当由学员全部完成，然后才由教员点评，最后是学员分析学习心得。此外，还应当设置一个案件交流环节，即允许学员在课堂上提出与教学主题相关的自己在工作中遇到的问题，作为实际案例，供大家讨论，探寻最佳的解决之道。若是暂时无法解决的问题，也应当记录存在的困难和无法解决的原因，留待将来在教学和工作中继续观察和思考，通过相互留下的联系方式，在培训结束后仍然能够持续性地交流与学习。

（3）与宪法学习相结合，更系统地理解人权保障的意义。人权保障的特殊性决定了面向公安执法民警展开的人权保障训练，应当以我国的实际问题为主，即在我国现实情况下，国家在相关领域的法律规定、人权保护的现状、存在的问题、人权保障之于法治社会的意义、公安机关在其中扮演的角色，等等。为了这些问题的有效解答，有必要在我国的宪政语境下，结合宪法来学习，这样有助于学员在更高的角度、以更宏观的视野、体系化地理解人权保障的制度性价值。

自从党的十八大以来，中央一再强调宪法的重要性，指出应当围绕宪法治理国家。为此，国家还专门设立“宪法日”，正是为了在全社会范围内宣扬宪法、学习宪法。在宪法学上，核心理论是研究国家权力与公民权利的问题。经典宪法学原理认为，国家存在的终极目的是保护公民权利，国家权力是实现这一目的的“必要的恶”，因此国家权力是有边界的，是需要控制的。习近平总书记提出的“将权力关进制度的笼子里”就是对这一理念的形象描述。在我国宪法中，明确规定了国家与人民的关系、国家机关的权力分工，公民的基本权利以及国家机关的组织与活动原则。通过学习，可以让学员明白，即便站在宪法的高度来看，公安机关的权力也是有限的，需要受到法律的约束。并且宪法规定“国家尊重和保障人权”，作为国家的代表性力量，自然应责无旁贷地担负起“保障人权”这一重大使命。

（三）重视培训教员的专业性

当今社会，社会分工日益精细化，这种趋势反映到法学研究中，就是法学专业二级学科的分类也非常细化。从专业角度来看，一个研习法律的学者或教师，几乎不可能有精力或者说有能力精通所有的法律细分学科。相反，由于法律学科专业性日益加强，单个部门法的研究深度不断加大，

"半路出家"的学者或教师要想在新的领域做出成绩，没有多年的潜心投入无法实现。例如，让一个长期从事民法学研究和教学的教师"转行"教授行政法，除了技术上的知识储备、资料收集等硬件更新外，最重要也是最难的是思维方式的突破，即研究私法的思维方式与研究公法的思维方式殊为不同，甚至存在着某种意义上的冲突。若是同时进行两种学科的授课，其困难想必只有教师本人才能体会。法学专业教师尚且如此，从法科以外专业转行改教法律的教师，面临的压力和困难更加难以想象。可见，对于公安民警这样重要的执法群体进行人权保障培训，最好能够由受过专业训练、拥有多年学科研究和教学经验的教师承担。

目前，广西壮族自治区承担在职民警培训的机构主要是广西警察学院和各地市的公安干校。各地市公安干校由于编制等原因，专职教官数量不多，并且多集中在警体训练领域，专职的法律教官非常少，相关法律培训多以邀请校外专家的方式进行。实践证明，普通高校的法律教师，由于不熟悉公安业务，培训内容不能贴合公安实战，效果并不理想。而邀请的公安法制专家在理论研究和学科前沿问题上存在不足，使得培训深度以及学员的问题意识培育方面欠缺。可见，人权培训的主力应当是公安高校的专业教师。但是为了解决全区专业教师总量不足的问题，我们可以考虑采取以下方式逐步解决。首先，借助广西警察学院刚刚成立的机会，积极引进专业人才，壮大人权法教师队伍。❶ 其次，积极推进公安高校教师前往各地市公安干校进行驻校培训制度，可以考虑以挂职锻炼或借调的方式，每年从公安院校的专业教师队伍中，派出若干名教师到全区各地公安院校进行授课，这样既可以满足基层对高水平教师的需求，又可以增加专业教师的基层工作经验，利用在基层教学收集到的素材服务于未来的科研与教学工作。最后，可以举办针对各地市公安干校具有法律专业知识的培训教官为对象开展的人权保障专题培训，提升现有教官队伍的人权保障专业知

---

❶ 目前，广西警察学院法学系从事法理学、宪法学以及相关学科教学的专任教师总计不到10名，却承担着全校几乎所有专业的《法理学》《宪法学》《警察执法与人权保障》课程授课任务。其中，还有多人兼任着"警察权与人权研究中心"以及其他科研机构的科研任务，教学任务异常繁重，亟须得到新生力量的充实。

识，从中培育人权保障教官团队，最大化地充实人权保障培训的专业教师队伍。

（四）采取灵活多样的考核评价机制

在国内多数省份，在职民警参加警衔晋升培训前，一般都会先参加“准入制”考试，考试分两部分：一是体能测试和警务技能考试，二是公安业务（法律）基础知识考试，两部分都测试合格方能参加晋衔培训。经过培训后，在培训结束前会安排一次体能达标测试，只有体能达标者方能顺利结业，获得晋升。其间进行的文化科目培训，一般情况下则不再进行考核。笔者曾多次参加警衔晋升培训，总体上有如下收获：所谓“身体是革命的本钱”，警察职业在某种程度上就是靠身体吃饭的行业，终日风里来雨里去，若没有钢铁般的体魄，根本无法同违法犯罪行为做斗争。因此，体能测试是必需的，并且将其作为培训的“准入制”考试也是合理的。这样做的好处在于，相比于短短十来天内天天跑步特训，还不如让民警可以有充分的业余时间参加体能锻炼，提前做好准备。但是，笔者认为培训结束前再安排一次体能测试则显得多余。原因有二：第一，两次测试的标准相同，后者并不比前者高，并不能测试出培训期间的所谓“特训效果”，那设置后者的意义何在？第二，既然前者已经证明参训者体能达标，符合晋升标准，那么设置后者就完全多余，而且会消耗人力物力，增加参训者的心理压力。

至于文化科目免考，却是走到了另一个极端。由于学员们一开始就没有考试压力，在许多文化科目的培训课堂上睡觉、玩手机、开小差、逃课的情况比比皆是，培训效果不甚理想。为此，适当增加学习压力、提升学员学习的注意度，设置文化科目考核环节非常必要。需要特别说明的是，文化科目的考核不等于简单划一的文字考试，应当以灵活多样的方式进行。首先，考核可考虑以分散的方式进行，即在每一科文化培训结束后，由老师随堂给出评价，既可以单个学员评价，也可以进行小组评价。评价方式可以多种多样，既可以提问，也可以进行案例分析讨论，还可以分组交流等。其次，考核也可以采用集中考试的方式，在培训结束前进行。但是，考虑到培训期限短、学员心理压力大等因素，此类考试在内容上必须仅限于培训期间的学习内容，[1] 并且难度不宜大，题量不能多，最好能以开卷的方式进行。不管采用哪种方式，应当注意一个关键点，即赋予培训教师充分的信任，对考核结果拥有一票否决权，要相信他们的授课能力和评价的公正性。总而言之，包括未来人权保障培训在内的文化科目学习，应当在轻松的氛围中完成，让学员能真正有所收获、有所感悟，在考核的尺度上，既不能“放羊”，也不宜“白色恐怖”，应当采取灵活多样的考核评价机制，科学合理地对学员做出评价。

（五）建立施教与受教人员的双向交流机制

凡是参加过在职培训的民警可能都有过这样一种感受：台上的教员与台下的学员之间缺乏沟通与交流，台上滔滔不绝地讲着各种理论，台下一箩筐的问题却得不到有效解决。并且许多教员明显缺乏执法经历，对一线执法的情况不清楚，并不能解答基层执法民警工作中的各种问题。这是当前我国许多地方在职民警培训遭遇的困境，欲破解这个难题，可以考虑以下几点做法。

首先，在制度上搭建人才流动平台，让专业教师和具有丰富理论知识的一线执法人员能够有机会进入对方的工作环境，在新的平台上丰富自身的工作阅历。例如，在一省范围内，可以由省厅采取分批次借调的方式，让公安高校人权法教师进入基层公安法制部门，真正承担起基层法制员的日常工作，在利用其专业知识带动基层法制员提升法律专业素养的同时，也可以熟悉公安日常办案流程，积累公安执法中涉及人权保护案件的原始素材，为日后科研教学做好储备。另外，随着我国大学生整体素质的提升，基层许多办案人员已拥有硕士以上学历，其中不乏“学者型”执法干警，他们完全有能力进入公安院校成为客座教师，将自己在一线执法的工

[1] 在笔者曾亲历过的“司升督”培训结业考核中，采取了集中电脑答题的方式。但考试的内容完全与培训期间上课的内容无关。并且这些考试内容在训前的“准入制”考试中已经考过，题库多年未变不说，还允许携带打印本进场“参考”。笔者不禁感慨，这样的考试目的何在，似乎已沦为“作秀”了。

作经历，手把手地传递给在校学生。这种言传身教的教学模式，很可能比象牙塔里“学究型”教师的授课效果要好得多。

其次，针对在职培训，可以在每次培训开始前，制作一个课程清单，列出本次培训拟开设的课程数量和可供选择的课程目录（后者应大于前者至少一倍为宜），并附上相关课程教学团队的基本信息，供参训者在“准入制”资格考试时，在清单上勾选自己感兴趣的科目（也可以让参训者拟出最想听的科目）。事后，由培训组织部门根据参训者的选课意向确定科目并邀请相关的教学团队。这有利于改变过去那种学员被动受教的局面，同时也能够在培训教师中形成良性竞争，若是连续几期培训班因选课人数不足无法开课的科目，除特需科目外，应当考虑“下架”，让更符合时代主题和竞争力的科目“上架”。毕竟，进行培训的最终目的还是为民警服务，只有受训民警真正满意，培训才有价值。

最后，在课堂内外，授课教师与培训学员之间应当保持联系，让信息流动起来，因为流动的信息能创造价值。课堂上，教师应注意激发学员的参与热情，必要时可挑选学员上讲台参与授课，交换工作经验。课堂外，教师与学员之间、学员相互之间要注意保持联系，特别是交流先进的学习和工作经验，这种“事半功倍”的方式将有助于工作效益在短期内最大化，节省了摸索和反复实践的各种成本。

第三节　法治理念与公安执法同构关系研究

社会主义法治理念是依法治国的观念基础，公安执法是实现法治国家的重要保障。基于共同的价值追求，社会主义法治理念与公安执法在对法律的认知、权力的认知、权利保护的认知以及程序的认知方面具有高度一致性，因而具有同构关系，两者互为影响，共同发展。因此，以法治理念统领面向新时代的公安执法规范化建设，是破除障碍、从根本上获得成功的关键。

一、从法治理念到社会主义法治理念

（一）法治、法治理念的基本含义

古今中外，围绕着法治展开的理论研究和社会实践至今仍在延续，但究竟什么是法治，概因文化、制度和意识形态等方面的差异，很难得到一致界定。法治定义有形式和实质意义之分，形式定义的法治，顾名思义就是依法之治，即 rule by law，这种意义上的法治之“法”不带有价值倾向，只是为了一个特定目标而实行的一种治国与社会管理方式。这种模式下的法只是手段，而非目的，此时也谈不上对法的信仰。而通常为人们津津乐道的法治，主要是指实质意义上的法治，即伴随着资产阶级革命胜利后，在民主立宪制度背景下形成的一系列关于法律治理的制度、观念、秩序等因素的综合体。虽然法治在世界范围内无法得到标准定义，但在内涵上，却存在着一些普遍性的共识。借用《牛津法律大辞典》的表述，法治的内容应当包括：“对立法权的限制；反对滥用行政权力的保护措施；获得法律的忠告、帮助和保护的大量的和平等的机会；对个人和团体各种权利和自由的正当保护；以及在法律面前人人平等……它不是强调政府要维护和执行法律及秩序，而是说政府本身要服从法律制度，而不能不顾法律或重新制定适应本身利益的法律。”❶

法治理念是指人们对于法、法的功能、价值、法治运行的目标、作用、应然模式的观念、思想、认识的系统思考和总的看法，是法律文化的积淀、法律原则的结晶、法治客观规律的集中反映。❷ 法治理念不同于法律意识，法治理念比较系统、完整，而法律意识比较零散；法治理念是在系统理论的基础上产生的，而法律意识多是自发产生的；法治理念不仅包括对法治现实的认识，也包括对法治的信念、理想和追求等。法治理念是指导一国法律制度设计和司法、执法、守法实践的思想基础和主导价值追

---

❶ ［法］戴维·M. 沃克．牛津法律大辞典［Z］．邓正来，等译．上海：光明日报出版社，1988：790.

❷ 谢鹏程．社会主义法治理念的基本内容［N］．学习时报，2006-02-27.

求。一般来说，法治理念是由特定的社会制度、历史文化传统和时代价值观所决定的，一旦形成，便固化于人们的思想中，具有相当的稳定性、持久性；另外，法治理念与立法、执法和守法等法治行为是观念与行动的关系。法治理念引导、统摄、支配和决定着法治活动，决定着法治行为及法治效果，有什么样的法治思想、信念和观念，就会表现出什么样的立法、执法及守法行为。

（二）社会主义法治理念的概念与基本内容

社会主义法治理念，是指关于社会主义法治的理想、信念和观念，是社会主义法治的内在要求、精神实质和基本原则的概括和反映，是立法、执法、守法和法律监督的基本指导思想。社会主义法治理念是马克思列宁主义关于国家与法的理论同中国国情和现代化建设实际相结合的产物；是中国社会主义民主与法治实践经验的成果；是我国借鉴世界法治经验，对近现代特别是改革开放以来中国经济、社会和法治发展的历史经验的总结；它既是当代中国社会主义建设规划的一部分，同时也是执政党对中国法治经验的理论追求和升华。❶ 它的基本内容可以概括为以下五点。

1. 依法治国理念

依法治国是社会主义法治的核心内容，是我们党领导人民治理国家的基本方略。在我国，依法治国就是要求“广大人民群众在党的领导下，依照宪法和法律规定，通过各种途径和形式管理国家事务，管理经济文化事业，管理社会事务，保证国家各项工作都依法进行，逐步实现社会主义民主的制度化、法律化，使这种制度和法律不因领导人的改变而改变，不因

---

❶ 社会主义法治理念与法治理念是紧密联系又有所区别的一组概念，两者在人民主权、法律至上、正当程序、权力有限等许多价值认同上具有共同点。前者是后者在我国本土化过程中，在我国的意识形态下形成的具有自身特征的理念形态，如共产党领导、服务大局等内涵。在理论研究部分，法治理念许多核心内容对社会主义法治理念的研究具有重要价值；在执法实践中，应当以社会主义法治理念来指导具体的执法行为。因此，本课题标题中的“法治理念”更多的具有指导执法实践的目的，因此将其理解为“社会主义法治理念”更为合适。故在本书后叙部分中，法治理念主要指向社会主义法治理念。

领导人看法和注意力的改变而改变”。[1] 依法治国要求政法机关和政法干警必须不断提高法律素养，切实增强法制观念，坚持严格执法，模范遵守法律，自觉接受监督，时时处处注意维护法律的权威和尊严。具体来讲，依法治国理念的主要内涵包括：(1) 人民主权。我国的国家性质决定了人民是国家的主人，并且是制定法律的真正主体，依法治国，本质上就是依人民的意志治国，因此人民民主是依法治国的根基。(2) 法制完备。依法治国的基础是有法可依，这需要国家大力健全法律制度，不断根据形势的需要完善我们的法律制度，同时要注重立法质量，不光要有法，而且必须注意要制定“良法”，只有“能够代表并满足”人民利益和时代需要的法律才是符合法治理念的真正的“良法”。(3) 宪法和法律具有权威。依法治国不是以法治国，它需要法律在国家中取得至高无上的地位，必须确立法律是人们生活基本行为准则的观念，特别需要强调维护宪法的权威，必须努力维护社会主义法制的统一和尊严，必须树立执法部门和司法部门的公信力。(4) 权力有限。“任何有权力的人都容易滥用权力，这是一条万古不易的经验。”在我国，任何国家机关的权力都是人民赋予的，他们行使权力应当受到人民的监督，因此不存在不受约束和监督的权力。对权力的约束可以通过权力分工或权利对抗来实现，也就是说，国家机关之间行使权力要分工负责，互相监督，当人民权利受到权力不法侵害时，允许通过司法渠道获得救济，从而实现权利对权力的约束。

2. 执法为民理念

执法为民，是指要实现全心全意为人民服务的宗旨，把实现好、维护好、发展好最广大人民的根本利益作为我们一切工作的出发点和落脚点，在各项工作中切实做到以人为本、执法公正。执法为民是我们党“立党为公、执法为民”执政理念的必然要求，是一切权力属于人民宪法原则的体现，它的核心就是必须做到维护和保障广大人民群众的根本利益。具体来

---

[1] 在党的十五大上，江泽民同志明确提出“依法治国”的基本方略，将过去“建设社会主义法制国家”的提法，改变为“建设社会主义法治国家”，极其鲜明地突出了对“法治”的强调。党的十六大合乎逻辑地提出全面落实依法治国的基本方略，正是中央对这一问题长期思索的结果，突出表现就是将“依法治国”写入宪法。

看，该理念主要包括：(1) 以人为本。以人为本，即一切为了人民，就是把维护人民群众的利益作为一切工作的根本宗旨，把人民群众的呼声作为第一信号，把人民群众的需要作为第一选择，把人民群众的利益作为第一考虑，把人民群众的满意作为第一标准，时时处处替人民着想，时时刻刻为人民群众排忧解难。(2) 尊重和保障人权。尊重和保障人权已经写入我国宪法，标志着我国的人权事业发展进入了一个新的历史时期。在法治时代，权利需要得到尊重和保护，尤其是人权，它是人能够获得尊重和保护的根基，国家必须为此提供完善的法律保障。同时，在执法环节中，执法部门尤其要尊重和保障人权，努力做到树立人权保障意识、保障知情权的实现、保障人格尊严不受侵犯、保障人身权不受非法侵犯、保障财产权不受非法侵犯、保障隐私权不受非法侵犯、保障陈述权和申辩权的实现、依法追究违法责任人的责任，等等。(3) 文明执法。执法为民作为执法的宗旨，同时也解释了执法的目的：为了人民的利益。这就要求执法者将执法对象像人一样地看待，给予对方最基本的尊重，这就要求执法的态度和方式必须文明。文明是一个价值判断概念，本身很难有个衡量标准，但是执法行为是否文明却存在观念或道德上的衡量尺度，就是最基本的公平或正义，它要求执法者在尊重对方的前提下，放弃特权思想，完全以法律为标准公正执法，不徇私情。同时尽可能地以伤害最小的方式，即符合比例原则的要求执法，使执法行为既合法又合理，这样才是真正意义上的文明执法。

3. 公平正义理念

法是正义的体现，追求公正，保护正义，体现平等，是法的理想和价值，因此公平正义是社会主义法治理念的价值追求。为了实现这一追求，公平正义要求执法行为必须符合以下要求。(1) 法律面前人人平等。在法治国家中，以法律作为评价行为的标准是最基本的要求，这需要所有主体，无论是政府、组织还是公民个人，都应当遵守法律。在法律面前，所有人的法律地位都是平等的，不允许存在凌驾于法律之上的特权。同时，在人类先天差异无法消除的前提下，允许合理差别对待，对弱势群体给予法律上的特殊关怀，追求实质意义上的平等。(2) 执法行为合法、合理。

社会发展瞬息万变，法律总是具有滞后性，这要求执法主体除了要严格执法外，当法律出现真空或规定不明时，执法主体便需运用其裁量权，这种裁量权应当符合法治的精神或原则，同时要符合社会主流价值判断，被社会一般地认为是合理的，这样的执法才是公平正义需要的内在品质。（3）程序要正当。正当法律程序是世界各国在现代法治治理中普遍运用的方式，它的基本理念是：当实体规范因为立法滞后等原因失灵时，运用程序机制对其加以弥补。这种程序必须是符合正义理念的理性的程序，例如，任何人不得做自己案件的法官、任何人在遭受对其不理指控时享有申辩的权利等。正当程序要求立法程序要正当，在民主国家背景下，主要就是要求立法程序民主，强调公众的参与；对执法程序而言，要求设立明确的、透明的、规范的执法程序，这个程序应当允许相对人适度参与，尤其是告知理由程序、允许申辩与申诉程序等，都是必不可少的。（4）执法应当及时、高效。现代国家纷纷步入了行政国家时代，行政权日益强大，与立法权追求公平价值相区别的是，效率一直是行政权运行追求的重要价值。行政权运行是否及时并且高效，往往涉及社会秩序的构建和公民权利保护的实际效果，法学谚语有云："迟来的正义非正义"，说的就是这个道理。因此对行政执法而言，在行政体系内部，上下级之间应当协调一致、令行禁止，保持高效；在对外执法中，应当在依法的前提下，尽快完成，不得故意拖延，同时要保证相对人申诉的权利，以求得效率与公平的统一。

4. 服务大局理念

服务大局就是必须紧紧围绕党和国家大局开展工作，立足本职，全面正确履行职责，确保国家长治久安。服务大局是社会主义法治的重要使命，是执法机关有效履行职责的必然要求，是解决现实问题的客观需要。执法工作服务大局的目标任务，就是要紧紧围绕保障和促进中国特色社会主义事业，不断强化和保障服务社会主义经济建设、政治建设、文化建设与和谐社会建设的各项措施，全面正确履行职责，为全面建设小康社会，建设富强、民主、文明国家，创造和谐稳定的社会环境和公正高效的法治环境。

5. 党的领导理念

党的领导是社会主义法治的根本保证。坚持党的领导是执法工作的政治优势和重要保证，作为执法人员，在执法过程中要牢固树立党的领导的理念，在各项工作中自觉贯彻执行党的路线、方针和政策，坚持正确的政治立场，自觉履行党和人民赋予的神圣职责。建设社会主义法治国家，关键在于党的领导，也就是说，依法治国要求党必须在宪法和法律的范围内活动，党的各项活动必须以宪法和法律为依据；同时，要重视将党的政策和法律有机结合、协调发展，根据实际需要对法律立、改、废，注意把经过实践证明是正确的并需要在全社会实行的党的政策通过立法机关转化为法律，以国家意志取得全国范围内的一体遵守，从而不断推动依法治国的进程。

（三）社会主义法治理念的价值分析

1. 指引作用

“一切法律之中最重要的法律既不是铭刻在大理石上，也不是铭刻在铜表上，而是铭刻在公民们的心里，它形成了国家的真正宪法，它每天都在获得新的力量，当其他法律衰老或消亡的时候，它可以复活那些法律或代替那些法律，它可保持一个民族的精神。”❶ 社会主义法治理念是关于依法治国、建设社会主义法治国家的认识论、方法论和价值论的统一体，它在我国的社会主义法治建设过程中发挥着强大的指引作用。所谓“形而上者谓之道，形而下者谓之器”，社会主义法治理念就是“形上”层面的法之道，它具有高屋建瓴之势，以一御万之能，国家的各项法律制度、各种法律行为都应当体现这种理念并受其制约。例如，在立法中，只有坚持依法治国、公平正义理念，才能保证立法能够体现人民主权、权力有限、权利保护和法律至上等原则，才能够保证立法能够实现公民权利与公共权力的和谐、公权力和公权力之间的和谐、公民权利和公民权利之间的和谐。又如，在执法中，公平正义理念要求执法者尊重人权，严格遵守法律程

❶ ［法］让·雅各·卢梭．社会契约论［M］．何兆武译．北京：商务印书馆，2003：70.

序，坚持法律面前人人平等，公正执法，树立法律权威；执法为民理念要求执法者在执法工作中必须以保护人民利益为根本宗旨，以公正实施法律为首要标准，完成从单纯执法向以人为本、注重疏导、加强服务转变，从重实体轻程序、重形式效果向实体与程序并重、形式与效果统一转变，从片面强调公民责任向同时强化执法机关责任转变的三大转变，从而做到保护人民利益与维护法律权威的有机统一、促进社会和谐与惩治违法犯罪的有机统一、贯彻群众路线与保障专门机关执法的有机统一。

2. 评价作用

转型时期的中国，主体多元化、诉求多样化，利益格局正发生着深刻的变化。法律是利益表达、分配、协调的载体，不同利益主体基于各自的利益出发点，对法律的认识会有不同，对社会主义法治建设所寄予的希望也不可能完全一致，集种种认知和诉求于一体的法治理念自然各不相同。因此，作为统领社会各界和广大人民群众的主流法治思想，社会主义法治理念必须要求正确反映和兼顾不同利益主体的法治理想、法治信念，并且在此基础上对社会主义法治建设中的种种认知、诉求乃至理论思潮给予切实评价，既不是不闻不问，也不是矫枉过正，而是通过评价努力做到多元基础上的统一，集中体现最广大人民群众的根本利益。

评价一国的法治实践，应当立足于本国特定的历史、文化和政治条件，只有这样的评价得出的认识才是客观公正的。例如，评价政党政治和国家法治的关系，我们不能简单地套用西方多党轮流执政的模式来抨击甚至否定我国实行的共产党领导的多党合作制度。政党取得法律权威地位的正当性在于其代表性，即集体与人民保持同构性、与人民意志保持同质性。因此，要把握政党与法治关系的实质，而不能抓住一些形式不放。在现实中，党的领导与法律权威确实存在着一些冲突，但都是发生在操作层面，如党的领导体制和决策机制不完善、民主化程度不高和个别领导人执政能力不强，等等，但不能因此就将一些形式的问题上升到本质高度而予以否定。

二、公安执法基本原理概述

（一）公安执法权的法律属性*

权力是指特定主体将其意志强加于他物，使之产生一种压力继而服从的能力，是支配他人和控制他人的一种强制性力量。❶ 权力是人类的一种需要，是人类社会的一种客观现象。一般来讲，权力属于国家，具有公务性质，是公权力，法律上要求权力主体必须正确行使权力，不得拒绝和任意放弃。人类社会发展到今天，权力可谓无处不在，尤其是在社会生活中涉及面极为广泛，包括与公共秩序、公民利益关系极为密切的警察权力，警察权❷的运行不仅关系到一国的国家安全与社会秩序，还与公民的人身自由及生命财产息息相关，毫不夸张地说，警察权力运行得当就会利国利民，反之则会祸害无穷。可见，任何一个国家、社会和人民都需要一个强有力的、能够保障社会安宁和百姓平安的警察队伍。可以说，警察的产生和发展是建立在社会对警察的需要基础之上，对于任何一个社会来说，警察的职能都是不可或缺的，它是国家职能的重要组成部分，是维护社会公共秩序之

---

* 在国外，警察机关一般均划分为行政警察和司法警察。行政警察的主要作用在于预防犯罪，而司法警察主要作用在于制裁犯罪。前者主要适用于各种行政法规，而后者主要适用于刑事诉讼法律。在我国，警察机关主要指公安机关，它行使了绝大部分警察权，虽然我国在组织机构上没有具体划分为行政警察与司法警察，但在警察职权上，却实在地划分了警察行政权与警察司法权。在我国，警察的这两种职权是由同一个机关——公安机关行使的，只不过在其内部存在部门分工而已。相应地，我国公安机关在执法的行为性质上，既表现出作为行政机关行为的行政性，又表现出作为打击犯罪行为等司法机关具有的司法性。

❶ 林喆．权力腐败与权力制约［M］．济南：山东人民出版社，2009：4.

❷ 在我国，警察是指某人员而非机关，机关称为公安机关（包括安全机关等履行警察职能的部门），在相当一个时期内，“警察”被视为旧法术语而被弃用并改称公安人员。直至20世纪80年代后，警察一词才在我国法律上逐渐恢复，如1980年颁布的《人民警察使用武器和警械的规定》以及1995年颁布的《中华人民共和国人民警察法》。但作为机关，我国一直沿用公安机关而未使用警察机关这一称谓，故本书亦采用习惯上的“公安执法”一词来替换严格意义上的“警察执法”，采用“公安机关”和“人民警察”来分别指向我国的警察机关及警察人员。

必需。

近年来，我国的立法工作取得重大进展，一个以宪法为核心的社会主义法律体系框架已基本形成。在政治、经济、文化和其他主要领域，基本上都做到了“有法可依”，为建设社会主义法治国家社会打下了良好的基础。尽管现行法律体系还有不完备的地方，仍有许多亟待填补的法律空白，法律制度仍需要进一步补充与完善，但是，是否“有法可依”已经不是我国法制建设的主要矛盾。主要矛盾应该是执法问题。

公安执法的过程，是一个实现法律规范的过程，也是一个警察权力运行的过程，如何在这一过程中保障法律规范得以实现、保证权力不被异化和不当利用既是一个重点，也是一个难点。按照宪政一般原理，行政必须依法，政府的权力来自代表国民意志的法律，而代表政府行使执法权的公安机关，其权力当然也来自法律。因此从法律的角度分析，公安执法权的行使应体现如下属性。

1. 权力来源法定

在立宪国家，人民通过宪法对国家权力进行分工并对其进行监督与制约，行政权作为重要的国家权力，同样受到国家根本法——宪法的制约，行政权的法定性是由现代法治国家的性质决定的。对公安执权而言，只有法律的明确授权才具有合法依据，否则均构成非法行为。

2. 权力主体特定

由于公安执法权是一种公权力，因此行使该权力的主体必须是人民警察。虽然法律亦规定了其他机关、社会团体以及公民个人制止违法犯罪行为的权利，但是不具备警察身份的人行使的并非公安执法权，同时，公安民警必须在履行职务中依法行使该权力。

3. 权力利益公共

权力的行使必然带来相应的利益，“这是一条万古不易的真理”。国家设立公安机关的目的决定了公安执法权的行使目的只能是维护公共利益和公民的权利，不能也不应为了部门或集团的私利。因此公安执法权的行使所产生的利益不能归属公安机关或民警个人所有。

4. 权力责任一致

对私权而言，依意思自治原理，权利可以放弃；而行政权是一种公权力，它的行使具有义务性，即公安执法权非但不能放弃（不作为）而且必须依法正当行使，否则就要承担相应的法律责任。

（二）公安执法的价值取向分析

站在法治的高度，通过对公安执法权法律属性的分析，我们会发现这样一组现象。一方面，公安执法权具有极强的国家性，它要求权力的运行体现统治阶级的意志和利益，这种国家性具体体现为一种强制性，它是一种不需要借助于其他国家机关的力量而直接施加于相对人身上的特殊强制。毛泽东同志所言："军队、警察、法庭等国家机器，是阶级压迫阶级的工具"，[1] 正是源于对这一现象的高度概括。另一方面，公安执法权又具有广泛的公共性，即这种权力自诞生之日起就担负起维护社会秩序、维护公共利益、保护公民权利的职责，它不但关注国家利益，同时也注重私人利益的保护。正因如此，使得公安执法在价值追求的目标上呈现出二重性的特点。

（1）秩序是公安执法追求的基础目标。"权力的价值主要指向秩序……秩序的保护和维护是权力存在的主要理由。"[2] 秩序是自由与发展的基础，在一个缺乏秩序（安全）的社会，人们要获得充分的自由与发展是不可能的。基于此，国家赋予公安机关以执法权的目的是让其有效地履行维护国家安全和社会治安秩序的职责，它通常以某种程度的限制公民自由为方式来实现对社会治安秩序的控制，具体表现为预防、制止和制裁各种违法犯罪行为等行使公务执行权的行为（公安执法行为）。从这层意义上看，公安既是社会秩序的象征，又是社会秩序的手段，公安执法权在预防和制止社会无序状态方面起着其他国家权力无法替代的作用，此时公安执法权行使的价值目标表现为秩序。

（2）自由是公安执法追求的终极目标。"人民对秩序的追求不是终极

---

[1] 毛泽东．毛泽东选集［M］．北京：人民出版社，1991：1365.

[2] 王人博，程燎原．法治论［M］．济南：山东人民出版社，1998.

追求，仅仅是以此作为其他追求的条件或外部环境。”❶ 历史告诉我们，人类的社会发展史就是一部不懈追求自由的历史。在近现代宪政民主国家，公民制定并遵守宪法和法律，最终目的就是自由。尽管秩序是实现自由的基础和保障，但片面强调秩序，过度的社会控制往往会侵犯公民自由、阻碍社会发展，这是早已被社会历史发展证明的事实。因此，任何法律，不论是确认公民权利还是赋予国家权力，其终极价值均应指向自由，用法律的话语表述就是权利，国家权力只不过是通向自由（权利保护）的必要手段而已。在这层意义上，公安执法的终极价值目标应当是保障公民自由和权利，公安执法权的行使过程应该是一个以限制公民自由为手段，以维护社会治安为内容，通过实现社会治安的有序状态，最终达到保障公民自由（权利）的过程。

在当今时代背景下，“自由、民主、权利、公平、正义”等早已成为世界各国维持正常秩序和展开国际交流的关键词，在法治原则背景下依法保护公民的合法权利成为各国政府的目标，也是其统治获得正当性的基础所在。因此，上述两种价值追求对公安执法而言并非并列或选择关系，而应当是一种递进关系，后者是以前者为基础或保障，前者的目标是最终实现后者。从一般的公安执法层面上看，我们更多是发现和强调公安执法的秩序维护功能，而对隐藏在其中的保护权利功能往往不够关注或忽视。因此，在法治环境背景下，客观审视两者关系，在公安执法追求的价值序列上摆正两者的位置，既要保证秩序，更要保护权利，千万不能打着维护秩序或公共利益的旗号违法损害公民的合法权利。正确的执法价值取向，对于公安机关把握自身的准确定位、树立科学的指导思想以及规范执法行为等而言都是至关重要的前置条件，只有弄清方向，后面的道路才能走得顺畅。

（三）公安执法的基本原则

公安执法就是一把双刃剑，运行得当就可以保障社会秩序与人民权利，若是运行不当则可能侵犯人民权利、引发社会矛盾。因此，公安机关

---

❶ 卓泽渊．法理学［M］．北京：法律出版社，2000.

及公安民警在执法过程中必须受到法律的严格控制，不得凌驾于法律之上或游离于法律之外。为充分发挥公安执法的积极效应，预防和限制其消极影响，使公安执法行为符合法治的要求，公安执法应该符合以下五项基本原则。

1. 依法原则

依法原则指公安机关拥有的执法权必须有法律的明确授权，并且在法律规定的范围内，以法律要求的方式、方法行使。出于维护社会秩序和保护公共利益的需要，设立公安执法并赋予其相应的公权力是必需的，但是基于权力的天性，其运行若是不受限制，则必然走向滥用和腐败，因此必须对权力的运行进行合理的制约。在当今世界，各国一般都通过国家法律对警察权力的设置和运行进行规制，将警察执法的内容、方式、程序等用法律、法规等方式加以明确规定，从源头上防止和控制警察权力的不当使用，力图将整个警察执法活动纳入法治的轨道之中。

2. 责任原则

责任原则有两层含义，一是指只能对负有责任者行使警察功能。警察责任指因违反警察义务而应负的责任，对于不负警察责任的，除了有紧急的、必要的法规所特许的例外，不得启动警察权。公安执法责任原则是由执法权的性质所决定的，执法权的使命在于维持公共秩序，公共秩序是人民在社会生活中自发形成而非人为构建的，因此，只有在这种公共秩序遭到破坏的情况下，才有动用执法权的必要。责任原则意味着只有对那些破坏公共秩序，进行违法犯罪活动的责任者，才能进行公安执法行为，对于非责任者不能任意为之，否则就是滥用执法权。二是指责任原则也要求执法人员要承担执法行为引发的相应责任，具体而言，有两方面要求：第一是公安执法必须保证依法行使执法权，对自己的执法行为负责，应该严格遵守公安执法的各项规章制度，对于违法执法的行为，国家要承担相应的赔偿责任；第二是公安机关对于在执法中未尽到基本注意义务的责任民警，具有严厉管教的责任，对那些在执法中主观存在故意或重大过失情形

的，保有追偿的权利。❶

3. 公平正义原则

面对纷繁复杂的社会生活和突发性的各类事件，公安执法必须具有较大的自由裁量空间加以应对，但基于权力的性质和警察法上几乎所有的手段与措施都是以侵害相对人权益为代价的，因此，平衡公安执法的手段与目的间的关系，确保执法的合理性成为规范公安执法权运行的重要任务，因此公安执法必须符合公平正义原则。公平原则要求公安在执法时必须对案件当事人公平对待，相同情况相同处理，不同情况区别对待，不能考虑不应考虑的因素，应当考虑的因素不能不加以考虑。正义是人类自古以来就一直在追求的价值，是亘古不变的主题，虽然正义是一个价值判断，需要当时社会主流价值观念的支持，但是正义观念并非完全虚幻和无标准的。对公安执法者而言，正义就是要秉公执法，不徇私情。在有法律依据的情况下严格依法办事，在遇到法律没有规定或规定模糊不清时，尽量从法治的立场出发，按照法律精神办事，最大限度地保护相对人的合法权益。

4. 比例原则

如果为了实现行政目标而可能对相对人的权益造成某种不利影响时，应使这种不利影响限制在尽可能小的范围和限度，使二者处于适当的比例。❷ 这便是比例原则的基本要求。作为守护公平正义价值追求的重要手段，比例原则几乎是所有法治国家在限制公权力、保障私权利的制度构架中普遍遵循的一项原则。比例原则体现在警务活动中，就是要求警察功能仅在于维护公共秩序必要的最低限度，其条件、状态与违反秩序行为所产生的障碍应成比例。具体而言，比例原则要求公安执法做到：第一，执法权力的行使、有关手段和措施的采取，必须是为了达到法定目的；第二，执法为达到法定目的所采取的措施是对相对人造成最小侵害的措施，即没有其他的能给相对人造成更小侵害的措施来取代该项措施；第三，执法所采取的措施与其要达到的目的之间必须符合比例或相称。

---

❶ ［日］田口守一．刑事诉讼法［M］．刘迪，等译．北京：法律出版社，2000.

❷ 姜明安．行政法与行政诉讼法［M］．2版．北京：北京大学出版社，2005.

5. 正当程序原则

对行政权力的控制主要存在两种模式：一是严格规则模式，即从行政行为结果着眼，通过详细的实体规则来实现法律对行政权力的控制功能；二是正当程序模式，即从行政行为本身着眼，通过合理的行政程序设计来实现控制行政权力的目的。在现代行政国家里，政府的触手已经伸向社会生活的几乎每一个角落，欲通过制定详细的实体规则来控制行政权力的运行已不现实。而正当程序模式却凭借其不易受外部环境优劣（政治、法律因素）影响、以问题为中心的特性，在面对时代发展变化和不同民族、地域差异时表现出极强的兼容性，使“程序控权取代实体控权”成为当代行政法发展的主流。公安执法权的运行，涉及对公民个人自由与权利的限制，必须经过法定程序，实现法律对公安执法的控制，防止权力滥用与扩张。对此，我国有学者指出：“警察机关必须依照法定程序行使警察权，不得违反法定程序。实施具体警察职权，应符合与其相应的程序要求，如审查、审议、传唤、讯问、取证、裁决等，要按照法定程序的一般要求，如说明理由、表明身份等。除了应当遵守警察机关内部行使权力的程序制度外，如审批制度、证明文件制度等，还应遵循行使权力时的法定程序，如调查、取证、告诫、询问、裁决、执行等程序的规定，并且对警察权的行使实行监督、申诉、复议、诉讼等制约制度。这不仅有利于保障相对人的合法权益，也有助于警察机关正确地行使权力。”❶ 可以说，将公安执法纳入程序的轨道，不但能有效实现执法权力的监督控制，也恰能符合法治背景的时代要求。

三、同构关系理论视野下的法治理念与公安执法

（一）同构关系基本原理与适用价值

1. 同构关系基本原理概述

“同构”最先是一个数学概念，主要指同构基本定理（包含三个定

❶ 惠生武．警察法论纲［M］．北京：中国政法大学出版社，2000.

理)，在泛代数领域有广泛的应用。[1] 在数学范畴上的同构指的是一种保持相同结构的双射，也就是说，若两个数字结构之间存在同构映射，那么这两个结构就是同构的。一般来说，如果忽略掉同构对象的属性或操作的具体定义，单从结构上看，同构的对象是完全等价的。数学家们研究同构关系的目的，主要是把数学理论应用到不同学科领域，例如，如果在某个领域发现了一个对象结构同构于某个结构，而且对于该结构已经证明了很多定理，那么这些定理马上就可以应用到该领域。例如，行星围绕太阳转动，电子围绕质子转动，根据运动与能量守恒原理，这两个事物是同构的。更进一步看，如果某些数学方法可以用于该结构，那么这些方法也可以用于不限于数学领域的其他领域的结构。例如，人口系统的出生率与死亡率和工业资本系统的投资与折旧率，在结构上都是互相关联的正反馈与负反馈回路，并包含延滞环节，因而从结构来讲，他们是同构的。同构理论通过数学原理开辟了一条人类认识未知世界的“捷径”，通过实践的反复验证，该原理被认为具有客观性和普遍性，即世间的万事万物皆处于某种同构关系之中，因此后来被广泛应用到不同学科的研究中，极大地推动了自然科学与人文科学的发展，加快了人类认识和改造世界的步伐。

对人文社会科学来说，对同构关系原理应用最多的当属哲学。作为探求世界本源的科学，哲学在论述矛盾关系、物质与意识关系、主体与客体关系等诸多论题上均不同程度采用了同构分析方法。例如，皮亚杰在《发生认识论原理》中对主客体的同构关系论证得最为系统和精湛，他认为认识既不单方面取决于对象，也不单方面取决于主体的意识，而取决于对象和主体相对应的“格局”，即“主体结构和我们的结构之间的同构性”。同构性既是主体作用于对象的前提，又是主体作用于对象的结果。同构性是主客体更深层次上的联系，是主客体的对象关系和对应关系的深化和升华。此外，同构关系原理也广泛应用于心理学和美学等人文社科的研究。

[1] 数学范畴内的同构原理是一个复杂的概念，鉴于研究需要，无意对其展开介绍。在此只是从语言学意义上对同构关系的基本含义做交代，重点讨论该原理在社会科学方面的适用。

例如著名的“格式塔心理学”认为：“主客体之间存在异质同构关系，这种异质同构关系是因为对象的形式和主体的心理具有统一的相同的力的模式。”美学家阿恩海姆曾指出：“造成表现性的基础是一种力的结构……我们必须认识到，推动我们自己的情感活动的力，与那些作用于整个宇宙的普遍的力，实际上是同一种力。只有这样去看问题，我们才能意识到自身在整个宇宙中的地位以及和这个整体的内在统一。”❶

2. 理论适用价值

马克思主义哲学观认为，世间万物都是矛盾的对立统一体，运动是绝对的，联系是必然的，不存在绝对不与他物联系的个体。人类社会发展具有其客观规律性，虽然各个国家、民族地区在具体的时空条件下发展的路径不尽相同，但总体上都是遵循着某种规律前进。在同构关系理论看来，“存在即同构，非同构不为存在。存在或有是同体、同相的。同构是诸相的同构，亦是诸用的同构，还是诸同构的同构。同构是同类的同构、也是异类的同构，是空间的同构、也是时间的同构，是属性的同构、也是形在的同构，是质量的同构、也是功能的同构，是层叠的同构、也是交错的同构。同构的分化和类别，实乃诸相构合、互助之量维和方式的差别，并非本质、本源的不同。或者说，分别只是实在的表象，而同构、和合才是实在的真实。”❷ 比较两者核心观点可以发现，同构理论的核心内容与马克思主义哲学观中对立统一关系、联系的客观性等内容具有相通性，因而在我国社会主义的主流意识形态环境下应当不存在学术研究适用的障碍。

与同构关系分析原理在哲学、美学、心理学等社会科学领域获得广泛应用相比，法学研究领域略显滞后。如前所述，起源于数学的同构关系理论作为一种方法论，特别强调数据（结构）要素的比对分析研究，注重科学化、规范化的研究方法，可以降低主观感性因素对科学研究的影响，这恰是崇尚理性的法学研究尤其注重的品格，两者间的这种“同构性”恰恰

---

❶ 杜雨梅. 论艺术语言中“意象”的同构关系［J］. 杭州商学院学报，2002（5）：95-96.

❷ 江山. 人际同构的法哲学［M］. 北京：中国政法大学出版社，2002：50.

解释了法学研究引入同构关系分析法的可行性，同时，引入同构关系分析法可以丰富国内的法学研究方法，因为当前国内从事法学研究的学者、教师多数属法学科班出身，接受的是系统的文科教育，对于数学、统计学等理科类研究方法并不是十分了解，虽然在研究的过程中也必须学习包括诸如系统分析法、定量分析法、预测分析法等社会学研究方法，但同构分析理论对大多数文科学者而言还是比较陌生的。而在如今这个知识爆炸的时代，各学科交叉互动发展早已成为未来趋势，借助科学方法丰富本学科研究手段是非常必要的，因此在研究法学或行政学、管理学的时候可以考虑采用同构关系分析方法。具体来说就是：将计划研究的不同对象进行比对，按照研究需求，根据研究对象自身的结构特征，挑选出能够反映某一研究对象基本属性的特征要素，将其与另一对象的这些要素进行比对，看看是否存在相同点，充分论证同构关系的存在，进而正确把握研究对象之间的关系，从而为立法和决策提供准确的信息。

（二）法治理念与公安执法间同构关系论证

1. 对法律的认知

在法治理念看来，法律是至高无上的，它在一国的政治构架和国民的心目中，应当居于最高地位，法律具有最高权威。这里所指的“法律”显然是一个广义概念，而非仅指立法机关制定的狭义的法律，它不仅包括狭义的法律，还包括宪法、行政法规等其他具有法律效力的规范性文件；符合人类普世价值的精神、原则；因获得普遍民众支持而获得正当性的政策，等等。在法治国家里，法律为行为主体设定一套行为规则，是一切政党、社会组织和公民个人行为的标准，任何主体均不能违反法律行事，否则必须遭受法律的否定评价并追究相应的法律责任。法律通过规范权利义务的方式来实现统制社会的目的，对公民来说，法律不禁止就意味着可以自由行为；而对公权力来说，只有法律的明确授权才能得以实施。因此，对于行政权力来说，必须依法行政。也就是说，法律是行政权力的来源，没有法律（人民授权）便没有行政权力。对一国的行政机关而言，行政执法便是执行法律、实现法律的立法目的。虽然在现代行政国家中，法律难免出现滞后于社会发展需要的情况；或者法律虽有规定，但未明确规定实施的方式，此时行政执法的裁量空间便有存在的必要。但自由裁量并非完全毫无限制，它仍然要受到立法目的、立法精神和法律原则的约束，从这个意义上看，行政执法的自由裁量仍然要“依法进行”。

《中华人民共和国人民警察法》第4条明确规定：“人民警察必须以宪法和法律为活动准则，忠于职守，清正廉洁，纪律严明，服从命令，严格执法。”可见，“法律”是公安机关执法必须严格遵守的行为准则。公安机关是与人民群众打交道最为密切的行政机关，它在维护社会秩序稳定、保护公民人身和财产安全方面发挥着重要作用。同时，公安机关拥有其他行政机关无法比拟的强制力，具有广泛的强制措施和强制执行力，正因如此，若执法不当，公安机关也最有可能侵犯公民权利。为此，我国法律对公安执法作出了极为严格的限制，例如《宪法》《治安管理处罚法》《公安机关办理行政案件程序规定》《人民警察使用警械与武器条例》等法律法规对公安执法权力的来源、执法措施的列举、执法程序的设定以及执法责任的承担等各个方面均有详细规定。究其目的，就是使法律成为公安执法的权力来源和行为标准，成为公安执法的紧箍咒，让执法行为始终在法律的控制下实施。随着这种控制模式的固定化和长期的反复实践，潜移默化地形成公安执法部门和执法人员对法律的服从、认同与信仰。

法制完备本身并不一定能够保证法治得以顺利实现，它还需要执法者和公民的积极行动。而“观念是行动的先导”，如果执法者在内心上并不理解法律的规定，对法律忽视、误解甚至抵触，那么从主观上来说就不会动能执法，使得执法效率低下，此时再好的法律制度也只是花瓶，这也是我国多年以来法治建设遇到的最大障碍之一。从上述法治理念和公安执法对法律的认知来看，在我国，法律是由人民制定的，是一切权力的来源，也是一切权力运行的基础，它无疑应当具有至高无上的权威，应当得到包括党政机关、执法力量在内的所有社会主体的认同和自觉履行。公安机关作为最重要的行政执法力量，自觉遵守法律，尊重和维护法律权威是其职责所在，更是国家在未来“依法治国”战略能否实现的关键。从这个意义上看，法治理念和公安执法在看待法律的立场、内容和价值归属上，具有高度一致性，因此是同构的。

2. 对权力的认知

从本质上看，法治是与人治相对立的，在近现代民主政治“多数人统治”的背景下，为了能有效防范“多数人的暴政”，反对任何意义上的专制，以宪法和法律为代表的法治为这种多数统治的实现提供了保障，从此法治便成为可能。为了实现这个目的，权力的有限是必需的。在法治理念看来，权力分立是防范权力滥用的最好办法，虽然我国不存在西方意义上的权力分立制度，但我们同样承认权力过度集中的危险性，因此我国《宪法》规定了权力分工制度，即在保证国家权力属于全国人大的前提下，具体将其划分为立法权、行政权、审判权、检察权、军事领导权等国家权力并交由不同部门负责行使，这样的制度设计就蕴含了权力有限原理。中华人民共和国成立以来的历史经验也证明，权力有限并且接受监督制约是必要的。在依法治国背景下，一切国家机关、党政机关都必须依法行使权力，这就要求：首先，权力的获得要求法律的授权。通过法律授权可以是明示列举的，如《立法法》关于立法权、《行政处罚法》关于处罚权的规定等；也可以是暗示兜底的，如《宪法》关于国务院职权的规定等。其次，要求权力行使要以法律允许的方式进行，为此许多法律为权力运行设置了权限范围和程序机制，以此来控制规范权力的行使。最后，接受相关部门和社会力量的监督，并承担因此产生的法律责任。权责相一致是我国权力行使的基本原则，不允许只享有权力不承担责任的特权存在，在此基础上，权力运行要接受监督，这种监督可以来自权力部门（如人大对“一府两院”监督、检察院对法院司法监督等），也可以来自权利的监督（公民对不满执法侵权提出申诉、上诉维权等）。总之，在法治理念下，权力是有限的，不允许绝对不受限制和监督的权力存在。

公安执法权本质上是一种行政权，根据依法行政原理，它当然要依照法律进行，接受法律的约束，因此其权力有限是毋庸置疑的。但是法律的规定与实践操作层面是两个不完全相同的状况。在公安执法实践中，基于立场不同，执法人员是代表国家行使职权，在这样的后盾下，执法人员的行为便具有国家性和强制力，因此容易“飘飘然”，竭尽所能地“利用”

好手中的权力，在其中掺杂了许多个人因素，从而容易淡忘权力行使的规则和限度，超出法律范围的执法违法现象便经常发生。当前，我国公安执法偏差现象仍然比较严重，其原因是复杂的，但其中一个重要的因素是：不少领导和执法民警内心并未真正确立起权力有限的理念。也就是说，他们没有摆正自己的位置，定位出现错误，缺乏必要的规则意识，有意无意地忽视了身为国家执法人员和作为公民两种身份在执法时的界限，混淆了执法行为与个人行为及其将产生的后果，更有甚者，直接将权力作为牟取私利的工具。可见，权力有限理念对公安执法而言是极其重要的一种认知，我们必须将其提到一个新的高度加以重视，还原其本来面目，与法治理念保持一致，重现两者之间的这种同构关系。

3. 对权利的认知

在法治背景下，利益是通过权利的形式来表现的，即法律通过规定权利义务的方式来保护公民的合法权益。因此，对权利的认知是法治标准的重要指标。人类的近代发展史就是一幅权利斗争的历史画卷，以自由权、生存权、发展权为代表的权利是各国人民为之不懈奋斗的目标。既然权利如此重要，法律对其当然要展开全方位的保护，因此世界各国均以“权利保护”为逻辑起点和价值归宿，构建起本国的宪政和法律体系。虽然不同国家的法律制度内容不尽相同，但有一点是共通的，就是全力保护本国公民合法地享有尊严的、全面的、高质量的和面向未来的各种权利。当然，权利的实现需要一定的秩序作为保障，否则权利实现只能是不现实的空谈，因此构建稳定的秩序常常也是法律的重要目标。然而，秩序的构建通常需要以牺牲权利作为代价，两者是一对永恒的矛盾。秩序对权利而言，只是手段，而非目的，追求秩序的终极目的还是在于保护权利，我们不能为了秩序而秩序，否则人类社会存在的必要便值得怀疑。因此，从法治理念来看，权利是最重要的价值追求，一切政治制度和体制设计都是为了从根本上实现本国公民的全面而自由的权利。

如前所述，“执法为民”是社会主义法治理念的本质特征，也就是说，在我国，国家行政机关执法的目的应当是实现好、维护好、发展好人民群众的根本利益。《中华人民共和国人民警察法》第1条规定：“为了维护国家安全和社会治安秩序，保护公民的合法权益，加强人民警察的队伍建设，从严治警，提高人民警察的素质，保障人民警察依法行使职权，保障改革开放和社会主义现代化建设的顺利进行，根据宪法，制定本法。”该法第2条第1款规定：“人民警察的任务是维护国家安全，维护社会治安秩序，保护公民的人身安全、人身自由和合法财产，保护公共财产，预防、制止和惩治违法犯罪活动。”从上面两个法条行文来看，似乎国家把维护国家和社会秩序排在了保护公民权利之前，在价值追求上有“重秩序轻权利”的倾向。其实这只是我国立法的文字表述习惯，是国家主义和计划体制的遗留影响，并不能因此得出上述结论。况且，从1982年现行《宪法》将“公民的基本权利和义务”一章移至“国家机构”之前就能够看出，在国家法律最高层面，公民权利保护的重要性是毋庸置疑的。《中华人民共和国人民警察法》的上述规定我们也能从反面解读，正是由于某些落后观念的影响，权利保护理念至今仍未能够在公安执法实践中取得支配性的观念地位，更多时候，“人”只是作为工具而非“本”而存在，“执法为名”“执法为利”取代了“执法为民”，以人为本在很大程度上只是停留在口号阶段。因此，有必要从理念角度重塑我国的公民权利保护意识，特别是公安机关及其执法人员的权利保护观念，使之与社会主义法治理念“执法为民”保持一致，以还原公安执法与法治理念在权利认知理念上的同构关系。

4. 对程序的认知

“正义不仅应当得到实现，而且应当以人们能够看得见的方式得到实现”，这句法律格言是对程序价值的最好诠释。鉴于人类认知和改造社会能力的有限性，想通过制定实体法规范来规制所有社会秩序和人们的行为是不可能的，即实体正义在功能上具有有限性，如何弥补这种缺陷，正当程序是目前世界各法治国家普遍认可并采用的方法。法律的正当程序(Due Process of Law)，通常又译为“正当法律程序”或“正当程序”。它作为一条重要的法治观念与宪法原则，起源于英国的“自然正义”，光大在美国，传播于全球。正当法律程序有两个基本功能：一是防止公权力滥用，遏制腐败；二是保障人权，保护公民、法人和其他组织的合法权益不受公权力主体滥权、恣意行为侵犯。正当法律程序最初主要适用于司法领域，之后其内涵扩展到包括公开、公正、公平和参与等现代民主程序原则，其适用领域也逐步扩展到行政领域和其他所有国家公权力领域，甚至扩展适用到社会公权力领域。当前，注重程序公正日益成为现代法治国家共同的价值取向。在我国，相当长的一段时期内，由于受“重实体轻程序”观念的影响，同时缺乏自然法的法律文化基础，程序意识相对落后，正当程序观念亦不发达。

随着社会主义法治建设的不断推进，我国也逐渐意识到程序的独立性价值，因此党在提出构建社会主义法治理念时，明确指出“程序正当是实现公平正义的方式和载体”，也就是说，在追求公平正义这个法治的价值追求时，我们要以正当程序的方式来实现。具体来说，对公安机关而言，遵循正当法律程序意味着在做出影响行政相对人权益的行政行为时，应当事先告知相对人，向相对人说明行为的根据、理由，听取相对人的陈述、申辩，事后为相对人提供相应的救济途径等。近年来，公安执法越发重视程序正当的重要意义，相关立法工作也积极推进，如《公安机关办理行政案件程序规定》《公安机关办理刑事案件程序规定》《公安机关执法公开规定》等一系列法规规章，都将公安执法程序作为重要对象加以严格规范，这些程序性的立法不但很好地规范了公安民警的日常执法行为，有效地保护了相关当事人的合法权利，更重要的是，通过严格的程序设置和反复的执法操作，公安执法程序意识得以逐步形成，对未来执法规范化建设奠定了可贵的观念基础。综上可见，在对程序价值的认知和重视程序作用这一点上，法治理念与公安执法再次取得一致，进一步说明了两者之间的同构关系。

（三）法治理念与公安执法双向同构价值分析

1. 法治理念对公安执法的价值功能

长期以来，由于公安执法观念陈旧，无论从法律意识、权力认知、权利保障观念以及正当程序理念等方面均存在偏差，导致执法失范现象屡禁不止，已经明显跟国家法治建设要求不相适应。如前文所述，既然社会主义法治理念与公安执法具有内在同构关系，并且依法治国、公平正义、执法为民等理念恰好对症着上述执法失范观念原因，因此欲从根本上解决上述问题，就应从源头抓起，在公安执法观念建设中导入法治理念体系，以其指引和评价公安执法工作，从而建构起长效的问题解决机制。

（1）社会主义法治理念是公安执法坚定政治方向的观念保障。

在当今的世界格局下，各国之间的竞争和斗争演变为软实力的竞赛，即经济实力和制度实力的比拼。中国的经济实力已是有目共睹，但制度发展所面临的压力是巨大的。一方面，以美国为首的西方霸权一日也未曾停止过对我国的渗透，他们常年乐衷于干涉我国内政，特别是在政治制度、法律制度上对我国指手画脚，如每年在联合国人权委员会指责我国的人权保护状况等。特别是近年来，对思想意识的渗透与控制逐渐成为其干涉的主要方式，如通过媒体宣传美化西方文化、伴随着经济入侵推行其价值标准（金钱至上观）、通过互联网造势放大个别政治与社会问题借以攻击我国的政治制度，等等。另一方面，国内也面临着维稳压力，各种违法犯罪活动肆虐、不良思想和反动言论不时抬头，严重威胁着社会稳定与和谐。可见，所谓和平时期其实并不安宁，特别是意识形态上的斗争远未停止，不可掉以轻心。

社会主义法治理念不同于西方法治理念，本质区别在于社会性质差异，即社会主义国家下的国家权力属于人民真正享有，这是我国法治必须服从的民主基础，也是基本的政治立场问题。“服务大局”突出强调的是从大局出发，协调各种利益，维护稳定的社会局面，这显然是公安执法当仁不让的使命，为了实现这个目标，让队伍保持战斗力，“党的领导”是关键，这就是我们的基本立场。在依法治国背景下，公安执法其实就是执行党的意志，因为法律是人民制定的，而党是人民利益的忠实代表，并且包括宪法在内的许多法律其实就是党的意志通过法律程序表现为法律形式的。可见，富含五大内涵的社会主义法治理念是历史的选择，它来源于实践，也必将指导实践，因此也应当成为公安执法的政治指导观念。在未来纷繁复杂的社会环境下，公安机关能否坚定立场、认清形势、保持战斗力、始终积极高效地执法，取决于公安执法是否坚持了社会主义法治理念，是否始终将其作为执法的灵魂。

（2）社会主义法治理念能够确保公安执法宗旨不偏离轨道。

党的十八大以来，全国各地响应党的号召，积极开展“党的群众路线教育实践活动”。其实，“从群众中来，到群众中去”一直就是我党的基本工作路线，是实现“全心全意为人民服务”宗旨的方式，是我党一贯保持的工作作风，并非什么制度创新，只不过需要在新的历史条件和社会环境下需要再次强调其重要性而已。我国的国家性质决定了人民是国家的主人，一切国家活动只能在人民的意志下展开，并且其目的只能是为了人民的利益，否则便不具有正当性，社会主义法治理念中的“执法为民”就是在这样的制度与理念要求下凝聚而成的。执法为民要求一切执法行为都必须严格依据法律进行，法律是由代表人民意志的立法机关制定的，执行法律就是执行了人民的意志，就是为了人民的利益而执法。除了守法以外，执法为民还要求执法者必须尊重人权、文明执法，因为守法只解决了执法底线的问题，是最基本的要求，而尊重人权、文明执法则是更高层次的要求，它解决的是执法质量的问题。公安执法本质上是为百姓提供公共服务，这种服务是否高质量、是否为百姓满意，应当是衡量执法工作水平的重要指标。也就是说，公安执法必须时刻保证以“以人为本”“为民执法”“群众满意”等理念为工作宗旨，这样才能确保在制度创新和工作落实中保持正确的立场和价值倾向，不至于因迷失方向导致滥用职权、以权谋私等枉法、腐败现象。

（3）社会主义法治理念指引公安执法符合现代法治要求。

在现代社会，国家和社会事务繁杂，需要一个强有力的政府进行有效的治理，因此许多国家相继进入行政国家时期。在行政国家里，从社会秩序维护到公民权利保护，再到社会服务的供给，无不需要政府能动地实施干预，充分行使其自由裁量权，因此以法治的方式对政府行政执法实施控制是现代国家面临的课题。在现代法治国家中，行政执法要公平地对待相对人，做到最基本的“法律面前人人平等”，在此基础上要严格依法办事，执法行为不越权、不滥用职权、不超越法律允许的范围行使职权。同时，行政执法还必须公平合理，即符合正义理念要求，执法时不考虑不该考虑的因素，以基本的主流价值观理性地进行执法。此外，行政执法还应当遵循正当程序原则，要以看得见的方式执法，将执法行为暴露在阳光下，接受人民的监督。

在构建具有中国特色社会主义法治国家的进程中，公安执法尤其要遵循上述法治国家的基本要求，使执法行为在现代法治理念的指引下进行。也就是说，“依法治国”“公平正义”等社会主义法治理念应当成为公安执法的基本理念，指引公安机关及民警在日常执法中始终坚持法律底线，以理性的态度对待每一个案件，让执法各个环节均能够公平、合理，为“执政文明”在依法治国背景下作出最好的诠释。

2. 公安执法对法治理念的价值功能

辩证唯物主义认识论关于实践标准的绝对性和相对性辩证统一的观点认为：任何思想、任何理论必须无例外地、永远地、不断地接受实践的检验，即真理发展的观点。任何思想、理论，即使是已经在一定的实践阶段被证明为真理，在其发展过程中仍然要接受新的实践的检验而得到补充、丰富或者纠正。毛主席曾指出：“人类认识的历史告诉我们，许多理论的真理性是不完全的，经过实践的检验而纠正了它们的不完全性。”❶ 中国是个有着两千多年封建社会历史的古老国家，人治传统源远流长，人治意识根深蒂固，制度和心理的巨大惯性，决定了中国的法治化进程只能是一个不断排除错误的、落后的、模糊的法治思想影响的艰难长期的过程。这也就决定了社会主义法治理念不可能静止不变，必须渐进发展。随着社会主义法治的不断完善，社会主义法治理念的内涵也将更有时代性，更具规律性，更富创造性，不断借鉴与吸收人类法治文明的优秀成果。可以说，正是这种广泛吸收、兼容并蓄、与时俱进的特性，才使社会主义法治理念能够始终指导中国的法治实践，始终保持旺盛的生命力。基于上述原理，来自公安机关及其执法人员的执法实践应当成为检验社会主义法治理念的重要途径之一。

（1）公安执法效果能够检验法治理念的科学性。

---

❶ 毛泽东．毛泽东选集（第1卷）[M]. 北京：人民出版社，1991：93.

执政党提出社会主义法治理念的背景是在21世纪改革开放的大时代环境下，根植于发展社会主义市场经济和建设社会主义民主法治国家的实践需要，具有强烈的时代性，按照唯物辩证法的要求，该理论到底是否科学，仍然需要我们这个时代通过实践加以检验。在立法、执法和司法工作中，执法无疑具有量大、频率高、与社会联系密切等特点，因此可以成为检验法治理念的重要途径。也就是说，在社会主义法治理念指引下的公安执法实践，其执法效果是否达到该理论设定的价值目标，能直接反映出该理论科学与否，或是否存在不足需要改进。例如，过去公安执法被形容为“简单执法”“粗暴执法”，老百姓很不满意，公安机关被认为是专门管人的部门，与群众隔阂很大；与此同时，公安机关面对的是复杂的社会治安形势，堆积如山的各类案件，办案民警疲于应付，如此压力下很难顾及执法态度和执法效果，吃力不讨好，案子办得两边不满意，执法效果非常不理想。随着法治建设的推进，公民权利意识的觉醒，法治观念深入人心，也促使公安机关和执法民警反思自身的定位和执法方式，于是“阳光执法”“局长接待日”“警民微博互动”等执法新方式不断涌现，百姓与公安机关的距离拉近了，公安执法的神秘感正在逐渐消失，执法听证正日益增多，执法的满意率正逐年提高。公安执法实践发展事实说明，法治理念的引入对公安执法工作产生的积极效果是明显的，正反对比的反差显示出法治理念的正确性和必要性。公安执法需要先进观念的指引，而法治理念历史性地承担了这个使命。

（2）公安执法经验能够丰富法治理念本土化的内涵。

严格来说，近代意义上的法治理念源于西方、适用于西方、成功于西方。于是许多学者鼓吹引进西方的宪政理念与治国模式，改造我国所谓落后的政治体制。客观而论，法治在西方获得成功，根植于西方特有的宗教文化、历史文化、经济基础和地缘政治等综合因素，具有历史的偶然性，如果完全照搬西方的治国模式，结局必定只能失败。但是，其成功必有其可取之处，取其精华，结合本土国情，历经反复实践，应当能走出一条符合我国自身的法治建国道路。而社会主义法治理念就是马克思列宁主义关于国家与法的理论同中国国情和现代化建设实际相结合的产物，是在借鉴法治国家先进经验的基础上，中国社会主义民主与法治实践经验的总结。

法治不等于法制，它是一个动态的过程，是由一个个细微的执法单元构成的。对“土生土长”的公安机关及执法人员来说，在中国这样一个缺乏法治传统与权利意识的环境下展开执法工作，其难度远比西方法治国家要大得多。例如，面对行人闯红灯问题，按照最新的法律规定可以对违法者施以罚款处罚。但是，在遵守红绿灯规则没有成为普遍意识的现实情况下，可能一次执法中闯红灯的违法者占到行人多数，此时警力有限，如何罚款、罚谁不罚谁、是否可以强制执行、面对申诉如何处理等，都是在我国面对此类现象执法的难题。这种现象也许在西方国家并不能称为问题，这就需要我们动用自己的智慧，立足于中国当前的社会现实，寻找适合的解决办法。类似典型的执法问题还有如群体性事件处置、涉访事件处置、“钓鱼”执法、强制拆迁、机动车限行，等等，这些问题的处置，往往涉及执法权行使是否合法、是否合理；是否尊重和保护了公民权利；是否遵循了正当程序；当法律滞后时，执法是否符合法律精神和理念，等等，这些都触碰到法治理念的核心内容。因此，这些公安执法行为实施所积累的经验，都会成为法治理念中国本土化建设宝贵的素材，也正是通过这一个个执法单元的反复实践，法治理念相关理论才能在中国不断完善，并逐步在法治实践中生根、发芽。

四、融汇法治理念的新时代公安执法规范化建设展望

（一）立法明确社会主义法治理念在公安执法工作中的指导地位

“观念是行动的先导”，指导思想则是统领行动的核心理念。自改革开放以来，公安执法工作取得了长足进步，呈现出跨越式发展的良好局面，这首先应归功于思想上的正确引导。例如，党的十六大以来，“三个代表”重要思想成为我党指导思想，“全面建设小康社会”成为当时的战略决策，在此背景下，全国公安机关开展了“贯彻十六大、全面建小康、公安怎么办”大讨论活动，明确了新世纪新阶段担负的巩固共产党执政地位、维护国家长治久安、保障人民安居乐业的重大政治和社会责任；党的十七大以来，党不断推动理论创新和实践创新，形成了“中国特色社会主义理论体

系”，全国公安机关立即按照“落实科学发展观、构建社会主义和谐社会”的要求，紧密结合公安执法实践，集中开展了社会主义法治理念教育活动，坚持以社会主义法治理念武装头脑、指导实践，有力地推动了新时期公安工作和公安队伍建设的发展进步；党的十八大延续了以“邓小平理论、‘三个代表’重要思想、科学发展观”为指导思想，进一步强调要“全面推进依法治国”和“建立健全权力运行制约和监督体系”。如在涉及法治理念时，十八大报告指出要“深入开展法制宣传教育，弘扬社会主义法治精神，树立社会主义法治理念，增强全社会学法尊法守法用法意识。提高领导干部运用法治思维和法治方式深化改革、推动发展、化解矛盾、维护稳定能力”。❶ 党的十九大确立了“习近平新时代中国特色社会主义思想”的指导地位，继续强调“法治”在新时代国家建设中的重要地位，并明确了以“加强宪法实施，推动合宪性（合法性）审查”为推手的具体方案，是法治由理念落地实践的重大举措。

上述指导思想对公安执法工作的重要意义说明，作为党委和政府重要的政法机关和执法部门，按照执政党的意图确立起能够指导公安队伍在新的历史时期尤其在社会转型背景下实现依法治国战略目标的指导思想是极为重要的。为此，有必要以立法的形式明确社会主义法治理念在公安执法工作中的指导地位，其做法和理由主要有以下两点。

（1）将“社会主义法治理念”写入宪法。1999 年，“依法治国”方略写入宪法；2004 年，“国家尊重和保护人权”“国家保护公民合法的私有财产”写入宪法，宪法修改的这一系列发展变化，显示出国家对建设社会主义法治国家的坚定决心。在此背景下，通过修宪将“社会主义法治理念”写入宪法不但必要，而且可行。①法治理念入宪不会对宪法现有指导思想造成冲突。我国现行宪法序言中所确立的宪法立法指导思想为“马克思列宁主义、毛泽东思想、邓小平理论、‘三个代表’重要思想、科学发展观、习近平新时代

---

❶ 新华社．胡锦涛在中国共产党第十八次全国代表大会上的报告［EB/OL］．http：//www.xinhuanet.com//18cpcnc/2012－11/17/c.113711665_6.htm，2012－11－17/2013－05－06.

中国特色社会主义思想”，这与执政党指导思想是一致的。随着执政党指导思想的发展，宪法理应与时俱进，将法治理念写入宪法。②法治理念的内容决定了入宪的科学性。“依法治国、执法为民、公平正义、服务大局、党的领导”，经过长期实践经验历练而成的这五方面内容构成一个体系，具有极强的合理性、适应性和稳定性，在我国特有的制度环境和社会背景下能够通过宪法解释的方法回应社会变化，因此是可行的。③法治理念入宪时机已然成熟。2004 年修宪距今已十五年，其间国家和社会发生了许多变化，尤其是转型期下社会矛盾日益复杂、各种利益冲突加剧，社会治理成本和难度提高。虽然 2018 年《宪法》的第 5 次修改并未明确法治理念的宪法条款，但从此次修改的系列条文中可知，在法治成为国家治理的主流趋势下，法治理念已经融入并影响着宪法修改和配套制度建设中。

（2）将“社会主义法治理念”写入法律。在我国的法律体系下，一切法律规范的立法渊源都是宪法，若宪法确立了立法要遵循法治理念的基本原则，那么所有的法律、法规、地方性法规、规章，包括其他规范性法律文件都应当将法治理念作为立法的指导思想。对公安执法而言，就是要在以《人民警察法》《治安管理处罚法》《道路交通安全法》等为代表的法律中，将法治理念作为立法和执法的基本原则写入法律，从而对公安执法实践从指导思想上起到一个根本性、原则性的法律约束作用，而不仅仅是停留在道德约束层面。需要注意的是，在公安执法实践中起主要作用的法律规范其实是大量的规章或上级文件，严格来说，这都不是法律适用意义上的“法律依据”，因此它们也最有可能“违法”。强调法治理念写入法律，尤其需要这些层级不高的规范文件或上级领导的指示能够遵循法治的基本要求，在立法或决策时能够体现出法治理念的价值追求，自觉依法行使有限的权力，体现出权利保护的人性关怀，而不是像过去那样，片面追求执法效果而忽视了社会治理的综合效应。

（二）在公安教育与培训机制中引入法治理念训练项目

1. 重视公安院校学生的法学基础教育

当前，我国绝大多数公安民警都来自各省的公安院校，可见公安院校在培养具备良好文化素质、法律素养、职业技能等综合能力的公安队伍方面发挥着重要作用。在预备警官的日常学习中，法律科目是众多必修项目中不可或缺且极为重要的一门，因为未来我国将是一个法治国家，警察作为执法者，能够熟练操作法律是必备的基础技能。然而，当前我国国内各个公安院校普遍存在的一个问题是：公安法学教育“重技能、轻素质”，即针对学生的法学教育过于重视法律作为工具使用的实用价值，忽视了学生内在法律素养的品格教育。其表现主要有两方面：第一是职业导向不够合理。近几年来，虽然在我国许多省份实施了针对大学生毕业生和复员军人的政法干警招录体制改革，❶ 但是，多数公安院校在读的学生仍然以学历教育为主，生源依然是高中毕业生。而在我国当前的公务员招录考试中，多数省份对公安院校毕业生并没有政策倾斜，他们与普通高校毕业生同等条件参加考试，许多因为文化科目原因被淘汰，❷ 导致许多公安院校毕业生就业率成为当地的棘手问题。据调查了解，很多学生承认在入学时就被学校灌输着一种将来必定成为警察的意识，导致他们平时更愿意将学习时间投入到身体锻炼或警察专业技能学习中，为考公务员做准备，而对包括法学基础在内的文化科目忽视甚至厌恶，久而久之便造成其综合文化素质不足。因此，既然现有的体制无法满足就业需求，那么学校就应当确立科学的职业导向，鼓励学生多元化发展，破除“独木桥”“一根筋”的就业思维，创造条件更多设置一些旨在提高学生综合文化素质的学习科目（如各种法律类、管理类选修课等）。第二是科目设置不够科学。如前所述，文化课的学习历来是公安院校的短板。以法律科目为例。据了解，目前国内各公安院校针对公安类专业开设的法律课程主要集中在《刑法》《民法》《行政法》《治安管理处罚法》以及三大诉讼法等具备实用性特征的科目上，从未来执法需求的角度看这样的安排是必要的，但是从法律原

❶ 在这种招录体制下，进入公安院校就读需先报考公务员，经录取为公务员后才能进入学校进行类似于脱产培训的警务技能系统学习。

❷ 公安院校由于特殊的职业需求，比较普通高校而言更重视身体素质训练和警务专业科目的训练，因此文化科目在所学科目中比重相对不足，这是一种传统，具有一定的合理性。

理的理解掌握和法律意识等素质养成的角度看，这是有欠缺的。我国的法制建设到如今不可谓不完善，但其实施效果一直不甚理想，其原因主要在于人的问题，即缺乏尊重法律、理解法律进而自觉遵守法律的国民，而执法者法律意识、法治理念和执法观念不足正是公安执法多年来问题频出的重要原因之一。可见，通过扎扎实实学习法律，特别是如法理学、宪法学、法律史等法律基础科目，对于提高学生法律素养是不容小觑的，它对于正确认识和践行社会主义法治理念也有着重要意义。

2. 确立在职民警培训的执法理念训练

目前，全国各地在职民警培训正按照公安部“轮值轮训”统一要求下如火如荼地进行，但训练内容因地域差异存在很大不同，在此背景下，建议将执法理念训练作为全国在职民警培训的必修科目，其理由主要有以下三点。第一是民警正确理解和适用法律的前提。一个具备良好法律素养的执法者不仅应知道法律如何规定，还应当知道为何这样规定，这样有利于消弭对法律的抵触，让执法更加顺利。执法理念的训练恰恰能够提高执法民警的法理知识，使其更深刻地理解法律的本质，了解立法的原理与技术，体会法律背后的价值追求，为正确适用法律奠定基础；第二是执法能够规范化的必然要求。规范执法首先就是要求执法者正确看待法律，将法律作为执法行为的根本行为规则，严格依照法律行事，不该考虑的决不考虑，该考虑的因素决不漏掉，这样的理念有助于排除法律之外不良因素的干扰，确保执法效果统一、规范；第三是能够提升执法质量，提高执法满意度。公安执法不应仅仅满足于执法的合法性，更应当追求执法的科学合理性，在合法前提下让群众更易于接受。法治理念下的行政执法应当符合比例原则、正当程序原则等，这些都是充满了人性关怀、以人为本理念的法律规则，通过执法理念训练，让民警领会上述规则的内涵，并学会在执法中以最适合案件的态度、方式执法，能够化解、消融许多并不严重的矛盾冲突，让相对人更容易接受执法处理的结果，从而提高执法质量和满意度。

（三）以社会主义法治理念指导和评价公安执法规范化建设

执法规范化建设是公安部部署的“三项建设”的重要内容之一，是一项涉及公安机关执法主体建设、执法制度建设、执法场所建设、执法管理建设和执法信息化建设等内容的系统工程，是提高公安机关执法权威及公信力的基础性工程。自2008年以来，公安执法规范化建设问题一直是公安理论研究上的热点话题。然而关于公安执法规范化建设的内涵、标准、规则以及如何实施，至今仍没有一个权威性的界定和说明，尽管公安部曾先后下发《关于大力加强公安机关执法规范化建设的指导意见》《公安机关执法规范化建设阶段目标和成效标准》，制定《公安机关执法细则》《公安机关人民警察盘查规范》《公安机关涉案财物管理若干规定》等一批基层公安机关急需的执法制度，但对上述问题仍然缺乏有力的解答。目光转向实践，从全国公安执法规范化建设的实施规模和参与人数上看，绝大多数干警是踊跃参与的，但从实施效果来看，由于缺乏统一的指导原则和操作规范，大多数参与者都是各自为战、"摸着石头过河"，实施效果参差不齐；从实施内容来看，当前规范化建设实施主要涉及执法制度、内容、步骤、方法，对执法规范化建设的指导原则和标准化问题较少涉及。

总体上看，考虑到我国幅员辽阔、各地社情不一，要在国家层面制定统一的公安执法规范化操作规程是不现实的，但是统一执法规范化建设的指导思想和执法评价体系是可行的，各地可以在此引领下制定各自的执法规范化操作细则，从而将这项制度建设向纵深推进。

1. 确立法治理念在执法规范化建设中的核心指导地位

在我国的公安政法系统中，向来有打"运动战"的传统，在不同的历史时期、根据当时的特殊治安形势推出不同的"运动"，如20世纪80年代的"严打运动"等，其他诸如"清网行动""走基层行动"等类似的专项行动更是不胜枚举。久而久之，不少领导和干警对这样的行动开始麻木，认为其不过是一时的"面子工程"，思想上变得松懈甚至抵触起来。而当前的执法规范化建设要避免出现上述情况，就必须克服以往"运动战"中缺乏持续的、稳定的、根本性指导地位理念的缺陷，而我们一直强调的"邓小平理论、'三个代表'重要思想、科学发展观"等理论更适合作为一般意义上所有党政机关的政治要求，无法胜任公安机关特殊的执法要求。因此，将法治层面上的法治理念确立为执法规范化建设未来相当长时期内稳固的、基础性的指导思想，对于最为重要的执法部门——公安机关来说是极为必要的。

具体来看，在社会主义法治理念中，“依法治国、执法为民、公平正义、服务大局、党的领导”五个方面是一个科学的综合体系，解决的是如何在中国这样一个国家搞法治建设的问题，正因为它对我国未来法治建设成败高度重要，因此应当写入法律固定下来。在此背景下，公安机关作为执法的行政机关，所有工作都围绕法律展开，法治是其行为的出发点和归宿，所以公安机关更应当将体现法治精华的法治理念作为执法的指导思想予以遵守。各级党委、政府和公安部门应当站在法治的高度看待执法规范化建设问题，思想上高度重视，目光放长远，将其作为法治政府建设的一个重要组成部分来看待。具体就是要结合本地政治、经济、文化和社会实际情况，科学合理地制定符合本地情况的公安执法规范化建设方案和实施细则，尤其强调要在法治理念的指导下要求各级干部、民警理解、领会和落实，以法治理念的要求来对自身执法权力重新定位、重视百姓利益与诉求、严格约束自身日常执法行为，在执法观念上自觉与法治理念要求保持一致。

2. 公安执法规范化建设要符合法治理念标准

近年来，公安执法规范化建设在全国各地如火如荼地展开，取得显著阶段成效，如截至 2011 年，全国公安部门 70% 的执法办案场所完成改造，90 余万名民警参加了基本级执法资格等级考试。其中更是涌现出“杭州样本”“南通标准”“磐安经验”等地方公安执法规范化建设典型榜样，获得社会和百姓的赞誉。通过对这些地方经验的分析可知他们的成功之处有许多共同点：都注重从基层抓起，以规范一线执法为突破口带动全局执法规范化建设；都设置了“标准化”实施方案，如杭州公安局相继确立了“接处警工作质量标准”“常发案件基本取证标准”“纠纷调处工作标准”“执法执勤行为和语言基本标准”等，将本地执法行为纳入统一的标准之下；都规定了执法责任制，实施不同程度的奖罚手段，通过明确的奖惩机制调动执法积极性和责任意识；等等。但是通过统计也发现了其存在着一些共同的不足之处。例如，很多地方创新了许多所谓的“执法新规”，但往往由于人、财、物等方面的原因导致无法落实，致使规定成为摆设，规范化建设流于形式；许多制度落实乏力，例如，执法档案建设制度由于没有“严格过程记载、严格质量监控、严格考核激励、严格责任追究”，与实际执法管理工作脱节，利用率较低，使得这个本来很好的制度变成了基层民警的负担，引起普遍反感和抵制；执法监督把关不严，如许多办案民警水平不高、把握案件的能力不强，过于依赖法制部门审核，而法制部门工作任务繁重，无暇顾及繁重的案件，造成许多问题案件往往能够“过五关，斩六将”，突破监督圈，导致“三级五审”案件审核机制被严重架空，执法问题仍是屡纠屡犯；执法责任制落实不到位，往往是提得多，落实少，笼统规定多，具体规范少，对执法质量瑕疵案卷、问题案卷没有具体明确的追责规定，板子举得高，但打不到具体位置。执法过错得不到及时有效的警示，以致少数民警大错不犯、小错不断。

上述正反两方面的经验让我们注意到这样一个问题，即管理（制度）创新要遵循基本规律，不能片面追求“新”而忽视可行性，不能为规范而规范，使制度创新成为邀功领赏的工具。就公安执法规范化建设而言，当前尤其要注意制度创新要符合规范，而这个“规范”在实体层面就是现有的法律制度，创新不能以突破法律规定为借口和代价；而在观念层面就是社会主义法治理念。如前文所述，法治理念中的核心价值包括法律之上、法制健全、权力有限、以人为本、法律面前人人平等、文明执法、公平正义、正当程序，等等，他们既是体现法治精神的理念，也是当前反映到各个法律规范中的具体规定。公安执法规范化，首先强调的应当是执法，其次才是规范化问题。执法就是要实现法律的规定，只有当法律滞后或冲突时，才能够发挥主观能动性，按照法治的精神和原则，即上述法治理念的核心价值行使自由裁量权，在正当程序原则下进行制度创新，以能动的方式实现执法目的。综上，我们要进行的执法规范化建设，不能永远停留在各地各自为政的状态，要获得统一并且明确可行的标准，法治理念应当是目前最好的标准，从操作技术上看，它里面的每一个价值都可独立成为一项评价标准，从而指导相关制度创设，牢牢把握好规范化建设沿着法治化的轨道前进。

3. 以法治理念破除执法规范化建设中的各种观念障碍

当前，公安执法规范化建设局面可谓喜忧参半，喜的是已经取得的巨大成绩，忧的是这项建设似乎遇到了瓶颈，如何继续往纵深推进成为一大难题。除却技术上的障碍不提，当前不少地方领导和干警出于各种原因，对执法规范化建设存在许多观念上的误读，导致从主观上漠视或者排斥该项建设，这已经成为继续推进规范化建设的主要障碍。具体来看，这些观念上的障碍主要表现为以下三点。

（1）开展执法规范化建设思想不统一，没有处理好长期性与阶段性关系。执法规范化建设是一项长期性、系统性工程，不可能一蹴而就、一劳永逸，必须长期坚持，分步推进。但一些单位和部门没有处理好长期规划与阶段性目标的关系，执法规范化建设思想不统一，目标不明确，思路不清晰。少数单位领导不是从本单位实际出发，制定有针对性、可操作性强的措施，而是今天一个方案，明天一个措施，对实际工作没有起到促进作用，突出问题依然存在。甚至有的单位还存在有方案不落实、有措施不执行、应付差事的现象。这已成为基层公安机关推进执法规范化建设进展缓慢的重要原因。

（2）部分民警态度消极，自身素质与执法规范化要求有较大差距。公安执法主体是民警，民警执法素质的高低，直接决定着执法质量的好坏。虽然法律对案件的实体、程序和证据等相关要求有明确规定，但在执行中往往受到民警个体素质的影响，执法质量往往差别较大。究其原因：一是部分民警执法观念陈旧，存在惯性思维，凭经验执法。如在具体的执法中，还存在着忽视违法犯罪嫌疑人员权利的现象，甚至有辱骂、体罚现象。部分民警信息化应用水平低下，不会打字，不会查询，网上办理案件要靠别人代劳。二是部分民警法治素养不高。对法律知识一知半解，对新法律、新程序、新知识不愿学、学不进、学不精，在工作中对案件定性不准，适用法律不当，取证不及时全面，程序不到位。三是执法为民意识淡薄。一些民警在执法活动中，工作上不依靠群众，感情上不尊重群众，不能争取群众的支持配合，调查难、取证难，造成案件证据不足，久拖不决。

（3）为了一己私利，忽视、排斥甚至阻挠执法规范化建设。执法规范化意味着凡事都有章可循、有据可依，意味着执法活动各个环节都纳入规范体系，接受上级和外界的监督，意味着“阳光执法”。然而某些地方个别领导和科所队长并不愿意看到这样的结果，他们总是故意拖延上级文件或交办的事项，或者以阳奉阴违的方式打马虎眼，还有甚者暗中阻挠公安执法，充当黑恶势力保护伞，为他们通风报信，结为利益集团。很显然，这些害群之马这样做完全是为了一己私利，滥用党和国家赋予的权力，完全背离了执法宗旨和人民群众的根本利益。

实践当中阻碍执法规范化建设的观念障碍远不止上述三点，它们已经对未来公安执法规范化建设继续推进构成巨大威胁，要破除这些不良影响，必须大力宣传社会主义法治理念，除了通过前述对未来警官和在职民警进行法治理念教育外，还要对各级党委、政府和政法系统的相关决策层开展系统深入的法治理念学习，并且这项工作要坚持不懈，有条件的地方还应当将这项活动纳入公务员年度绩效考核体系当中，对受训学员形成一种直接的激励机制。综上所述，在一个法治国家里，如何强调法治理念的重要价值都不为过，尤其是像我国这样一个急于构建社会主义法治国家的后发国家而言，特别需要在当前国内外各种意识形态横行的环境下，坚定不移地走具有中国特色的社会主义法治道路，坚持在国民中普及法治理念，尤其应当要求执法者具有更为卓越的法治理念。在这样的观念引导下，未来我国的法治之路才能走得踏实、坚定，才能顺利实现我们的法治中国梦。

第四节　人民警察宪政意识研究

人民警察作为国家重要的执法力量，宪政意识是其法律素质的重要组成部分，宪政意识的有无与强弱对警察队伍建设和精准执法至关重要。培植和增强人民警察的宪政意识，必须重视人民警察的宪法教育与学习、树立宪法至上的法律观念、强化警察的公仆观念与服务意识、注重警察执法的违宪监督和加强警察法律文化建设。

"欲依法治国必先依宪治国"。在现代法治社会里，必须强调和重视宪法在法治过程中的地位与作用。而宪法的贯彻执行，从根本上需要全体社会成员尤其是执法者具有良好的宪政意识。目前在人民警察队伍中出现的很多违法违纪现象与问题，与警察机关及执法警察的宪政意识缺失存在着很大的关系。遗憾的是，这一关联似乎并未引起人们足够的关注与重视。为此，本节拟就人民警察的宪政意识进行必要的学理探讨，进而提出通过宪政意识的养成来提高我国警察队伍的整体法律素质与执法水平的主张与设想。

一、警察执法失范现象分析：以宪政意识为视角

（一）警察执法失范现象概述

人民警察作为维护社会治安秩序和打击刑事犯罪活动的重要执法力量，队伍建设与其整体法律素质的好坏直接影响党和国家的形象和威信、影响社会的稳定与发展、影响人民能否安居乐业。依法行政是法治国家对人民警察执法活动的基本要求，而依法行政首先要做到依宪行政。只有将宪法意识作为人民警察的行动指引，"依法行政、执法为民"的执法目的才能真正得到实现。应当承认，人民警察的执法水平近年来在整体上有所提高。但是，仍有相当一部分的公安民警在执法观念、执法态度和执法方法上存在不少问题，在全国范围内造成恶劣影响的违法违纪事件仍时有发生。这些事件和行为，严重损害了国家和人民的利益，伤害了老百姓对人民公仆的感情，损害了人民警察的形象。警察执法中存在或出现的诸多问题，尽管其产生的原因十分复杂，但相当一部分是由于执法警察的宪政意识缺失或不强所造成的。这方面的问题主要有以下五点。

（1）侵犯公民基本人权的情况时有发生。一些民警在办案中滥用职权，使用非法手段侵犯相对人基本权利。如歧视侮辱人格，逼迫当事人互抽耳光、超期羁押或非法拘禁、刑讯逼供、对执法对象进行摧残报复等。轰动全国的"孙志刚案"和荒谬的"处女嫖娼案"，即属此类。

（2）重管理，轻服务。部分民警在执法中习惯以管人者自居，曲解其

身份定位，过分强调公安机关的管理职能，对待群众毫无感情，态度蛮横，缺乏服务意识，忽视对公民权益的充分保护。这一做法与宪法中规定的国家权力行使与公民基本权利保护的要求不相符合。

（3）特权意识浓厚，公仆意识缺失。警察特权意识是宪法虚无主义的表现，由于种种原因，它在我国的表现尤其突出。部分干警特权思想严重，利用其身份地位的优势越权执法、滥用职权或不愿接受权力监督与制约等，都是特权意识作怪的结果，这与现代法治中的平等观念与宪政意识是背道而驰的。特权意识越浓厚，公仆意识便越难培养，警察与民众之间的关系便会越来越疏远，警察权力的滥用便在所难免。

（4）存在执法中的地方保护主义问题。在执法过程中，由于缺乏宪法意识中应有的大局观念，一些警察机关和执法警察不能正确处理中央与地方、地方与地方之间的关系，过分强调地方利益，在本地利益与全局利益发生冲突时，多采取不当手段维护本地私利。如交警在交通管制及交通事故处理中对本地车辆执法偏袒、本地公安机关不配合外地公安机关或相关司法机关的司法执法活动，甚至帮助或庇护本地重点企业或个人逃避外地公安机关侦查等现象仍时有发生。

（5）不能依照宪法精神正确处理好法律与政策之间的关系。长期以来，“政策治国”在我国客观存在，突出表现在对政策与法律的关系上简单地认为政策就是法律的依据，政策灵活、具体、实用，而法律抽象、古板，使用不方便，因此相当一部分民警在执法和管理中往往以政策为主，事实上甚至存在着以政策取代法律或以政策抵制法律的错误做法。

客观而论，全世界所有国家的警察在执法中均会发生失范问题，但不同法治水平的国家上述现象发生的概率不同。一般情况下，法治水平越低，执法越容易出现失范现象。实际上，警察执法失范现象是综合因素的结果，它涉及一个国家的政治体制、经济发展水平、文化传统以及公民素质等问题。在宪政国家中，公民的宪法素质和宪政意识直接关系到国民法律素养的高低。甚至可以说，公民的宪法观念或宪政意识直接影响其法律行为选择。为此，有必要从宪政意识角度对我国警察执法失范现象进行分析。

（二）宪政意识视角下的警察执法失范原因分析

所谓宪政意识，是指人们关于宪法的思想、观点、知识和心理的统称，它反映了公民对国家宪法的制定、执行、保障、修改、存废等重大问题的基本认识。从内容上看，宪政意识包括了人们对宪政的基本看法、对现行宪法的态度和要求、对宪法本质和作用的理论观点、对国家机关及其工作人员和公民行为合宪性的评价，以及人们关于宪政的知识和修养等。[1]从内容和逻辑关系上看，宪政意识是宪法意识的重要构成，也是法律意识的重要表现。从另一角度观察，宪政意识则是公民法律素质包括警察法律素质的重要构成，是制约其执法水平与质量的重要因素之一。上述警察执法失范现象的发生，从宪政意识角度观察，存在以下问题。

1. 宪法知识缺失，宪法观念淡薄

宪法是国家根本大法，是其他法律的立法依据，是一切国家机关、社会团体以及公民的最高行为准则。我国宪法明确规定了公民的基本权利和义务、国家机关的职责与权力等方面内容。宪法的基本功能是保障公民权利、限制和规范政府权力。实施依法治国，首先应该是依宪治国，“依宪行政、依宪执法”是依法治国的灵魂和精髓所在。当前相当一部分干警未能掌握必要的宪法基本知识，对宪法的本质、地位、作用、要求都不甚了解，未能形成相应的宪法观念，在执法中曲解了公民权利与国家权力的关系，没有把执法行为限定在宪法许可的范围内进行，致使不少违宪行为的发生。

2. 法律工具主义观念影响

长期以来，由于受“左”倾思想路线的影响，我们并没有完全把法律看作是实现社会公正与公平的重要途径，而仅仅片面地把法律看成是“阶级斗争中取得胜利的统治阶级意志的体现，是为统治阶级利益服务的”一种工具，曲解了法律的真正含义。这种思想在近年来虽有改变，但远未从根本上得到纠正，对于公安机关及执法警察亦是如此。长此以往，导致了

---

[1] 刘江琴．从宪政意识角度析民初有宪法无宪政的原因［J］．荆州师范学院学报，2002（1）．

如下恶果。一是客观上有助于形成法律虚无主义思想，宪法由于缺乏工具价值而被警察从执法观念上排斥在法律适用的规范之外。二是宪法难以被信仰，甚至导致出现宪法信仰危机，法治社会所要求的宪法信仰没有形成。三是宪法在执法警察头脑中没有取得至上的地位，宪法权威仅仅是放在嘴上的一句空话。

3. “人治”观念影响

受几千年封建社会影响，长期以来形成的专制制度和“人治”专权思想未能根除，在一些领导和民警中还时有反映，以致依法行政观念比较淡薄，执法中往往是“上有政策，下有对策”，唯上级领导意志至上，领导决定大于法律，维护领导权威多于维护法制权威。盲从命令，不敢对违法指令说“不”，是目前公安执法中存在的一个主要问题。

4. 曲解人民民主专政的内涵

由于对民主与专政缺乏辩证统一的认识，部分公安干警片面地强调公安机关的专政职能，头脑里存在着执法就是对极少数敌对分子和犯罪分子的实行专政的思维，以及长期以来有罪推定的观念作祟，受其支配，在执法过程中总是以另类的眼光看人，轻易地把当事人当作专政对象，进而采取一些粗暴的野蛮的手段，实行所谓“专政”，其表现就是滥用职权，滥用留置手段，滥用枪支警械，等等，严重地侵犯了当事人的合法权益。

5. 没有树立起必要的人权保护观念

人权保护观是重要的宪法观念，它早已隐藏在现代宪法规定中。2004年3月14日第十届全国人民代表大会第二次会议通过的中华人民共和国宪法修正案明确规定：国家尊重和保障人权。但现实表明：一些人民群众反映强烈的执法问题包括警察执法问题，相当一部分属于严重侵犯公民基本人权方面的问题。

二、人民警察应当具备的宪政意识

根据宪政意识的原理并结合我国法治实践，新时代中国警察应当具备但不限于如下宪政意识。

（一）具备足够的宪法知识

宪法意识来源于宪法知识，必要的宪法知识是形成警察宪政意识的基础。培养人民警察的宪政意识，首先要进行宪法知识的教育与学习。包括学习宪法的一般原理和宪法的发展历史，掌握宪法知识体系和现行宪法规定等，特别要掌握现行宪法中关于国家性质、公民的基本权利与义务、政权组织形式、国家结构形式、国家机构方面的规定等。在此基础上，结合自身执法实践才能逐步形成正确的宪政意识与宪法观念。

（二）能够正确认识和处理权力与权利之间的关系

我国宪法明确规定，人民是国家的主人，一切国家机关都由人民选举产生，对人民负责并受人民监督。任何国家机构的权力都来自人民的授权，其产生与运行的目的都是保证人民权利的充分实现。可见，警察机关不是特权机关，人民警察也不是管理者，他们应该是依法维护公民合法权益的保护者，是老百姓生活所需各项服务的提供者。人民警察必须把国家赋予的权力与人民的权利紧密结合起来，将实现权利作为权力运行的出发点与归宿，保障警察权力的依法行使。

（三）具有良好的人权保护观念

人民警察具有正确的人权保护观念是保护宪法规定的公民的基本人权的思想保障。人权保护是世界各国宪法包括我国宪法追求的基本目标，任何法治国家的宪法都将保护人权作为其立法之本。人权保护首先是一个观念问题，它需要全体社会成员，尤其是包括人民警察在内的执法者形成这样一种观念：人权神圣且不可侵犯。现代警察如果没有正确的人权观，执法的目的便会错位或迷失，警察权力被滥用也就在所难免。

（四）具有自觉维护宪法权威的意识与能力

人民警察既是法律的执行者，也是法律权威包括宪法权威的维护者。因此，人民警察必须时刻牢记自己的神圣职责，在行使职权职责时能够时时注意维护宪法的权威与尊严，使宪法在国家法律体系和国家生活中的至高地位随时得到体现。只有具有了自觉维护宪法权威的意识，才能真正做好本职工作，从质的方面提升警察执法工作的水平与质量。

（五）能够准确理解法律规定中的宪法精神

我国法律体系庞大，其中包括法律、法规、部门规章、地方性法律法规、自治条例及单行条例等。虽然其种类多，数量大，但它们有个共同特点：都体现出公平正义、法律面前人人平等、社会主义以及法治等宪法精神。虽然宪法对相关社会关系只作出原则性规定，一般不直接调整具体的社会矛盾，但一切法律都必须遵循宪法基本原则与精神，任何法律都不能与宪法相违背。作为执法者，人民警察在工作中需要经常与法律打交道，这就要求警察能够准确理解所使用的法律，不仅要知道法律是怎么规定的，更要了解为什么这样规定，体会到法律的内在含义。只有这样，才能理解立法精神，提高执法质量。

（六）具有正确的警察执法观

必要的宪法意识是正确的警察执法观形成的前提条件，而正确的执法观则是人民警察履行法定职责和依法行政、依法执法的观念保障。因此，警察在执法实践中应根据宪法规定的精神与要求对具体法律规定、执法行为、执法价值、执法态度等问题进行深刻思考，逐渐形成正确的警察执法观。

（七）具有适应宪法发展变化的意识与能力

即人民警察能够根据法治发展规律正确认识与适应宪法的变化与发展。法律是不断发展变化的，宪法亦是如此，近些年的宪法修正案就是最好的例证：一国两制、“三个代表”、人权保障、保护公民私有财产、监察体制改革、习近平新时代中国特色社会主义思想等无不体现出宪法与时俱进的发展规律。人民警察必须顺应法治时代潮流，不断更新宪法观念，积极学习新的宪法知识，把握国家法律发展变化规律，在法治进程中时刻关注宪法发展动向，在法律观念上保持先进性，才能适应法治国家对警察执法的基本要求。

三、培育人民警察宪政意识的进路选择

随着2018年宪法的再度修改，依宪治国被提升到治国理政的全新高度，特别是在明确加强宪法实施，推进合宪性审查的新时代背景下，人民警察必须关注宪法，更要带头践行宪法。因此公安执法规范化和法治公安建设的系统工程首先就需要大力培植和增强人民警察的宪政意识。为此，应当做好如下工作。

（一）重视人民警察的宪法教育与学习

改革开放40年来，我国公安教育规模发展迅速，形成了多类型多层次的院校体系，公安院校教学水平不断提高，警种专业教育分工日趋细致，学员的专业化技能已基本能够满足职业化警察队伍的需求。但客观而论，目前公安干警整体法律素质距离法治国家公务人员的要求还有较大距离，这与学生在校期间接受的法律基础教育尤其是宪法教育不扎实有着密切关系。最典型的事例是，在警察院校中，宪法课往往被作为一般专业基础课对待，并且在课时安排上存在“缩水”现象。甚至违反法学教育规律，在法律课程的设置上，仅开设与警察日常执法活动直接联系的课程，如刑法、刑事诉讼法、行政与行政诉讼法等，而将宪法课置之度外。刚入学的新生在未接受任何宪法知识教育的情况下就直接学习各部门法，结果是学生也普遍觉得学到的知识不扎实，只知其然而不知其所以然。之所以会出现这样的结果，原因在于离开了宪法知识的启发，学生是很难正确认识和把握法律的本质和精神的。宪法原理告诉我们，法律不仅仅是“统治阶级专政的工具”，更是人民行为的普遍模式与公民权利的保障书。它要求作为执法者的警察必须充分理解宪法规定的精神，才能达到准确适用具体法律规定的目的。教条式、机械式的简单适用，是不符合现代执法要求的。提高警察的执法水平必将重视法律学习，而学习法律必须从根本法即宪法抓起。通过宪法教育培养学生的法律情趣、法律道德、法律思维以及法律自学和更新能力，法律精神与宪法意识才能渗透到学员的灵魂与血液中，警察法律素质的提高才有希望。

（二）树立宪法至上的法律观念

法律至上是人类法治发展进程中提出的重要口号和基本原则之一，突出强调法律在整个社会规范体系中具有至高无上的地位，其他任何社会规范都不能否定法律的效力或与法律相冲突，它是法治社会的主要特征。法律至上的核心是宪法至上，宪法是国家的根本大法，是其他法律的立法依据，我国宪法明确规定，全国各族人民、一切国家机关和武装力量、各政党和各社会团体、各企事业组织，都必须以宪法为根本的活动准则，并且负有维护宪法尊严、保证宪法实施的职责。宪法的基本功能是保障公民权利、限制和规范政府权力，其精髓在于控制国家权力以保障公民权利。党中央提出依法治国的基本方略，建设法治国家，关键在于依宪治国、依宪行政和依宪执法。广大公安干警只有真正树立宪法至上观念，才能实现这一远大目标。

（三）强化警察的公仆观念与服务意识

在民主宪政国家，人民是国家的真正主人，任何国家机构所拥有的国家权力都是人民所赋予的，国家权力是公民权利的派生和延伸，其产生与运行的目的就在于维护与实现公民的各项权利。人民警察所行使的各项职权是人民赋予的，因此保障公民权利，维护最广大人民的根本利益是其执法的出发点和归宿。"全心全意为人民服务"是我党的根本宗旨，同时也是各级国家机关的基本工作方针，这个宗旨不仅明确了人民在国家中的地位，也为我们指明了国家权力运行的基本目的与要求。在宪政国家，要想树立正确的政治观，没有或缺乏公民意识是不行的，否则就是政治不纯的表现。这就要求各级公安机关和广大民警要牢固树立公仆观念和为人民服务意识，在制定各项决策和具体的执法行为中，把执法的过程视为为人民服务的过程，端正执法思想，躬行全心全意为人民服务的宗旨，以"人民满意不满意、高兴不高兴、赞成不赞成、答应不答应"为一切公安工作的出发点和行为准则，彻底克服对待当事人"冷、横、硬"的态度，带着深厚的感情做工作，倾听人民群众的声音、真诚关心人民群众的冷暖疾苦，真正做到"权为民所用，情为民所系，利为民所谋"，从根本上解决如何执法，为谁服务的问题。

（四）加强警察执法监督

警察执法中一直存在着各种程度的违法违纪现象，包括执法歧视等违宪现象。如何有效监督警察执法、从根本上减少或杜绝违法违纪甚至违宪现象的出现已成为警察队伍建设中的一个严峻课题。内因与外因关系原理告诉我们，良好的执法观念和执法行为主要依靠警察队伍建设和个人素质塑造完成，但来自外部力量的监督与改造同样不可忽视。尽管目前有关法律法规已经规定了许多对公安机关的执法监督制度，但实际效果不甚理想。笔者认为，警察违法（违宪）监督与查处机制，不仅仅是某个机构某个部门的专项工作，更应该包括如警察内部机构监督、专门法律监督机关监督、新闻媒体监督、社会公众监督等多方面共同作用的结果。我们不能只满足于通过五条禁令等部门规章、职业纪律来惩戒违法干警，而应该着眼于长远大局，借助外力监督，充分利用多渠道、多层次、大力度的综合监督，让人民警察的执法行为直接置于人民群众和社会各界的监督之下，促进警察执法的良性发展。让公安民警透过别人的眼睛看清自己的不足，才能促使其自觉改进执法方式。

（五）加强警察法律文化建设

法律文化是一种精神财富，这种精神财富不只表现为法律心理、法律意识、法律思想体系等内隐性的观念形态，也表现为人类在漫长的法律文明进步过程中所创造的法律、法律制度、法律组织机构等外显性的制度化形态。[1] 其要义包括：法律具有权威性；法律的制定与执行必须以人为出发点，以人为中心，以人为主体和目的，而不能将其作为手段和工具；各项执法和管理工作都要将人的解放、尊严、幸福作为追求的目标，将民主、公平、宽容、诚信作为执法和管理的自觉意识和行动。作为一套观念系统，法律文化是现代法律和民主政治不断发展的强大推动力，如果在执法和管理工作中能够注重法律文化就可以帮助克服“政策指导法律”“法

---

[1] 卢云．法学基础理论［M］．北京：中国政法大学出版社，1994：265-272.

律工具主义”等固疾，消除如权力异化、恃强凌弱等负面影响。加强警察法律文化建设的根本目的，就是要将依法行政与维护公民合法权益二者相结合作为首要的因素来考虑，通过警察的执法工作充分展现法律中的人性与人文关怀。

新时代中华民族伟大复兴中国梦的实现，首先必须践行依宪治国。而要做到这一点，增强人民警察的宪政意识便刻不容缓。消除不良执法现象与执法观念，树立正确的法律观，是一项比制度的确立或机制的建立更为艰巨的历史任务，不可能一蹴而就，尤其在中国这样一个缺乏法治传统的国家中。因此，警察宪政意识的培植必然不是轻而易举的事情，而是一个十分复杂、艰巨和长期的目标。意识形态领域的转变过程，既需要相应主体即人民警察的理性认知，把宪法至上的现代法治观建立在牢固的思想基础上，内化为自觉的意识，又需要创造各种良好的客观条件，发挥外在因素的积极影响，包括正确的理论引导、立法机制和执法监督机制的规范约束，等等。只有这样，才能增强我国当代警察的宪政意识并提高其整体法律素质，进而促进警察执法水平与质量的提高。

第五节　公安执法动机问题研究

现代心理学研究表明，动机作为人类行为的内心起因，在个体行为选择上发挥着独特作用。本能论、需要论、驱力论以及认知论等动机理论从不同方面探讨了动机的发生机理。公安执法行为事关公民权利保障和法律秩序维护，从心理动机角度研究这种行为，尤其是通过执法典型样态的解构、分析其动机构成要素的作用机理，对于规范这种行为具有实践意义。为此，以民警执法动机为研究切入点，积极创造社会条件、物质条件和教育条件，培育符合法治要求的公安执法观，有助于公安执法规范化建设向纵深推进。

一、公安执法动机研究起点：动机理论研究概述

（一）动机的含义

1. 动机的概念

心理学将动机定义为激发、指引并维持行为人从事某项活动，并使活动朝向某个目标的内部动力或内在心理过程。动机是行为的动力方面，与人格联系密切。动机是个体的内在过程，行为是这种内在过程的结果。简言之，动机是指推动行为的内心起因。

动机与需要、目的、内驱力、诱因等是密切联系却不相同的概念。需要是人对生理需求和社会需求的反映，需要是动机形成的内在基础，动机是需要的具体表现形式。目的是人们希望通过行为达到某种结果的心理状态，动机是行为产生的原因，而目的是行为所希望达成的结果。内驱力由需要引起，当需要得不到满足时，人体内部就会产生内驱力，使自身处于紧张状态并促使身体释放出一定能量或冲动，最终结果是希望使需要得到满足。诱因是指驱使人们产生一定行为的外部刺激物，是动机产生的外部因素。

2. 动机的功能

动机是行为人实施行为的内心起因，它对行为有始动作用、导向作用和调整作用。动机可以使行为得以启动，把意念外化为行动；可以使行为具有目的性、导向良性或恶性目标；还可以使行为强化、弱化，增加或减少量的积累。从法律角度看，研究行为的动机，认识“法行为”动机的作用，有助于采取相应措施，培植和促进合法动机的形成，预防和消除非法动机的形成，引导和控制行为量变的进程和质变的性质，防违法行为于未然，导合法行为于坦途，使法行为有利于社会发展目标的实现。❶

（二）动机研究的理论流派与研究分类

1. 现代心理学上几个主要的动机理论流派

（1）本能论。该理论是最早的动机理论学说，代表人物有麦孤独、弗洛

❶ 黎国智．行为法学在中国的崛起［M］．北京：法律出版社，1993：96-103.

伊德等。其核心思想是人的行为以生物本能为基础，本能即不学而能，如弗洛伊德强调泛性论，用“力比多”“本我”等概念强调人的行为以本能为基础。该理论揭示了人的自然本性和行为的自然动机，但最大的缺陷是没有揭示动机的社会性本质，从而陷入生物决定论的窠臼。

（2）需要论。即著名的“马斯洛需要层次论”。该理论认为：人的需要包括“生理、安全、爱和归属、自尊、自我实现”五个层次，人的需要按优势出现的先后或力量的强弱排列成等级，即需要层次。需要的层次越高，与本能的区别就越明显，可塑性就越大。该理论揭示了人类行为与动物本能的区别，认为需要是人类行为的源泉，对人本主义心理学以及现代激励理论产生了深远影响。但是，它最大问题是将需要与动机二者等同，而且囿于研究方法，该理论没有实验依据和客观测量指标，其提出的需要发展模式与某些实际情况不相一致，即低层次需要未能满足的情况下人们依旧会产生高层次的需要，例如，无家可归的流浪汉捡到巨款仍然拾金不昧，主动归还。

（3）驱力论。该理论认为：驱力是一种动机结构，驱力能激发人的行为从而满足需要，恢复平衡状态，进而减少驱力。人类行为不由生物驱力支配，而主要由习惯支配，驱力为行为提供能量，习惯决定着行为的方向。该理论指出了行为内在动力的作用，把内在驱力与外在刺激联系在一起，比需要论有进步。但是该理论仍有把驱力和动机等同的嫌疑，并且忽视了人的主观能动性对动机形成的调节作用。

（4）诱因论。该理论针对驱力论的缺陷而提出，重视诱因即外部刺激对动机形成的作用，用强化来解释动机的形成，指出“正强化”的激励效果优于“负强化”，对现代激励理论有重大影响。但是该理论的缺陷在于，动机由外在刺激造成，实际上动机是人行为的内心起因，诱因对动机的作用是通过人的主观调节转化为人的行为激励因素，该理论仍然没有解释清楚诱因对动机作用的内在机制。

（5）认知论。自20世纪60年代起，认知论成为现代动机问题研究的主流，学者们集中于动机问题的中介认知过程的探讨，认为行为人的自我调节是内在起因，是外在诱因转化为真正行为动因的纽带。该理论又可分为几种理论：①归因论。该理论指出人的行为可以归结为许多可能的因素，但都可以把它们归入“内在—外在”“稳定—不稳定”和“可控—不可控”的三个维度的六个范畴之中。②成就动机论。该理论认为成就动机是一种社会动机，人的成就行为有追求成功和避免失败的双重作用，从动机水平、期望和诱因多种因素的相互关系来解释追求成功的动机和避免失败的动机对人的行为的不同影响。③自我决定论。该理论强调人的兴趣感、能力感、控制感和主动感对个体行为的重要激发作用。行为人会对外来刺激进行认知评价，如果将外部刺激评价为控制性的，则个体的自我决策感会被削弱，进而引起其内部动机弱化，反之则增强。④自我效能论。该理论主要观点是：自我效能是人类行为动机的中介认知因素。期待、意志和评价等人的认知变量对行为决策有重要作用。行为人通过自我效能将内在驱力和外在诱因相互协调形成动机。⑤目标定向论。该理论认为，在成就情境之下，行为人的目标取向包括任务目标和自我目标两种，与人们如何判断自身的能力水平及对成功的主观定义有关。任务目标定向可以增强动机，而自我目标定向则有可能会弱化动机。以上几种认知论均强调动机过程中介自我调节的作用，并就认知的各个方面展开讨论，各自都有合理之处，但最大的缺陷就是缺乏整体性的研究整合，使得动机理论的研究难以深入。

2. 动机的研究分类

因为动机问题的高度复杂性，为了研究的需要，对动机进行区分是必要的。为此，研究者曾对动机进行过多种区分，如内在动机（因事物本身具有吸引或讨厌的性质而引起的追求或回避的动机）和外在动机（不是事物本身而是事物之外的目标所引起的动机）；主导动机（对行为起支配作用的动机）和辅助动机（对行为只起辅助作用的动机）；或者根据研究领域作出区分，如成就动机、利他动机、攻击性动机等。本书中，我们根据公安执法行为的属性和特殊领域，将公安执法动机研究视角主要定位于自然动机和社会动机，主要理由在于：一方面，作为自然人存在的公安民警，具有为满足生理、本能需要而引起的动机。如饥饿、干渴、性欲、睡眠、安全等需求。自然动机具有原始性、自发性，是有机体与生俱来的，为人和动物所共有。另一方面，作为社会主体存在的公安民警（公安机关）具有由个体的社会物质、精神需要而引起的动机。社会动机为人类所特有，是个体在其心理潜能、先天倾向的基础上，在广泛的社会实践活动中形成的。它具有社会历史性，不同的政治制度、文化背景，以及不同的历史时期下都存在着一定的差异性。❶ 特别地，此处还有一个问题需要澄清，即动机与行为的关系是十分复杂的，有时候有动机不一定有行为，因为行为的发生还需要其他因素（如客观环境），有些行为则没有动机（如受迫行为），有时同一行为是受多种动机驱使的结果，如努力学习可能受取得成就，得到奖赏、赞扬，以及增长知识等多种动机的驱使。为此，只有通过对行为的分析来推断出动机的类别，并在此基础上展开反向研究，才是科学合理的研究方法。

（三）对公安执法展开动机研究的价值

1. 公安执法动机问题：待开发的处女地

在“依法治国”背景下，公安机关不断推进着执法规范化建设，但各种执法失范问题依旧存在，个中原因非常复杂，国内不少学者从制度建设、法律规范、文化传统以及个人素质等角度对其进行了为数不少的研究，但从心理学方面深入分析执法失范现象的动机方面研究成果极少，使得既有的研究成果对实践中存在的问题缺乏微观层面具有解释力和指导性的回应。总体上看，我国此类研究正处于起步阶段，因此迫切需要重视和加强该问题上的理论研究。

从心理学角度看，公安民警在执法过程中，时常要面对诸如个人利益与国家利益衡量问题、执法态度问题、执法动力等一系列涉及心理过程的因素，有时候“一念之差”就会决定着执法行为选择和执法效果。在宏观环境背景下，从微观入手分析个体执法动机样态具有实践意义。只有充分了解执法者的内心需求，在此基础上施加良性引导并辅以法制规范，才是最终实现规范化建设目标的可行方案。

---

❶ 应当指出的是，自然动机和社会动机这种分类只是为了研究需要，只具有理论意义。在现实生活中，纯粹的自然动机实际上是不能单独存在的，它无不打上社会因素的烙印，人们的自然动机受到人们的思维、意识的支配。例如，当一个人感到饥饿时并不一定马上去吃饭，当他在忙于工作或其他事务的情况下，会出现忍受饥饿的情况，明显受到社会动机的影响。

2. 解决公安执法问题新思路：探寻内在原因

公安执法行为是一种具有国家强制性、单方意志性、外部行为性和可救济性等特征的国家公权力行为，公安民警在执法时所代表的是国家而不是个人，因而也更容易影响到作为社会整体形式存在的公民权利，多年来一直成为各界关注和研究的焦点。在统计学意义上，公安执法行为样本的多样性和典型性决定了研究的广度和深度。在此基础上，从内在角度、心理层面分析并构建的执法动机模型和执法动机培育方式，不仅具有理论价值，更具有实践的指导意义。此外，基于公安执法行为和公安民警群体的特殊性，并不适合将现有的动机理论生搬硬套于公安执法行为领域，而应当将研究建立在客观分析各种影响公安执法行为内外因素的基础上。

综上所述，在心理学研究史中，动机问题研究取得了巨大成就，其中不少理论特别是需要层次论、成就动机论等在企业管理、人力资源等领域广泛适用并成效显著。公安民警的执法行为是公安学的研究重点，研究执法行为的合法性、规范性向来颇受重视。事实上，公安执法行为遵循了从动机到行为的一般心理学行为模式，但在警学研究中，关于动机的理论研究极少涉及。执法实践中，公安机关非常重视规范公安民警的执法行为，却忽视了执法动机对执法行为的导向和激发作用。因此，有必要深入分析当前公安机关人民警察执法动机样态和不同动机对公安执法行为的影响，引入上述各种动机原理的合理内核，以综合采用的方式，在未来的法治时代背景下，探求契合法治思维方式的公安执法动机培育机制，从而实现促进公安执法规范化建设的目的。

二、公安执法与执法动机：基于实践中的典型样态分析

动机的形成是多种因素相互作用的结果。其中，人的欲求是形成动机的基础。人的欲求有物质和精神两个方面，它们来自人的生理需要和社会需要，前者如衣、食、住、行、安全、繁衍后代、追求幸福等需要；后者如社会交往、金钱财物、荣誉自尊等方面的需要，这些都是普通人的一般需要。不同社会阶层，不同人格，不同生理条件，不同教育程度的人，有着各自完全不同的需要。可见，人的需要是多方面、多层次并且是不断发展变化的。

从法律角度看，符合社会现实、具有实现条件的个人需要，是产生合法动机的基本条件；违背社会现实，甚至与社会现实根本对立的，或者超越客观现实条件的个人需要，很可能构成产生违法动机的因素。为此，研究公安执法行为的动机，应当着重研究执法主体如何认识和处理个人需要与社会需要、内在驱力与外在诱因的关系，从矫正需要观（利益观）入手，矫正行为的动机，进而培植合法（正当）动机的形成，抑制、消除非法（不当）动机的产生。

为使分析过程更直观，我们以心理动机认知论为基本分析构架，结合需要论、驱力论、诱因论等动机理论，以图表方式搭建一个动机模式图（见图1-1），❶ 并以此为基础展开对当前我国公安民警在执法过程中呈现出的特征进行心理动机方面的分析。

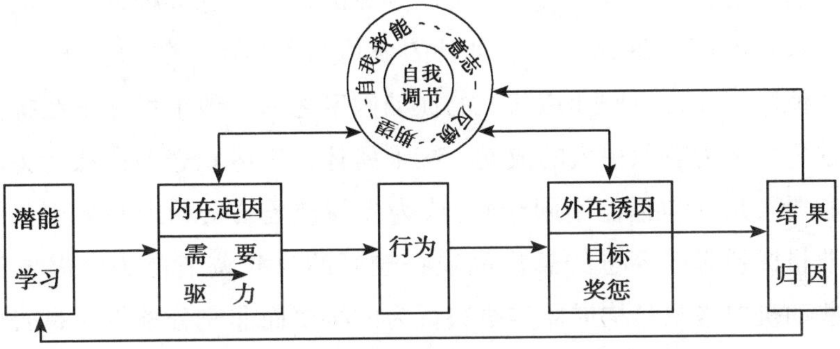

图 1-1　动机模式

（一）公安执法动机的基本类型

1. 恪尽职守型

应当说，当前我国绝大多数执法民警都可归入这一类型，典型人物如任

❶ 张爱卿．论人类行为的动机——一种新的动机理论构理［J］．华东师范大学学报（教育科学版），1996（1）：74.

长霞、范素云等公安英模代表。❶ 这类民警在长期的执法实践中，能够选择以奉公守法、恪尽职守的行为方式进行，起源于想要成为一名全心全意为人民服务、光荣的公安的内心需要。例如，某市 2012 年度“人民群众满意警察”称号获得者小陈，父亲是一名刑警，他自幼崇拜警察，从小便产生了成为一名警察的内心需要。就读大学期间，他将警察作为未来的职业目标，将内心需要转化为强有力的内驱力，同时唤起对行为目标（从警）强烈的情绪、情感。为了实现这个目标，他努力学习，锻炼身体，最终如愿考入公安队伍。入职后，面对辛苦的工作、金钱的诱惑和群众的误解，小陈对警察职业这个目标的认识出现了反复，在期望、意志、自我效能等一系列自我调节过程的作用后，他选择了坚守，始终兢兢业业工作在岗位上。多年来，小陈通过自我调节，发动、维持和调节着自身警察职业的执法行为，终于得到了人民群众的肯定，此次荣获奖励。可以预见的是，小陈会根据自己的从警经历进行一系列的归因解释，如把自己的成功归于品质、毅力、能力，等等，这将成为他以后在警察职业道路上的促动因素之一，他很可能继续提高自己的抱负水平，努力争取更大的成就。综上所述，恪尽职守型执法行为的动机构成核心要素是（包括但不限于）：成为光荣神圣公安的内心需要；执法为民的职业目标；坚毅容忍的意志品质；较好的自我调节能力。需要说明的是，这些动机要素只是构成此类执法行为的必要而非充分条件，是否能够实际做到恪尽职守，还需要在特定的环境下、各种外部诱因条件的影响下发挥效能。

2. 消极怠工型

某县城关派出所所长陆某，在一次县公安局副局长岗位竞聘上岗的竞争中失败，之后一直耿耿于怀，总认为是有人在背后整他，于是消极怠工，对局里布置的任务不按要求落实，经常敷衍搪塞，最后终于因为一次集中抓捕行动的组织落实不到位而被组织处分。此类行为在公安工作中是比较常见

❶ 全国各地公安系统执法民警中涌现出大量的先进代表人物，他们多年来兢兢业业，恪尽职守，无私为党和国家、人民安居乐业奉献一切。详情可查阅中国警察网——公安英模栏目：http://zg.cpd.com.cn/n19917370/index.html。

的，类似的还有：面对群众求助爱理不理、出勤出岗迟到早退、工作缺乏责任心，等等。在公安执法工作中，消极怠工的心理动机几乎是每个从警的民警在不同时期都会遇到的，下面仍以图1-1分析：从内心需要看，陆某在仕途上希望能有一番作为是其显著的内心需要，在此驱动下，他将升任副局长作为行为目标。然而在竞争中的失败，深刻打击了他的期望。此时，在自我调节这个重要环节上，陆某没有能够以适当的方式完成这个调节过程，过度强调外部诱因的作用（竞争对手），而不是从自身内在（能力、素质）找原因。更重要的是，此后陆某并没有从此次失败中获取到正确的信息反馈，没有找到失败结果的正确归因，严重误导了自我效能和自我决定能力，轻易地放弃、怀疑自己，定位了错误的后续行动方向，最终导致不利结果的发生。综上分析，消极怠工型心理动机可能存在的构成要素包括：对职业较高的心理预期；实现目标遭遇挫折；缺乏正确的调节过程；自我效能评价不当。

3. 玩弄特权型

近年来，各种媒体曝光警察耍特权的事件不胜枚举，例如“海口警察路边违停被交警处罚，怒骂撕罚单还踩两脚”“山西太原警察因口角打死北京警察”“四川警车广西耍特权，收费站出口欲强行冲卡”等。❶ 此类违法违规的行为给公安队伍造成恶劣影响，很多甚至发生在执法过程中。这种类型行为的心理动机可作如下分析：首先，从内在需要看，此类民警对权力有着极强的把控意识。在他们看来，权力能带来好处，是某种身份的象征，于是把获取权力作为行为目标。其次，从外部诱因看，由于某种制度（法律制度或管理制度）的不健全，权力没有被适度约束，给了他们可乘之机，为客观上滥用权力创造了条件。再次，通过玩弄特权，他们自认实现了自我价值，期望得到满足，于是更加强化特权意识，导致自我调节完全扭曲。最后，由于特权行为没有得到及时矫正，其自我效能被错误定位于玩弄权力之上，于是激发起新一轮的追逐特权的过程。如前所述，人首先是自然属性的存在，

---

❶ 详情可查阅：人民网 http://fujian.people.com.cn/n/2013/0906/c181466-19471892-2.html；新浪网 http://news.sina.com.cn/c/l/2006-04-26/13229724569.shtml；广西新闻网 http://news.gxnews.com.cn/staticpages/20060726/newgx44c65e20-660998.shtml。

趋利避害是其本能，而权力能够带来某种“利”的东西，因此追逐权力符合人的本性，本是无可厚非的。但关键是获得权力之后，如何善用权力往往成为问题的关键。通过分析可知，玩弄特权类型的动机之所以能够产生，外部诱因起着非常大的作用，即社会外部条件（权力监督与制约机制的缺失）为这种动机产生创造了条件。由此可见，权力本身无所谓善恶之分，我们应当在承认人性的基础上，从外部诱因入手，矫正此类动机。

4. 知法犯法型

应当指出，知法犯法所涵盖的公安执法失范现象非常广泛，可以包括诸如贪污受贿等渎职犯罪；充当黑恶势力保护伞的恶性违法犯罪；刑讯逼供等严重侵犯他人基本权利的行为，也包括违反法定程序办理各类案件的擦边球事件。总而言之，凡是明知法律法规、政策、文件、禁令等规定不可为而为之者，都属于知法犯法类型。知法犯法的公安执法行为所造成的后果不一，有的严重，有的甚至没有直接后果，但此类行为在心理动机方面有着共同特点：漠视规则的存在。人是社会的群体，只有在社会中存在的人才是有意义的，而社会能够维系是离不开规则的。人类发展史表明，法律是迄今为止人类所发现的最好的自我治理方式，当今几乎所有的国家都将法律作为治国的基本模式。因此，尊重和遵守法律是任何一国的公民必须履行的最低限度的义务，从这个意义上看，守法不仅是法律问题，也是一个基本的道德问题。从内心需求上看，知法犯法的民警恰恰将法律作为阻碍其实现某种目标的障碍，在经过利益权衡（自我调节过程）之后，最终选择以违法的方式行事。若这种行为不能得到及时矫正或制裁，将会强化其内心需求，激发再次违法的内驱动力，同时客观上也会破坏国家法治建设。这种行为一旦形成示范效应，将导致法律权威难以为继，给整个社会秩序维护造成毁灭性打击，毫不夸张地说，执法者犯法远比普通公民违法的恶性更大。

（二）影响公安执法动机形成的几个内外因素

如前所述，一个执法动机的形成，是内因与外因共同作用的结果，有的时候，外部诱因往往成为某个动机形成或激发的关键。因此，充分认识这些因素对分析评价公安执法动机非常必要，同时它们往往也是矫正不当动机发生的突破点。

1. 社会环境

社会环境无论从内涵还是外延来看，其指向范围显然过于宽泛。既然这个时代社会治理的主旋律是“依法治国”，那么这里的社会环境定位于“法治环境”应该是合适的。客观而论，当前我国的法治建设进程仍属进行时，与法治发达国家相比，法治化程度不高。后发型法治国家特征各异，但有一点是相同的，即法治理念没有深入人心。也就是说，法律在我国没有普遍获得国民内心的深刻认同，虽然法律在全社会的范围已成为普遍认同的行为规则，但是从内心需求（内驱力）上看，多数民众仍然将法律视为限制或禁止行为而非保护权利的事物，没有在内心真正认同并需要法律。在此基础上，法律从业者（警察、法官、律师等）自然难以得到民众发自内心的支持和理解，于是导致警民双方关系多年来一直不甚和谐。例如，虽然我国公安机关一直在努力进行规范化、职业化建设，希望打造一种亲民的警察形象，但事实上效果并不十分明显，除了个别违法民警“一粒老鼠屎坏了一锅粥”的原因，其实老百姓内心深处一直将公安机关视为管控自己的“国家暴力工具”。[1] 之所以造成这样的局面，并非公安机关的问题，而是整个法治环境缺陷造成的。

除了法治环境这样的大环境外，工作和生活小环境也是对动机形成产生影响的因素之一。气氛融洽、团结合作、积极向上的工作环境无疑是舒心的，在这样环境中工作的民警心理是健康的，非常有利于执法工作的开展。而充斥着尔虞我诈、恶性竞争、冷嘲热讽的工作环境不但影响工作效率，更直接伤害民警的心理健康，造成心理负担和心理压力，非常容易滋生各种不良的行为动机。同样道理，在家庭和谐、邻里融洽等稳定环境下工作的民警，由于没有家庭矛盾等后顾之忧，内心易于充满幸福感和满足感，对于实现自我认同有很大的帮助，也有利于自我调节机制的正常进行。

[1] 应当指出的是，不但老百姓误读了人民警察的身份定位，连民警自己都认为自己就是管理社会的“管理者”。持有这样想法的民警不在少数，除了日益严峻的治安形势加重了这种想法之外，缺乏源于法治理念下权力有限的“公仆”意识是重要原因。

2. 规章制度

“无规矩不成方圆”，尤其在社会治理领域，确立相对完善的规则并得以有效实施是非常重要的。作为转型时期的中国，旧有的规则和观念已被打破，但新的规则和价值观尚未完全建立起来，其典型表现就是法律制度。虽然我国法制建设速度很快，但仍处于“丰富文本”阶段，即不断的立法、制定规则以填补某个社会领域的法律空白。但是，这些法律的落实效果却远未得到足够重视，很多法律只是停留在字面意义上。由于司法制度的功能缺位，法律并未成为老百姓解决纠纷的首选途径，法律并未从全社会的范围内获得权威，因而人们并没有对法律产生内心需要。在这样的社会环境和法律制度背景下，部分民警自然无视法律或者只是将法律看作是执法的工具而非依据。只要是法律规定对自己有利，就进行所谓的“严格依法办事”，若法律对执法权力规范得比较严格，则想方设法突破法律的规定，让执法行为越便利越好。例如前述的消极怠工型、玩弄特权型、知法犯法型心理动机，或是利用了法律或制度的漏洞，或是尝试规避法律的制裁，或是根本漠视法律的存在，这些心理特征折射出规章制度的漏洞或不完善（诱因）对个体内心需要的影响何其之大，说得严重点，这简直类似于诱人犯罪。因此，无论从国家层面的法律规范，还是行业层面的行业规范、职业道德，以及单位内部的奖惩、处分规定，都必须建立健全。尤其需要强调的是，必须配套建立这些规范的落实机制，因为规章制度只有落实、落实、再落实，才能避免“纸老虎”的尴尬境地。

3. 物质条件

此处将物质条件视为影响公安执法动机生成要素的原因在于：公安民警作为国家公务员，代表国家行使公权力，其执法行为责任由国家承担，这是行政法上的基本判断。虽然民警在履行职务期间并不代表个人，但这种职务行为却实实在在是建立在个体行为基础之上的，换句话说，民警是执法者，但首先是个“人”。按照本能论和马斯洛需要论，作为自然人的存在，吃、喝、住、行、快乐、幸福等是必需的基本条件。在现代国家里，国家应当保障公民最低限度的生活保障并努力创造条件让每个人都能够最大限度地实现追求幸福的权利，这也是我国宪法的规定。人民警察作为维系社会秩序的重要执法力量，显然不能只满足于“最低限度”的物质生活条件。然而遗憾的是，与高高在上的物价相比，目前我国公安队伍的福利待遇整体偏低。尤其是在西部欠发达地区，警力少、维稳压力大，工作环境艰苦，而工资却还不到3 000元人民币，让基层民警情何以堪。毫不夸张地说，相当一部分基层民警现在是依靠着内心信念——警察职业的荣誉感在苦苦支撑着继续从事这份职业。这种局面应当立刻改观，否则长此以往，后果难以设想，国家不应该让这支队伍流血又流泪。从心理学角度看，之所以如此强调民警物质生活条件远未匹配他们的劳动付出，是因为这会严重影响和干扰他们的内心活动。例如，若待遇难以满足日常花销，他们会缺乏安全感、幸福感，甚至会产生自卑感，很可能影响家庭稳定和工作积极性，或者引发利用职务之便谋取私利的动机。总之，物质条件作为重要的外部诱因，虽然不能对民警执法动机起决定作用，但它的影响绝对不可忽视。

4. 个体素质

在内心需要和外部环境相同或相似的情况下，有时不同的民警在执法过程中会做出截然不同的行为选择，也就解释了为何少数民警会以各种违法违规的方式执法，而大多数的民警能够做到奉公守法、恪尽职守，原因在于个体素质存在差异。这里所指的素质，主要包括文化素质、道德素质和心理素质。文化素质的养成是一个长期的潜移默化的过程，其中也应当包括民警的法律素质和法治意识。道德素质与文化水平并没有必然关系，他是在社会交往的交互学习的过程中形成的，道德素质养成更多源于家教、朋友圈以及生活方式等因素。心理素质主要起到调整内心活动的作用，是可以通过锻炼加以不断提升的一种自我调节能力。以上三种素质构成动机模型图中的“自我调节”机制，他通过自我认知、自我决定、自我效能等过程，最终影响着行为的选择。由于个体素质属于内在因素，很难具体量化和把握，因此培育和矫正也需要更长的周期和更大的难度。

三、法治视角下的公安执法动机培育机制构想

（一）践行依法治国：公安执法动机生成的社会条件

党的十八大以来，“依法治国”被提升到极为重要的战略高度。在十八大报告中，“法治”出现的频率非常之高：“社会主义法治国家建设成绩显著；法治政府基本建成；实现国家各项工作法治化；加快建设社会主义法治国家；更加注重发挥法治在国家治理和社会管理中的重要作用；法治是治国理政的基本方式；弘扬社会主义法治精神，树立社会主义法治理念，增强全社会学法、尊法、守法、用法意识；提高领导干部运用法治思维和法治方式深化改革、推动发展、化解矛盾、维护稳定能力；倡导自由、平等、公正、法治；加快形成党委领导、政府负责、社会协同、公众参与、法治保障的社会管理体制；加大依法治军、从严治军力度。”❶ 此外，在随后十八届三中全会通过的《中共中央关于全面深化改革若干重大问题的决定》中，有关“法治”的关键词也非常引人注目：“依法治国；建设社会主义法治国家；建设法治化营商环境；建设法治政府；推进法治中国建设；建设法治中国；坚持法治国家、法治政府、法治社会一体建设；建立科学的法治建设指标体系和考核标准；增强全民法治观念；坚持依法治理，加强法治保障，运用法治思维和法治方式化解社会矛盾；把涉法涉诉信访纳入法治轨道解决。”❷

执法行为本质上就是实现法律的过程，因此以实现法律的目的、精神和宗旨应当是所有执法者最高的职业追求，法律应当成为公安执法权限、执法程序、执法效果等一切环节的最终评价标准。既然我国坚定了走依法

---

❶ 人民日报．人民网：坚定不移沿着中国特色社会主义道路前进　为全面建成小康社会而奋斗——胡锦涛同志代表第十七届中央委员会向大会作的报告［EB/OL］. http：//paper. people. com. cn/rmrb/html/2012-11/09/nw. D110000renmrb_ 20121109_ 9-04. htm？div=-1.（2012-11-09）［2014-02-20］.

❷ 新华每日电讯．新华网：中共中央关于全面深化改革若干重大问题的决定［EB/OL］. http：//news. xinhuanet. com/mrdx/2013-11/16/c_ 132892941. htm. 2013-11-16/2014-02-20.

治国的发展道路，那么所有的公安民警都应当以符合法治的标准来衡量自己的执法行为。为了做到这一点，除了上述“关键词”外，需要做的还很多，但在这里想要强调的是：应当大力“增强全民法治观念”，尤其是执法者从内心上真正将法律视为信仰而非工具。因为从动机的角度看，只有从内心真正确立起对法律的内心需要，认同法律的价值和权威，才会选择以法律作为基本的生活方式，从而确立起学法、守法、用法乃至护法的行为目标。并且在这个过程中，通过不断的法律实践，公民和警察都能够在法治的状态下感受到法律的好处，内心充满了安全感、幸福感，从而期望更好的法律生活。这样能够一定程度矫正内心需要扭曲的概率，起到降低违法犯罪发生率的效果。此外，若法律能够成为警民双方的共同信仰，民众愿意自觉守法、民警能够忠实执法，那么此时法律就成为缓和警民之间矛盾的媒介，必将有助于执法活动的顺利开展。

（二）塑造法治的权力观：公安执法动机正当性基础

1. 摆正位置，谨慎用权

现代民主理论在我国的表现形式是人民民主专政。在我国，人民掌握国家主权，所有国家机关的权力都是人民赋予的，人民通过选举的方式组建国家机构并授予其必要的权力。从这个意义上看，任何国家机关及其工作人员行使权力的行为都源自人民的同意，都要受到人民的监督并向人民负责。因此，人们习惯于将人民警察视为人民的“公仆”，就是对双方这种关系的形象解读。既然对人民这个“主人”而言，警察是“仆人”，那么“仆人”就应当摆正自己的位置，兢兢业业、谨小慎微地执法处事，全心全意伺候好人民这个“主人”。

然而长期以来，不少公安民警从内心深处来看，丝毫没有摆正自己的位置，完全颠倒了上述主仆关系，将自己视为管控老百姓的“保护神”，是能够在危急时刻救百姓于水深火热之中的“救世主”，是能够左右违法犯罪嫌疑分子生杀大权的裁判官，于是自我意识发生扭曲，权力意识极度膨胀，少数民警开始玩弄起特权，执法的正当性不复存在，导致失职渎职事件不断发生。想要扭转这种观念，关键是要摆正位置、回归双方关系的本源。例如，中央大力推行的群众路线教育实践活动，其根本意图就是要给广大党员干部洗洗脑，洗去观念中的特权意识。只有正确认识自身的角色定位，才能够以正当的动机展开执法行为，在人民群众的监督下依法用权。

2. 约束裁量权，把权力关进笼子里

党的十八大以来，习近平总书记在中纪委全会上强调："要有腐必反、有贪必肃，坚持"老虎""苍蝇"一起打；要加强对权力运行的制约和监督，把权力关进制度的笼子里；并要以踏石留印、抓铁有痕的劲头抓工作作风。"公安机关作为维护社会秩序的重要力量，手中的权力非常大，这是有法律依据的。按照现代行政原理，由于行政事务本身的复杂性，赋予相应机关以自由裁量权是必要的。但是在法治社会中，自由裁量权并非绝对，对其施以必要的制约和监督是必要的。长期以来，公安机关在处理刑事、行政案件和处理部分民事纠纷方面实际行使着广泛的裁量权，其中绝大多数是具备法律授权的，但其中也不乏突破法律规定的滥用职权，这在一定范围内造成了不好的社会反响，给公安机关和警察群体整体形象抹了黑。

"绝对的权力导致绝对的腐败"。从心理动机的角度看，若是存在不受约束的权力，人的本性当然驱使个体去利用这种"好处"，从而滋生贪污腐败的内心需要。为了将这种不良动机扼杀在萌芽阶段，必须健全各种监督机制，依法规范权力运行机制。一旦权力被关进了制度的笼子里，各种歪心邪念自然没有可乘之机，于是执法者的心理活动过程被扭转至良性、正当的轨道上来，此时绝大多数民警就会做出奉公守法的行为选择。

（三）尊重利益：良性执法动机的基础条件

1. 警察群体自身利益应当被重视

如前所述，当前我国公安民警的福利待遇整体偏低，与他们的劳动付出以及承受的高危风险极不匹配，已严重影响了广大公安民警的工作积极性，若这种局面继续下去，将深刻伤害民警的自信心与自尊心。为此，应当将公安队伍的工资待遇提升到一个合理的水平。至于"合理"的标准，以职业贡献、劳动强度和危险性来说，公安职业所应得到的报酬至少不应低于大型国企、金融业以及其他垄断行业的平均收入。以目前这些行业的收入水平来看，确实明显高于公务员群体。退一步看，即便在公务员群体中，公安行业的工资水平也不算高，与财政、工商等部门收入也存在差距。因此，无论从哪个角度来看，都应当提高目前公安民警的福利待遇，让高收入、高福利体现出人民警察的价值，❶ 让和平时期的英雄们能够毫无后顾之忧地有尊严的生活。唯有如此，他们就不必再依附于关系网和地方权贵，不必再看领导脸色行事，也不必铤而走险地为点蝇头小利中饱私囊。我们要正视警察群体正当的利益需要，因为只有能够保持适度的经济独立，才能树立自尊自信，在执法过程中遵从自己的良心呼唤，根据客观事实忠实地执行法律。

2. 以法治思维看待群众的利益诉求

近年来，随着民众法律意识普遍提高，各类涉访涉诉事件不断发生，而且一定程度上呈现出愈演愈烈之势。面对这样的趋势，不少官员如临大敌，如坐针毡，其实大可不必。问题其实并不可怕，关键在于处理问题的方法。在法治社会里，法律是解决纠纷的选择之一，纠纷若是不能通过道德、协商、调解等机制解决，那么司法应当成为最后一道防线。但无论如何，公安机关不应当成为纠纷解决过程中的主角，更不能动辄使用武力。例如，不少地方发生的山林纠纷、环保纠纷、食品安全纠纷等涉访事件，从法律角度看，这些事件原本归口国土、环保以及食品药品监督等部门管辖处理。但在这些部门还未正式介入或仍在调查时，一些地方政府为了所谓的政府形象与和谐稳定，过度使用警力，有时不惜采取强制手段控制和处理当事人，特别是在很多情况下，信访、上访的当事人并没有危及社会秩序和安全稳定。这里暂且不讨论这种做法是否合适，单是动辄使用警力解决群众的利益诉求，就不是一种法治的思维方式，与习总书记提出的要

---

❶ 当然，人民警察的价值不能完全通过金钱衡量，笔者也并不完全同意所谓的“高薪能够养廉”。但在市场经济时代，物质待遇成为人在社会生活的基本保障，体面的劳动收入能够让人独立、自信，无须依附于权贵存在，确实能够部分起到养廉的客观效果。

求和时代潮流格格不入。为此，公安机关在执法中，首先观念上必须确立以人为本的理念，真正想要为群众解决问题，而不是满足于处理问题，以极大的耐心和爱心、在法定的权限和程序之下，坚持公平正义原则，以符合比例原则的方式展开执法活动。

（四）积极推进警察执法观念教育与培训

公安执法规范化建设是近年来公安部门一直大力倡导并积极开展的警察职业化建设的重要内容。规范化建设的范围非常广，既包括法律规范，也包括管理体制，当然还应当包括执法观念。但是近年来我们一直比较重视外在的硬件建设，而类似执法观念等内在方面的软件建设相对滞后，在目前国内各公安院校的课程设置和在职培训科目中，以执法观念培育为主题的教育或培训并不多见。当然，由于观念属于内在思维的范畴，要研究和把握起来是非常困难的，但与它在实践中发挥着的看不见的重要价值相比，这些困难非常值得克服。正所谓“观念是行动的先导”，观念对行为的作用是如此重要，因此必须大力推进公安院校和在职培训中执法观念相关课程的研发与教学，努力通过教育培训切实提升公安民警的执法观念。❶

第六节　公安人性化执法的形成要素与实践价值研究

在执法规范化建设背景下，公安机关正在探索新的执法模式。“执法为民”法治理念要求公安执法需“以人为本”，执法须人性化，因此诠释人性化执法含义，厘清公安人性化执法形成所需具备的要素，重视人性化执法的实践价值等，对于深入推进公安执法规范化建设兼具理论与实践指导意义。

在国家“依法治国”战略的法治建设进程中，执法是与法制建设同样

❶ 需要说明的是，执法动机不等同于执法观念。作为影响执法效果的内在因素，执法观念本身包含和涉及的构成要素特别多，执法动机只是其中之一。但笔者希望以此开阔研究视野，为将来进一步展开公安执法观念研究抛砖引玉。

重要的环节，它既体现法治对法律机制良性运转的要求，也是衡量法治中“人”的因素的重要指标。再好的法律，如果无法执行成为现实，终将毫无意义。公安机关作为与社会联系最为密切的执法部门，尤其要关注执法效果，特别在“执法为民”社会主义法治理念以及执法规范化建设的要求下，始终以“人”作为执法目的，积极践行人性化执法。公安人性化执法，是指公安执法人员自觉地运用法律规范调整有关国家安全和社会治安秩序的社会关系的能动过程，在执法过程中严格按照法律法规的有关规定，将人本思想、服务精神与管理职能有机结合起来，在充分尊重执法相对人合法权益和人格尊严的前提下，以正当程序为保障进行的理性、平和、文明、规范的执法活动。[1]

一、公安人性化执法形成的基本要素

（一）人本化：公安人性化执法的价值基础

改革开放以来，公民的主体意识和权利意识发展迅猛，人不再作为工具而是以目的被重新定位认识，“以人为本”理念逐渐普及并写入国家法律之中，这种理念体现在政府公共管理过程中，就是要求牢固树立“人本化”的宗旨。胡锦涛同志曾对“以人为本”作出诠释：“坚持以人为本，就是要以实现人的全面发展为目标，从人民的根本利益出发谋发展，促发展，不断满足人民日益增长的物质文化需要，切实保障人民群众的政治、经济和文化权益，让发展的成果惠及全体人民。”[2]

公安机关作为与百姓联系最密切的执法部门，首当其冲要坚持“以人为本”。具体而言：公安执法行为在价值取向上应当坚持“人本化”宗旨。“从群众中来，到群众中去”“全心全意为人民服务”“党的群众路线教育

---

[1] 张军，朱菲菲．论人性化执法的合理定位［J］．广西大学学报（哲学社会科学版），2007（5）．

[2] 中国网．胡锦涛在中央人口资源环境工作座谈会上的讲话全文［EB/OL］．http：//www.china.com.cn/cpc/2011-04/13/content_22350429.htm，2014-04-13/2018-12-04.

实践活动”等，既是我党的一贯工作作风，也是这一价值取向的集中反映。这样能够扭转某些公安民警执法“为管理而管理”、执法迷失方向、执法宗旨不强等错误执法观念。另外，公安执法在队伍内部管理的价值取向上应当坚持“以警为本”原则。警队在内部建设上也要考虑到作为“人”存在的民警的需求，不能一味在工作上简单加压，要通过调动单个执法民警活力的方式来增强公安执法队伍的凝聚力和向心力，以规范的奖罚机制激发和调动公安民警在人性化执法工作中的积极性和创造性，改变过去那种公安执法完全以任务为本，忽视执法民警主体地位的不当倾向。

（二）法治化：公安人性化执法的前提条件

法治是人类社会迄今为止所能发现的最好的，为当今世界各国所普遍采用的社会治理模式，在我国也不例外。法治从根本上排斥“人治”，它要求以规则取代个人主观意志，遵守法律是法治社会下一切行为主体必须遵循的行为准则。可见，公安执法必须严格按照法律行事，这是法治对公安执法的基本要求。同时，法治不等于法制，法制健全只是法治的前提，法治是一个实现法制的动态过程，它不仅要求法制是“良法”，也要求执法能以能动的方式实现法治的精神。客观而言，任何法律都是有缺陷的，它可能受到时空条件等多重因素的制约，如立法者的价值观、立法技术、立法中的利益衡量、社会变迁等因素，都会影响到立法质量，因此立法中的人本化价值追求很多时候更像是一个理想，很难在短期内产生实质性的效果。为弥补立法的不足，执法中导入人性化元素是存在广泛发挥空间的可行办法。“如果允许执行法律的人不把对特殊性的关注当作首要的或唯一的目的，法治就会走向死亡。”❶ 当执法所依据的法律既定但存在某种缺陷、不明确等情况时，公安人性化执法可以在某种程度上使相对人的对立情绪得到缓解，能够促进执法民警与相对人之间的理解与通融，使不完美的法律得以顺利实施。

（三）服务化：公安人性化执法的基本要求

强调服务化是由公安执法的公共属性所决定的。公安机关是治安管

---

❶ 郑成良．论法治理念与法律思维［J］．吉林大学社会科学学报，2000（4）：8.

理部门和刑事司法力量，执法当然要以维护公共秩序为主，但它同时作为政府的“窗口”处于社会的最前线，又必然肩负着抢险救灾、扶危济困和便民服务的责任。因此从根本上讲，公安执法的本质就是为社会提供公共服务。近年来，在转变执政方式战略下，公安机关着力进行了以服务社会为中心的各项警务改革，尤其是“立警为公，执法为民”指导思想的确立，充分体现了我国公安工作正在从“管理控制型”向“执法服务型”转变。例如，目前很多地方公安机关已将“110、119、122”三台合一，目的就是要实现接警快、调度快、处警快，指挥调度环节少、层次少，信息灵敏、集中、共享，这样能大大方便群众危急时的报警求助。

（四）社会化：公安人性化执法的社会条件

在我国的宪政体制构架下，任何权力都是有限的。同时社会发展有其自身规律，许多社会事务适合由其自身调整，并不适合纳入政府的权力控制范围，“精简放权”是未来国家社会事务管理的发展方向。对公安机关而言，执法的社会化主要包含两层含义：一是随着社区建设和社会自治能力的增强，公安执法中有关治安防范和控制的基础性工作及部分权力要回归社会，特别是社区。二是在维护社会治安秩序和预防控制犯罪过程中，要实行公安人性化执法与社会公众的合作互动。可见在新形势下，公安执法既要保持群众路线，坚持为百姓利益着想的人性化执法，又要根植于社会化发展带来的变化。需要强调的是，虽然未来复杂的社会形势要求公安执法日趋职业化、专业化，但它与公安执法人性化并不矛盾，而是相辅相成的。从根本上看，一切违法犯罪问题都是各种社会矛盾的综合反映，他们都发生于特定的社会之中，一切违法犯罪分子都必然生活、隐藏于社会之中，在公安职权和力量有限的情况下，建立社会化的公安执法模式，实际上就是一种警民“合作警务”“互动警务”，即通常所说的社区治安综合治理模式。在这种模式下，警务工作要由“依赖权威”到“依赖社区”转化；要坚持警民关系一体化，宣传教育经常化，群众组织社会化，警务对策前置化；要合理配置警力，规范警务工作，理顺勤务管理。[1] 该模式的核心内容就是“以人为本”的公安人性化执法模式。

二、公安人性化执法的实践价值

随着我国法制不断健全，社会主义法治理念和法治观念逐步深入人心，从公安部到基层公安机关都在强调执法规范化建设，实践中，推进公安人性化执法既体现了执法规范化的价值要求，又具有突出的现实意义。

（一）化解各种公安执法障碍

当前，我国正处于社会转型期，贫富差距悬殊、就业难、低收入群体生活保障、土地征用矛盾尖锐、各种群体性事件频发，等等，这一系列社会矛盾的存在，严重影响着社会和谐与稳定。社会问题的革除并非一朝一夕之事，在既有的体制和法律未发生重大变革情况下，我们只能从执法方式入手，用较为温和的方式尽量化解矛盾，使各种问题处于比较稳定的状态，以换取相对平和的环境来配合各项制度的改革。在此背景下，公安民警人性化执法就应当是一种理解和疏导，尤其注重情感因素和心理因素的作用，根据不同情况、对待不同对象采取不同的执法方法，以对方能够接受的态度和方式最大限度地挖掘每个执法对象的正能量。从技术上看，人性化执法中遵循正当程序原则、比例原则等法治行政原则，能够很好地实现上述目的。如正当程序原则要求执法程序公开、公平、公正，这是群众面对公安执法最基本的心理需求。在案件不涉秘的情况下，公开的执法程序能够让百姓看得到案件是怎样处理的，进而相信处理结果是公平的，即便最后的处理结果对其不利，但正当的程序早已化解其对立情绪，让执行程序也变得轻松起来。又如比例原则，如果公安执法一定要对相对人利益造成损害，那么执法民警务必要在法律允许的范围内，穷尽各种办法，采取一种对相对人利益伤害最小的方式来执法，这样的过程要尽可能让对方参与，在听取对方意见并充分协商的基础上作出裁决。这种体现参与精神

[1] 韩诚刚．我国社区警务建设研究［D］．大连：大连理工大学，2005.

的执法过程本身就是“以人为本”的最大体现，自然是富含人性的，也能很好地缓和执法矛盾，从而化解各种执法障碍。当然，这里需要强调的是，公安人性化执法并不等于“个性化执法”“人情化执法”，其根本仍然是“依法执法”，这是最基本的人性化执法前提。

（二）提高公安民警执法能力和法律素养

“法律工具主义”是人治思想遗留的典型代表，这种观念下的法律是工具，执法者在执法时，可能表现出两种极端倾向：一种是沦为法律执行工具。此时执法者认为依法行政就是严格按照法律规定的内容，一板一眼地执行法律条文，不掺杂任何情感因素，只要法律有规定，就可以依据法律赋予的强制力推行法律，强迫相对人接受法律，不惜以强暴的手段执法。另一种是认为可以根据个人主观意愿或利益需要，将法律作为执法工具，灵活运用法律，只要法律规定于己有利就严格依法办事，如果法律束缚了自己就采取拖延、推诿甚至公然违法的方式排斥执行法律。上述两种极端表现都暴露出执法者没有形成正确的法律观，对法律认识浅显，没有正确认识到法律的本质，法律素养低下，导致执法能力差，要么机械执法、冷酷执法，要么圆滑执法、执法违法。公安人性化执法是比严格执法更高层次的执法要求，它是建立在公安民警对法律本质有深刻认识的基础上，意识到法律是为了保护权利并通过实现秩序的方式实现社会调控的一种手段，因此必须将“人本化”作为执法的出发点和归宿。人性化执法对公安民警的法律素养提出更高要求，它不仅要求破除法律工具主义残余，更要在执法中通过修正执法态度、执法手段等方式能动地实现立法目的，让法律真正“活”起来。因此，公安人性化执法内涵丰富，能够从更深层次上提高民警法律素养与执法能力。

（三）构建良好的公安执法文化

人性化执法，顾名思义就是以“人的本性”为基础提出的，它从人的情感、需要、发展等方面考虑，把人的要素放在中心地位，尊重每个人的价值和尊严。之所以要倡导公安人性化执法，就是促使公安机关摆正自己的位置，让每一位执法民警必须尊重执法对象，希望以此获得执法对象对公安工作的理解和支持。这样做的最大益处在于改变过去公安机关那种“重管理轻保护”的观念，扭转公安机关与部分民众之间长期以来存在的误解甚至是对立局面。按照党中央的部署，面向未来的中国社会应当是和谐的、科学发展的，是在先进文化指引下才能实现的。公安机关必须与时俱进，回归到围绕“执法为民”的法治理念上来，通过一个又一个的人性化执法，让群众感到安全、舒心、满意，形成公安良好的执法文化，从而凝聚、整合社会各方面的积极力量，为推进社会整体协调发展贡献力量。

第二章　警察教育研究

第一节　警察院校人权法教学探索与实践研究

人权法教学在传授人权知识、人权保护技能以及人权保障理念等方面具有独特功能。警察作为重要的执法力量，肩负着人权保护的重要使命，接受必要的人权教育是警察执法规范化建设、“法治公安”建设工程的基础环节。当前我国的警察院校，人权法教学相对滞后，且存在观念误差、师资薄弱、实践性教学不足以及教材缺乏针对性等问题，这需要通过持续不断的人权教育，特别是营造构建适合人权法教学生存发展的政策环境、革新教学方法、培养高素质师资力量等方面的努力才能改善。警察院校需要人权法课程，为之开展的教学探索与实践之路虽荆棘坎坷，但意义重大、前途光明。

一、警察法治化视野下的人权教育与人权法教学

（一）人权教育与人权法教学

人权是“人之为人所应当拥有的权利”，是预设出的一种确认每个人类成员都生而平等、生来就享有尊严的综合性的价值体系。人权教育，是指以尊重人权精神的修养为目标而进行的教育活动，它是个人实现自我价值、个性发展的重要基础，是国际社会和各国为了人类更有尊严的生存而提出的发展战略。人权教育的途径主要分为两类：一类是“非正式教育”；另一类是“正式教育”。所谓“非正式教育”，是指在国家正式的教育体

制外，通过媒体、社区、非政府组织等对民众所进行的人权知识、人权理念等内容的宣传普及活动。“正式教育”是指在国家的所有学校层级（小学教育、中学教育、大学教育）提供人权教育。一般来说，小学阶段的人权教育是通过体验式发现所进行的自主意识的人格教育；中学阶段则通过渗透式教育培养公民权利意识、社会意识和民主观念；大学人权教育则主要通过开设系统的人权法教学，培养大学生以人为本的人文精神、权利意识、法治观念和人权价值观。❶

当代社会是一个法治社会，人权的保护早已上升到法律层面，是国内法与国际法关注的重要命题。在此背景下，人权法学在许多国家的法律制度或法学研究中已经占有举足轻重的地位，人权法教学也已然或正在世界各国得到普及。例如，我国的人权教育早已开展并已融入各级各类学校的教学之中，尽管中小学阶段的人权教育并不以“人权”字样出现、具有无意识性，但各种形式的公民教育、爱国主义教育、人身安全教育、法律基础教育等无不是人权教育的各种外延形式。而高校的人权教育主要以《法律基础》《宪法学》《法理学》等法律通识课程或专门的人权法课程形式进行，是我国当今人权教育的主阵地。特别是人权法课程因其对人权知识、人权理念和人权研究方面的专业性，更是在国家人权法学专业人才培养和人权事业建设等领域发挥着无可取代的作用。

（二）人权教育与人权法教学的国际经验

鉴于“人权”概念本身具有复杂性，在不同国家中，人权教育是以“人权教育”“公民教育”“民众教育”“市民教育”等形式存在，故人权法教学亦呈现出不同的称谓与形式。

在美国，人权法教学比较发达，人权教育贯穿幼儿园到大学教育的各个时期。美国的人权教育以法治为基石，以公民教育为主要形式，通过各种社会学科的教学予以实施。考虑到不同年龄段的群体对人权知识的理解与吸收有所差异，不同社会群体对人权问题的关注也不相同，因此，美国

❶ 曾文澜．警察职业院校开设人权法课程的思考［D］．成都：四川师范大学，2010.

人权教育所设置的议题也比较多样化。例如，在中小学人权教育中，主要突出历史教育、权利和义务教育、价值观教育、和平教育、道德教育、多元文化教育和爱国主义教育等，而高校人权教育内容则侧重从传播和创造知识的角度，更加突出法治教育、全球教育、人权思想与问题讨论、国际人权保障与合作等。除此之外，大学和研究机构展开的人权理论研究和教育的对象是国际、国内人权立法、执法和司法，借助这种研究和教育的展开，确立以制度维护人权的观念，推进以制度保障、救济人权的社会规划实施。❶

法国是世界上最早实施公民教育的国家，法国人以《人权宣言》最引以为自豪，成为现代公民教育的首创国。在法国，人权教育是由国家直接干预的，具有政治教育的性质。法国教育部统管全国的公民教育事业，制定统一标准，设置课程年限、大纲，规定教材甚至参考资料，任何人不得更改。各地教育行政部门设立专门机构或指定专人负责学校公民教育，规定由班主任担任公民学的教学。法国公民教育管理上的组织化程度之高是首屈一指的，同时，它的人权教育在其公民教育体系中的地位是至高无上的。法国的公民教育内容可以表述为三大要点：民主国家的基本价值观和法律知识；各国政治制度；法国在世界事务中的地位和作用。其教学目标的中心是把学生培养成为既有社会责任心，又能行使自己的公民权力的理想的社会公民。法国的公民教育与人权教育主要是在课堂和学校活动中进行的，但自 20 世纪 80 年代后，法国也建立了系统的公民教育社会参与机制，一些社会力量得以参与人权教育，学生可以在高校或者社会中通过自主学习与实践获得人权知识方面的认知。❷

英国的人权法教学水平总体上比较发达，以该领域著名的诺丁汉大学为例，该校于 1993 年创建了人权法研究中心，该中心的宗旨是促进人权法的研究与教学，并积极参与人权法的一些实践活动。在教学方面的活动

❶ 海子．美国人权教育的内容与特征［J］．人权，2013（1）：47-49.

❷ 高峰．法国学校公民教育浅析［J］．首都师范大学学报（社会科学版），2005（4）：41.

主要是培养人权法专业的硕士研究生，开设各种人权法课程；举办人权法的短期或长期培训班；定期或不定期安排学生参加有关人权的国际机构及非政府组织的实习，邀请有关国际机构和非政府组织的人员座谈人权法的实践问题等。诺丁汉大学人权法教学相关课程非常丰富，有国际人权法、欧洲人权法、国际人道主义法、国际难民保护法、国际少数民族法、国际刑事司法、刑事司法的哲学基础、非政府组织、比较刑事司法、比较言论自由法、比较反歧视法、英国公民权利等 20 多门课程。在教学方法上，教师授课采用典型的英美教学法：课前学生必须阅读大量的判例和资料，课堂上则以讨论为主，以教师的讲解为辅。教师的作用主要是引导学生进行讨论，并对讨论的要点进行分析和总结。与国内的做法不同，英国的教师并不鼓励学生论证现行法律制度或者某个判决的合理性，而是千方百计地引导学生对其提出批评，发表自己的看法，他们认为这样可以更好地培养学生独立思考、不盲从的能力。❶

为弘扬《世界人权宣言》所倡导的尊重“人格尊严和价值”理念，联合国非常重视人权保护在世界范围内的普及教育。例如，联合国曾专门委托人权事务高级专员办事处（人权委员会前身）编写一部指导各国展开人权教育的书籍：《人权教学入门——中小学校的实践活动》。该书的基本教学理念是：不给本已超负荷的教学课程增加额外负担，而是要把人权内容和要义融汇并分解到现有的具体教学科目中。人权教育的焦点不仅是向外注视外部的问题和事件，而且要向内注视个人价值、态度和行为举止、影响行为并激发起对人权权利与责任的自觉。❷ 在教学方法方面，该书在大量实践经验的基础上提炼出相宜于活动的具体教学法，主要有：（1）集思广益的集体讨论。适合于某种理论和实际问题的解决，鼓励学生在寻找解决问题方案的过程中发挥思想创造力。（2）案例研究。提供实际或虚构的案例，要求学生运用人权理念或原则对案例进行研究。（3）实地考察或社

❶ 王云霞．人权法教学在英国［J］．华东政法学院学报，2001（4）：65-66.

❷ 潘涌．人权教育——奠定现代公民社会的和谐基础［J］．全球教育展望，2012（1）：47.

区访问。把人权教育从校园扩展到社会，到暴露人权问题的地方（如法院、监狱、国际边境等）观摩，也可以到工作人员致力于维护人权或救济受害者的地方（如非营利组织、衣食救济所、免费诊所等）体验。（4）项目研究。教师可以指导学生利用图书馆或互联网进行正式研究，也可以借助个人采访、舆论调查、媒体评论和其他收集资料或信息来做研究；研究过程既可以以个体独立进行，也可以以小组团队形式合作展开。❶

综上所述，人权教育与人权法教学在北欧、北美以及欧洲等国家发展得比较好，但这些国家并没有采用统一的人权教育模式，有的是国家推进，有的是社会进行，均是根据本国的实际国情采取适当的方法有序展开。在教学宗旨上，多以培育公民以法律手段保护基本公民权利为目的；在教学手段上，人权保护意识与人权保护能力并举是基本模式；在教学方法上，呈现出注重“实践性”的共同特征。上述这些国家和国际组织的做法，许多都是非常值得我国人权教育借鉴的有益经验。

（三）我国高校开展人权法教学的基本情况

多年来，我国一直致力于尊重和保障人权，早在2004年，“国家尊重和保障人权”条款就写入《宪法》。在《中国共产党章程》和《中国国民经济和社会发展“十二五”规划纲要》中也能看到保障人权的内容。特别是2009年4月13日和2012年6月11日，我国分别发布《国家人权行动计划（2009—2010年）》和《国家人权行动计划（2012—2015年）》，是专门从人权角度所做的两个国家工作规划。党的十八大报告更明确地提出“人权得到切实尊重和保障”是国家发展的重要目标。所有这些，无不彰显国家在政策层面已经实现“人权主流化”。今后，执政党和政府所做的所有工作，不仅“与人权有关”，更是“为了人权”。❷

就尊重和保障人权的实现途径而言，旨在塑造公民人权观和人权保护

❶ 张雪莲．参与的方法在高校人权教育中的应用［J］．内蒙古师范大学学报（教育科学版），2011（7）：88-89.

❷ 柳华文．十八大报告勾画人权保障新愿景［DB/OL］．http://www.legaldaily.com.cn/index/content/2012-11/19/content_ 3993789.htm?node=33768, 2016-07-10.

能力的人权教育无疑是必需的。高校人权法教学是高等院校为促进人权的尊重、保护和实现而开展的与人权相关的知识、技能、态度和行动有关的教学活动，是人权教育的一种重要形式和组成部分。中国高校的人权法教学大约始于20世纪90年代，在20多年的时间里取得显著进展。目前，中国高校中已有越来越多的个人和机构致力于开展人权法教学活动，已经形成本科生、硕士生和博士生多个层次的人权法课程。❶ 个别高校在研究生层次设立专门的人权教育项目，或者设立人权法的研究方向或专业。❷ 与人权法教学活动的开展密切相关，在过去10年间，至少已有数十种综合性的人权法教材获得出版并得到不同程度的应用。例如，法律出版社的《国际人权法——21世纪法学规划教材》；高等教育出版社的《人权法学》；浙江大学出版社的《人权法导论》；法律出版社的《国际人权法精要（第四版）》。此外，还有一些专门性教材，如用于干部培训的《人权知识干部读本》、适用于国际法专业学生的《国际人权法专论》《国际人权制度导论》、适用于人权法专业研究生课程的《人权法原理》、适用于检察官培训的《检察官与人权保障》等。教学辅助资料也不断涌现，如北京大学出版社的《人权法教学资料选编》、高等教育出版社的《人权案例选编》、法律出版社的《人权指南：国际人权保护机制、标准与中国执行情况汇编手册》等。❸

一些高校研究机构开设的专业网站开始在人权法教学中发挥一定的作用。例如北京大学法学院人权与人道法研究中心网站（http://www.hrol.

---

❶ 需要说明的是，在专门的人权法课程之外，在法理学、国际法学、宪法学、行政法学、刑法学、诉讼法学等传统部门法学的教学活动中，不少教师也会不同程度上涉及与人权或人权法有关的内容，这种教学是否属于“人权法教学”范畴，主要看其是仅仅从法理学或部门法学的角度将有关内容作为各自知识体系的一个组成部分进行讲授，还是从人权法的角度发掘法理学或部门法学中的人权因素，从而在实际上发挥人权法教学的作用。

❷ 据不完全统计，中国目前已有20多所高校和研究院设立专门的人权研究中心或研究所，其中许多机构都拥有人权教育的职能。其实际数量可能远超统计，并正以较快的速度发展。

❸ 李雪菁．法学教育中的人权教学［J］．求实，2014（z1）：243.

org/）、广州大学人权研究中心网站（http://www.humanrights.org.cn/）、南开大学人权研究中心网站（http://humanrights.nankai.edu.cn/）等。这些网站除了载有人权法教学所需要的相关资料外，还包括人权法教学人员、计划和内容等方面的信息。国内外有关单位合作开展了若干旨在促进高校人权法教学的调研、培训和研讨活动。其中比较大的调研活动有2次，一次是由5位中国专家组成的调研小组于2004年8月至2006年6月对31所大学的法学院系的人权法教学情况所做的调研，另一次是由中国和挪威的3位专家于2005年对西部地区的8所大学的法学院的人权法教学情况所做的调研。

从我国高校人权法教学的内容来看，主要可分为知识、技能、态度和行动四个方面。其中知识部分大致分为理论、规范和实施三个方面，是人权法教学的基础层面的内容。技能部分是指运用人权知识从事与人权有关活动的方法和能力，是人权法教学的中级层面的内容。与“认知”层面的人权知识和技能不同，人权态度涉及“社会”或“情感”层面的人权信念、意识和责任，是个人心理和精神的体现，对于个人与人权的有关行为具有直接和根本的影响，因此是高校人权法教学的最高层面的内容。人权行动旨在鼓励采取保护和促进人权以及防止侵犯人权的行动，从人权法教学的角度而言，主要是对人权教育过程中的教育内容和方法上，应当以“实践性”作为突出要求，强调以行动加深对所学理论的认知。不同高校在不同阶段和不同程度上，均是以这四部分内容开展人权法教学。

从教学方法角度看，当前人权法教学还未被广泛纳入中国高校的教学体系，教育主管部门也没有任何统一、具体和明确的要求。从一些已经开展教学活动的高校看，学校管理部门多是从行政管理的角度对人权法课程的设置以及相关教学计划的指定和实施提出若干一般性形式要求。因此，人权法课程目前在设置、教学内容安排、教学材料选择和具体讲课方法采用方面，教师本人拥有很大的自由空间。例如，现在比较多的被采用的具体授课方式有讲授、问答、讨论、案例分析、社会调查、社会实践、法律诊所、专题报告、小组学习、课题研究等。可见，从目前来看，人权法教学方法更容易受到教师本人的态度、能力、经验、习惯乃至性情的影响，因而具有强烈的自发性、分散性和随机性。

（四）警察人权教育与人权法教学的现实意义

虽然普通高校中的人权法教学与科研活动进行得如火如荼，但是警察的人权教育仍未受到学界的充分重视，在实践中仍存在很大的完善空间和改良余地。例如，以“警察人权教育”为关键词，从现有研究成果梳理可知，学界对这一问题的关注和讨论并不多见，且基本上停留在两个方面：一是公安人权教育的重要性；二是公安人权教育的教学内容。除此之外，对于我国公安人权教育的基本问题，如发展现状、存在问题以及完善路径均缺乏相应研究。一方面，国家高度重视人权教育，“国家尊重和保障人权”写进《宪法》；出台《国家人权行动计划》；“法治公安”被定位为未来公安发展战略。另一方面，则是人权教育科研与教学在实践中遇冷，学科地位偏低、开展人权教育的大学偏少、人权教育研究成果难于发表等问题。这样的矛盾关系充分说明当前的警察人权法教学是严重落后于政策要求、法律实践以及执法需求的。为此，警察人权教育、特别是警察院校人权法教学中的一些基础性问题亟须得到梳理。

警察院校作为培养后备警察人才的特殊高校，培养具备人权保护观念与人权保护技能的高素质执法人才是其使命所在。而在众多可能侵犯人权的国家权力中，警察权无疑是最具强制力的，警察权若是不当行使会成为侵犯人权的最大威胁。因此，警察院校中的学员更应当全面、系统、深入地学习、掌握好人权法相关知识，以利于在精准依法打击违法犯罪行为时，真正担负起保障人权的法治使命。毫不过分地说，“依法治国”“法治政府”“法治公安”等战略目标的实现，警察人权教育与警察院校的人权法教学系于一担。具体表现在以下三点。

1. 警察人权教育是“法治公安”建设的基础要素

“法治”是相对于“人治”而言的概念，其历史进步性在于尊重人的权利，强调以法律规则规范权力、以达到保护权利的目的。一般认为，在法治国家中，法治的核心要件包括：健全的法律体系；尊重、保障和实现人权；法律至上与司法权威；国家权力的有限性，等等，而这些要素均是围绕着一个核心目标，即人权保护展开的。可以说，法治国家的核心目的在于尊重和保护人权。2015 年，公安部印发《关于贯彻党的十八届四中全会精神　深化执法规范化建设　全面建设法治公安的决定》，决定将“法治公安”确定为未来公安队伍建设的战略目标。“法治公安”是公安机关在“法治国家”“法治政府”的大环境下，为适应新时期、新形势下社会管理新常态的需求而主动出击、应对社会变化的战略决策，是未来公安发展的指导原则和基本立场。“法治公安”的核心是“法治”，即要求公安机关的一切活动，尤其是执法活动要以法治为标准、以尊重和保护人权为目标，在打击违法犯罪行为的同时，以法治的思维指导建章立制、规范执法行为、完善执法监督等一系列公安执法活动。

“法治公安”建设是一项系统工程，而观念认同是一切工作得以顺利开展的前提。也就是说，“法治公安”要推进，首先要最大限度地获得领导和广大民警的观念认同。这种认同不可能在一朝一夕得以实现，而必须经过长期的教育、训练，在反复的理论学习和实践经验总结中强化权利意识和法治思维。警察人权教育的核心在于塑造民警的人权观、培养其权利保护意识、权力有限意识以及正当程序意识，这些都是“法治公安”建设需要达成的基本目标。警察人权教育是“法治公安”建设获得观念认同的基础性工作，是不显山不露水但不可或缺的幕后工程。若是警察群体不能很好地接受人权教育，则其观念中不可能种下人权保护的种子，便不可能在日后的执法中发自内心地尊重权利、认真对待群众合法诉求，更不会自发约束执法中的自由裁量权，重蹈那些滥用权力之覆辙。从这个意义上说，警察人权教育是开展“法治公安”建设不可或缺的基础要素。

2. 警察院校人权法教学是塑造民警法治思维的关键环节

警察院校是当前国内警察人权教育的主阵地，它通过学历教育和在职培训的形式，承担着预备警官和在职干警的人权保护观念塑造、法治意识培养以及权利保护技能与执法能力提升等教育职能。“法治思维”是指将法治的诸种要求运用于认识、分析、处理问题的思维方式，是一种以法律规范为基准的逻辑化的理性思考方式。如前文所述，警察院校人权法教学的目标在于塑造学员的人权观、培养其法治意识、权力有限意识以及正当程序意识，这些均是“法治思维”的基本内涵，也就是说，人权法教学对塑造公安民警的法治思维有着独特功能。

（1）法治思维是在法律思维基础上的思考判断，它始终贯穿着以人为本或者人权的基本价值标准。一般而言，法律思维往往更侧重于一种职业化的思维方式，为法律职业者所掌握运用。警察作为执法者，是广义上的法律职业者，职业属性要求警察必须熟练掌握与执法相关的法律知识，具备与职业相适应的法律素养，这是通过专业的法学教育或法律培训可以获得的。但是，法律思维是一种近乎“机械式”的思维逻辑，并不包含价值判断因素，在法律出现真空或“恶法”情况下，其缺陷便容易凸显出来，也就是通常人们所说的“不近人情”。而饱含人本主义关怀的法治思维更强调的是一种治国理政的思维，它与人治思维、特权思维相对立，是较法律思维更高层的思维方式。换句话说，警察掌握法律条文并不难，但难在理解法律的本质（权利保护），人权法的学习可以帮助民警形成这种法治化的思维能力。

（2）人权法教学能够在法治的不同层次上塑造公安民警的法治思维。法治思维是一个精神文化的范畴，它至少可以表现为两个层面的形态：一是法治意识和观念的层面，这是最基本的层面，即全社会成员都应当具备相应的法治意识，才能形成法治国家和法治社会的观念基础。对于普通公民而言，既要有权利意识，又要有自觉遵守法律义务的观念；对于执法者而言，既要有权利保护意识，也要具备法治的权力观，以及带头守法、维护宪法与法律的权威的职责意识。二是法治的价值与态度层面，表现在人们内心和态度上对法治的内在认同和尊崇，直至法治内化为人们的日常生活方式，这是法治思维的最高层面。警察院校的人权法教学，既讲述公民的基本权利和义务，也突出强调作为执法者的警察的法定权限与法定职责。通过教学，学员能够在普通公民和人民警察两个层面上收获权利意识与权责意识，恰好满足了法治思维第一层面的要求。而通过人权法教学，塑造学员对法治的认同和尊崇，使其在潜移默化中接受法治，形成法治的生活与工作习惯，正是警察院校开设人权法教学的初衷。综上所述，人权法教学的品格与法治高度暗合，欲达成人民警察法治思维的养成与塑造，人权法教学不失为一种选择。

3. 警察院校人权法教学是公安执法规范化建设破题的利器

公安执法规范化建设是多年来公安机关常抓不懈的一项工作，但无奈的是，虽然一再地强压狠抓，但现实中不规范的执法现象屡禁不止，严重败坏了公安机关的形象，影响了警民关系。如少数民警在查处治安案件时，不愿耐心进行思想教育工作，动辄使用强制手段传唤；少数民警存在滥用警械警具，对嫌疑人进行体罚虐待、暴力殴打等现象；一些基层公安机关动用刑警采取跟踪盯梢手段处置卖淫嫖娼等治安案件，随意将涉案人员带至公安机关审查；更严重的是，有些地方由于执法不规范造成公民非正常死亡。2016 年 9 月，中共中央办公厅、国务院办公厅印发《关于深化公安执法规范化建设的意见》，以更高层级的文件形式明确公安执法规范化建设在公安工作中具有全局性、基础性地位。值得令人关注的是，在提升执法主体依法履职能力方面，文件特别强调“强化法治思维养成教育，加强对领导干部尊法学法守法用法和依法决策情况的考核监督”。如同“法治公安”一样，公安执法规范化建设也是一项系统工程，从硬件到软件均需要与法治要求相配套。而作为观念层面上的法治思维养成教育被提升到新的高度，说明事关公安执法规范化建设最基础、最本源的环节终于被高层发掘并提上日程。如同前文所提到的那样，警察院校人权法教学旨在塑造学员的权利意识、权责意识和法治思维，虽然这需要相当长的时间去实现，且由于见效慢、难以量化评价，许多领导干部不愿意投入人力物力财力去做这项工作，最终使得执法规范化建设陷入周而复始的“头痛医头脚痛医脚”的恶性循环中。要想实现中央文件精神，寻求公安执法规范化建设的全新突破，必须重视警察法治思维的养成，回归警察院校，从人权法教学开始，扎扎实实地从“权利”“权力”“法治”等基础概念做起。

二、当前我国警察院校人权法教学现状与困境

（一）目前国内警察院校人权法教学现状

1. 警察院校开展人权法教学的法律依据

当前，国家机关工作人员进行人权教育与培训的主要法律依据是《中

华人民共和国公务员法》以及其相应的下位法《公务员培训规定（试行）》。而公安民警进行教育、培训，除了依据上述法律法规外，还主要依据《中华人民共和国人民警察法》和《公安机关人民警察训练条令》。《中华人民共和国人民警察法》第29条规定："国家发展人民警察教育事业，对人民警察有计划地进行政治思想、法制、警察业务等教育培训。"而《公安机关人民警察训练条令》对这一规定进行细化，将人民警察培训（也称训练）分为入警训练、晋升训练、专业训练和发展训练四类，并对每一类训练的时间长度和训练内容作了相应规定。虽然法律并未明确要求将人权知识纳入公安培训内容，但由于人权保障是警察执法的重要目标，人权理论当然是执法公安民警的必要知识储备，应当成为培训的重要内容，这也符合《国家人权行动计划（2012—2015年）》中"将人权教育纳入公务员培训计划"的基本目标。

2. 警察人权法教学的基本途径

当前，我国的警察教育培训实行的是学历教育与职业教育相结合的模式，因而学历教育和在职培训成为警察人权法教学的两种基本路径。

（1）学历教育。

当前，除了公安部直属五所院校外，[1] 各省还设立有举办普通高等教育的警察学院，主要分为四年制大学本科和三年制大学专科两个教育层次。接受过警察院校学历教育的毕业生绝大部分均会通过招警考试进入公安岗位。根据《关于全面深化公安改革若干重大问题的框架意见》提出的"进一步改革人民警察招录培养制度，加大警察院校毕业生入警比例"，"确保警察院校毕业生成为公安队伍中补充警力的主要渠道"的有关要求，2015年我国人力资源和社会保障部等六部门下发《关于警察院校公安专业人才招录培养制度改革的意见》，进一步明确警察院校的办学定位，这一改革将进一步提高警察院校毕业生的入警比例。由于警察院校学历教育所针对的群体实际上是"预备警官"和"预备警察"，他们正处于世界观、

[1] 分别为中国人民公安大学、中国刑事警察学院、中国人民武装警察部队学院、铁道警察学院和公安海警学院。

人生观和价值观的形成甚至是定型的时期，可塑性很强，因此该阶段的人权法教学在警察人权教育体系中愈加重要。❶

对普通高校而言，人权法相关课程的开设已较为普遍，如中国人民大学的《人权法学》、北京大学的《人权与法治》、中国政法大学的《国际人权法》等。但对警察院校来说，已经或打算开设人权法相关课程的院校屈指可数，据笔者了解，目前国内仅有中国人民公安大学、北京警察学院、湖南警察学院和广西警察学院等少数警察院校开设有人权法相关课程，而其他警察院校的学生则基本上只能通过《法律基础》《法理学》《宪法学》《诉讼法学》等课程学习人权保护的相关知识和理念。从已经开课的高校来看，他们通常更注重与执法直接相关的法学课程（如《刑法》《刑事诉讼法》等），以及公安学专业课程（如《治安学》《侦查学》《禁毒概论》等），而人权法课程很难得到足够重视。

（2）在职培训。

根据《中华人民共和国人民警察法》第 28 条的规定，担任人民警察领导职务的人员，应当经人民警察院校培训、考试合格。《公安机关人民警察训练条令》规定公安民警在入警、职务晋升和警衔晋升时需要依法接受相应训练且训练合格。同时还需要进行日常的专业训练与发展训练。专业训练是警种、部门根据人民警察岗位职责要求进行的训练，要求每年至少参加一次专业训练，3 年累计不少于 30 天。而发展训练着眼公安工作长远发展和人民警察健康成长组织的训练，时间、内容根据实际需要，并无明确限制。

在公安训练实践中，公安民警基本上都是通过学习思想政治、法学以及职业伦理等相关课程接受人权教育。比如，通过入警训练中理想信念教育、警察职业养成教育，塑造人民警察尊重人权的价值观和基本职业素养，通过职务和警衔晋升训练中的党性党风教育、公安法制与执法训练，提高执法中的人权意识和人权保障水平。但由于法律法规中并没有明确要

❶ 朱力宇，于之伦．论我国高校开展人权理论研究与教育的几个问题［J］．思想理论教育导刊，2011（1）：50.

求在训练中学习人权课程，因而系统化、有意识地接受人权教育的情况并不普遍。能否在训练中开设并学习人权课程，很大程度上取决于训练机构的课程安排与公安机关负责人的重视程度，具有随机性。从培训机构来看，根据《公安机关人民警察训练条令》第26条的规定，[1] 警察院校承担了对公安民警进行在职训练的主要任务，其中的法律教学部门是人权法教学的主要承担者。然而，由于当前大部分警察院校尚未将人权法教学列入教学日程，当前公安在职培训能够接触到的人权理论知识仍停留在《宪法》《刑事诉讼法》等相关法律课程，人权教育和人权法教学仍处于萌芽阶段和较低水平。

3. 警察院校人权法教学与科研概况

（1）在人权法教学方面，虽然已经开展严格意义上的《人权法》课程的警察院校尚是少数，但绝大部分警察院校仍通过不同方式进行着不同层次的人权教育。例如，教育部把《法律基础》确定为所有普通高校大学生的必修课，警察院校也遵循这一要求。《法律基础》的学习对于培养学生的法治意识与人权理念具有十分重要的意义。同时，警察院校都会把《宪法学》《法理学》以及《刑事诉讼法学》作为学生（无论是法学专业还是非法学专业）的必修课程，这三门法律课程涉及大量的人权内容，是当前多数警察院校对学生进行人权教育的主要阵地。对公安民警的在职培训而言，法律课程也是必不可少的。公安部多年来均十分重视执法教育培训，要求广大民警既认真学法、知法懂法，又严格执法、善于用法，不断增强法律素养、提高执法能力，近年来更是提出建设“法治公安”的目标和要求，提升执法能力、规范执法行为成为培训教学的重点。“法治公安”的基本内涵是权利保护法治化，而人权法教学是将权利保护与法治精神相结合的最好方式，无疑对公安执法规范化、法治化大有裨益。此外，在教学所使用的教材方面，由于警察院校人权法教学实践的滞后，无法激发出适

---

[1] 《公安机关人民警察训练条令》第26条规定：“根据省级以上公安机关应当建立或者依托警察院校设立训练基地，设区的市级公安机关和具备条件的县级公安机关应当建立训练基地。”

应性、针对性更强的公安人权法课程教材出版面世，所以当前各警察院校人权法教学或培训使用的教材基本都是普通高校相关课程使用的教材，未能满足公安教育的专业化需求，不可谓不是一大遗憾。

（2）在人权法学研究方面，虽然警察院校中的相关研究整体仍显落后，但其发展速度较快。如以国内警察院校之翘楚的中国人民公安大学为例，自1995年至今，该校教师公开发表的以“人权”为主题的学术论文共316篇。其中，1995~2000年，该校每年只有1篇相关主题学术论文公开发表，2001年增至9篇，2005年以后，基本维持在每年20篇左右，2010年和2013年甚至突破了30篇。尽管文章数量并不能完全代表科研水平，但这一数字的变化表明，人权问题越来越多地受到学者们的关注。从科研课题（人权相关）来看，据不完全统计，2005~2015年，中国人民公安大学教师（以法学院为主）承担的不同层级的涉及人权科研项目共计13项，其中国家级立项2项，省部级立项5项，校级科研项目6项。项目涉及的人权研究领域包括警察执法与人权、反恐与人权保障、警察权（如盘查权）限制与人权保障、被害人权利、精神病人权利、妇女儿童权利（打击拐卖妇女儿童行为）以及公民表达权。由此可以看出，警察院校承担的人权课题带有明显的行业性特点，主要是涉及警察权运行相关的人权保护领域的研究。

4. 警察院校人权法教学师资队伍现状

警察院校是警察教育的主要承担者，警察人权法教学的师资主要来源于警察院校，特别是法学院系的法学教师。部分警察院校的法学院（系）已形成相对高水平、高学历、学科配置相对齐全的师资队伍。仍以中国人民公安大学为例，截至2016年，其法学院共有教职工76名，其中教授16名、副教授31名，讲师29名，研究生以上学历占在编教师总数的85%以上。特别是近年来，很多著名大学法学院如北京大学法学院、中国人民大学法学院以及中国政法大学的博士充实到中国人民公安大学师资队伍中来。但是，绝大多数地方警察院校法律院（系）的教师人数则相对较少，师资相对要弱。可以说，警察院校师资距离一些优秀的普通高等法学院校仍然存在不小的差距。在师资培训方面，公安部人事训练局作为公安教育师资的主管单位，定期举办全国警察院校师资培训班，是警察院校师资队伍建设的重要渠道。除了官方的重视和支持，民间科研机构也积极参与到公安人权教育师资的培训中来。例如，广西警察学院与瑞典罗尔瓦伦堡人权与人道法研究所于2014年合作发起的“警察院校人权法师资培训”项目，该项目为期3年，旨在增强警察院校教师人权教育与人权法教学的能力，从而增强西部地区警察依法行使其人权保护职能的能力。项目采用“培训培训者”的模式，专门为广西警察学院校内志愿从事人权法教学的教师提供专业理论知识、学科前沿动态以及实践执法操作等全方位的人权保护理论与实践方面的培训。

（二）当前警察院校人权法教学实践面临的困境

1. 谈“人权”色变之大环境仍未根本转变

此处所指的“大环境”，既包括国家政策层面的政策环境，也包括社会层面的社会环境，还包括意识形态层面的观念环境。由于“冷战”思维和计划经济遗留思想等原因，“人权问题”在国内被赋予了过多的政治标签，被认为是涉及意识形态领域的所谓“敏感问题”，而其关注权利保护的法律属性被弱化甚至忽视，这种思维领域的历史惯性影响是深刻的，直至今日仍广泛影响着人们、特别是领导干部群体的思想。具体到警察院校，作为一门学科，人权法教学首先需要一个相对宽松、自由的教学环境，学校政策方面的支持无疑是学科正常、健康发展的必要条件。然而在多数警察院校中，部分领导疏于理论学习，在思维和管理方式上不能真正做到与时俱进，尽管法律早已明确了“人权保障”的宪法地位，中央会议也多次强调人权教育的重要性，但在他们的观念中，“人权”仍然是西方国家渗透甚至颠覆我国政权的暗器，仍未能充分认识到“权利时代”是社会发展不可遏制的潮流，“人权保护”必将成为引领社会以及行业发展的观念指引。此外，由于公安人才培养强调纪律性和技术性，“权力神秘主义”在部分人头脑中仍占有一定市场，他们天然地认为讲人权就是反权力、反权威，甚至是反党反政府，呈现出极强的“法治愚昧主义”的状态。可以说，在警察院校中，“人权”远未获得应有的重视和广泛的认同，谈“人权”色变之教学环境仍未得到根本转变。这种观念层面的误读反映到警察院校课程设置上，部分领导害怕承担所谓“责任”而否决人权法课程的开设申请，或对已经开设的课程进行所谓的“严格控制”，使得警察院校人权法课程从设置到运作步履维艰。长此以往，这种环境压力造成的影响传导到任课教师，致使他们滋生这样一种认识：人权法原本就属于法科中的冷门，加之学校不重视、同事不理解不支持，从事相关的教学科研难有前途，于是便不愿在课程教学与科研中投入时间、精力，最终进一步恶化了人权法课程在警察院校中的生存境地。

2. 存在简单复制普通高校教学模式的风险

警察院校有着与普通高校不同的人才培养任务和目标，除了专业知识的学习外，培养学生的组织性和纪律性，是公安队伍建设的基本要求。与普通高校毕业生不同，警察院校的毕业生就业途径更为单一，正是这种单一性促使公安院校必须专注于培养专业化、职业化的现代警务人才。再加上警察职业本质上是一个执行法律的职业，熟练掌握法律操作技能、实战能力强是警察院校人才培养须强调的特色所在，这样的培养目标势必需要教学手段与方法较普通高校更加务实，更加侧重学员实务操作能力的培养(相对弱化研究型人才培养)。但从教学实践来看，由于国内警察院校开设人权法课程的学校较少，加上课程开设时间普遍不长，各院校缺乏相关教学经验，也不存在国内统一的教学大纲、教学模式或示范性教学方法。再加上人权法相关授课教师大多毕业于各个大学法学院，接受的是传统的法学教育，习惯以法律人的思维从事法律教学与科研，缺乏公安学知识背景和教学经验。或是长期从事理论教学、“从学校到学校”，缺乏一线公安实战经验，并不熟悉公安实践案例和公安行业发展规律，因此在国内许多警察院校中，人权法课程的教学模式基本是沿袭甚至是照搬照抄普通高校相关课程的教学模式，从人才培养目标到教学手段方法均未体现出警务人才培养的特殊规律与特殊需要。特别是近年来，公安基层部门普遍反映公安院校毕业生实践能力不强，更是从侧面反映出警察院校在教学环节出现明显的“从理论到理论”的问题，没有及时、能动回应社会实践对公安人才培养的需求，未能采用针对性更强的教学手段对预备警官进行教学，上述那种简单复制普通高校教学模式的风险，必须引起重视。

3. 缺乏警务人才培养特色的人权法课程教材

当前，普通高校的人权法课程可供选择使用的相关教材还是很多的，如李步云主编的《人权法学》、徐显明主编的《人权法原理》、白桂梅主编的《人权法学》等。这些教材立足于普通高校本科生或研究生法学专业人才培养目标所编写，内容系统、全面，侧重于学科理论知识的教学，重在培养法学专业实务或研究型人才。除此以外，一批针对特定群体的人权读本也发挥着人权教育的功能，如中国人权研究会组织编写了针对公民、法官、监狱人民警察、行政执法人员、妇女和未成年人六类群体的《人权知识读本丛书》六卷本。[1] 这些都为公安人权法课程教学提供了重要参考。然而，警务人才的培养有着与法学人才培养不同的定位、目标、方式、功能与要求，因此对于教材的需求自然不同于普通高校法学专业的教学需求。截至目前，全国范围内尚未出版一部专门面向警察院校警务人才培养的体现公安特色的人权法课程专门教材。警察院校之所以需要专门的人权教材，是由警察群体与一般民众接受人权教育目标的异质性决定的。应当说，对公民或在校学生进行人权教育，目标是“守护你的权利”，而对公安民警进行人权教育，则是以“不侵犯他人权利”以至“保护他人权利”作为目标。因此，专业化教材的编写对于警察人权教育至关重要。虽然公安部一直重视公安高等教育教材的编写工作，先后于2000年组织统一编写31种“人民警察高等教育教材”、2004年组织统一编写15种“普通高等教育‘十五’国家级规划教材”，2012年新一轮公安专业规划教材已启动，确定了58种训练大纲、120种统编教材，基本上已经覆盖法学和公安学的所有学科，但是否包括编写警察高等教育人权法教材，仍值得持续关注。

---

[1] 该系列丛书包括《人权知识公民读本》《人权知识法官读本》《人权知识监狱人民警察读本》《人权知识行政执法人员读本》《人权知识妇女权利读本》和《人权知识未成年人权利读本》等。

4. 缺乏专业、稳定的人权法课程教师队伍

由于大环境下的国内人权教育被“边缘化”，人权法专业的研究生在国内高校各法学院原本就是稀缺资源，因此科班出身的人权法教师可谓凤毛麟角。从普通高校的整体环境来看，人权法教师队伍处于“散兵游勇”状态，更遑论公安院校中的人权法师资力量。最真实的情况就是，目前国内公安院校从事人权法相关课程教学的教师数量完全可以用“屈指可数”来形容。以国内目前已经开设人权法课程的广西警察学院为例，该院法律系目前共有任课教师 35 名（含聘用制教师），其中教授 1 名、副教授 15 名，讲师 14 名，硕士学历以上教师 25 名（其中博士 1 名，在读博士 2 名）。在这些教师中，愿意且能够从事人权法课程教学的教师仅 3 名（全部为硕士学历、副高 2 名、讲师 1 名），可见学校人权法学科教师人员储备比较薄弱。而这也仅仅是数学意义上的统计，在仅有的 3 名授课教师中，全部都是“兼职”授课的其他课程的法学教师，没有 1 名人权法课程授课的专职教师，其对课程教学持续投入的贡献是要打折扣的，而且还要面临随时可能放弃或调离人权法课程的可能性风险。因此，人权法课程师资队伍在人员构成的稳定性方面同样是非常脆弱的。与此同时，现有的授课教师都不是人权法专业科班出身，完全靠“自学成才”，属于专业上的“半路出家”，这种“非专业化”的教师构成队伍由于缺乏必要的专业性，再加上缺乏学科带头人，其教学和科研上投入的持续性同样令人担忧，所有这些因素的叠加无疑会深刻影响公安院校人权法课程教学的效果。总体上看，国内公安院校师资队伍存在数量不足、经验不足、专业化不足、稳定性不足等一系列问题，这种现状急需得到改善。

三、警察院校开设《人权法》课程探索：以广西警察学院为例

近年来，我国警察法学研究在各警察院校与科研机构的推动下获得巨大发展，这其中也包括人权法学的同步发展。作为西部地区新晋的公安本科院校，广西警察学院亦注重将警察法学与人权法学研究相结合，并推动相关课程教学的同步研发。该校于 2013 年年底成立专门的学术研究机

构——警察权与人权研究中心，专门致力于将警察权研究与人权保护研究相结合，精细化研究和推动警察权力规范运行、警察执法权益保障、人权知识普及、人权教育推广、人权意识提高以及警察权与人权关系良性互动发展。在科学研究的带动下，培养一批专业的教研人才，从而推动学院乃至广西壮族自治区警察人权教育的发展。在中心的努力推动下，该校于2014年年初面向全校学生开设了公共选修课程：《警察执法与人权保护》，成为西部地区警察院校人权法教学探索的最早实践者之一。

（一）广西警察学院人权法相关课程设置概况

由于是初次开设人权法相关课程，具有实验性质，因此，学院将课程性质定位于全校性公共选修课。同于考虑到相关教学经验的欠缺，课程开设初期的学时不宜过多，课程学时暂定为20学时（其中理论学时10课时，实践学时10课时），并计划根据授课效果和经验积累在日后逐渐增加课时。鉴于师资力量的实际情况，在授课形式上由3位教师组成教师团队进行团队教学，将课程内容分为三个专题共同完成授课。[1] 具体来看，在“人权法基本原理”部分，由擅长人权法或宪法学、法理学的老师进行人权法基础原理方面的讲授，主要以课堂讲授、分组讨论等方式进行授课；在“行政执法中的人权保护”专题部分，由担任行政法授课的教师进行讲授，主要以情景模拟、典型案例分析等方式，剖析典型的警察行政执法案例中容易出现的人权保护方面的问题；“刑事司法中的人权保护”部分由擅长刑法或刑事诉讼法的教师授课，重点阐述刑事诉讼中涉及公安机关刑

[1] 由3位教师组团教学的最大考虑在于：由于单个教师研究领域和实践经验有限，不如充分发挥各自不同专业背景的知识特长，由教授《宪法》或《法理》，《刑法》和《行政法》的教师分别就理论部分、刑事执法和行政执法中人权保护问题进行教学，最大限度扬长避短。同时，教师可以在合作中交流授课经验并展开相关科研，注重教师间的传帮带，以利于师资力量建设。

事侦查权运行等执法活动中容易出现的侵犯人权问题。❶

在课程的教学方式与方法上，注重理论讲授与实践参与相结合。作为具有试点性质的选修课程，教学团队尝试跳出传统法学以单向讲授为主的教学方法，除了必要的基础理论讲解外，基本都以问题为导向、在实证案例的基础上，组织学生以人权保护、警察权运作基本原理对真实案件进行解构分析，并在此过程中，采用分组讨论、代表发言、小型辩论等多种方式，让学生在充分参与案件研讨的情况下完成课程的学习过程。授课教师以多媒体教学为基础，尽量采取各种手段吸引学生的注意力和兴趣，调动学生主动学习的热情。同时，团队教学的优势在于发挥每名授课教师的专业特长，让课程的每个部分都能够以最专业的方式将本学科最基础和最前沿的知识传递给学生，最大程度地保证课程的授课精度与质量。并且，学生也能够有机会在一门课程中接触到不同风格的教师，适度地保持课程学习的新鲜感。

在课程的考核方式上，以开卷考试（90 分钟）为主要考查方式，重点考查学生对实践问题的分析解读能力，故而放弃传统“大而全”的题型构成模式，考卷以 3 个案例分析构成考试内容（每个专题由授课教师各出 1 道案例分析题，3 位教师合作出题），力图使学生从繁重的复习压力中解放出来，侧重考查学生对所学知识的理解和应用于实际问题、分析问题和解决问题的能力。在课程学习评价标准上，卷面成绩占 60%，平时成绩占 40%（主要以讨论、发言等课堂表现为评价、打分依据），侧重学生在平时学习阶段的表现，尽量规避“考试分数英雄论”的机械式考查对学习的负面影响。

（二）警察院校人权法教学效果问卷调查：来自广西的经验

自 2014 年以来，广西警察学院开设的《警察执法与人权保护》课程

---

❶　在教材的选择上，教学团队暂时选择了由李步云、李先波教授编著的《警察执法与人权保护》（湖南大学出版社 2013 年版）。但由于该著作分章较多且偏重理论描述，课程教学难以在 20 学时中面面俱到，故将其浓缩为上述三个专题，并且主要以案例形式对专题理论进行讲解。在教学过程中，教学团队深感编写一部简洁性、针对性更强的专业教材之重要，并开始尝试编写一部源于基层执法真实案例的指导性教材。

已成功开办5个学期，选修该课程的学生人数逐年看涨，从最初的几十人到目前的过百人（单个教学班），截至目前已累计完成超过500人次的授课任务。为了进一步提高教学质量，教学团队于近期设计了一份教学问卷调查表❶并面向2016级选课的公安类专业学生发放，从五大方面了解学生对课程的真实看法和意见、建议。经过后期统计，现将主要内容作如下归纳和分析。

1. 关于课前准备的分析与评价

在问卷调查的这个模块中，教学团队设计了6个问题，分别是“您是否支持本课程开设”“您选课的动机”“您的人权法知识背景”“您通过课程想学到什么”“您期待中的教学方式”和“您期待中的考核方式”，意在了解学生的学前基础、学习动机以及对本课程有何期待。在被问及“是否支持人权法课程开课”时，96.8%（92人）的学生选择“支持”，0人反对，3人表示“无所谓”。在“选课的动机”上，81%（77人）的学生抱着“学知识”的态度，19%（18人）则是为了“拿学分”而来。在“人权法知识背景”方面，8.4%（8人）表示“熟悉”，66.3%（63人）表示“了解”，而“完全没有”的占25.2%（24人）。在被问及“想要通过课程想学什么”时，想学“人权法知识”的占12.6%（12人），想学“警察执法技能”的占14.7%（14人），“两者都有”的占71.5%（68人），“没想法”的占1.1%（1人）。在回答“您期待中的教学方式”时，选择“传统讲授型”的占16.8%（16人），“交流互动型”的占72.6%（69人），“无所谓”的占10.5%（10人）。在“您期待中的考核方式”上，选择“闭卷考试”的占2.1%（2人），“开卷考试”的占82.1%（78人），“论文考核”的占15.8%（15人）。从上述数据分析可知，警察院校开设人权法课程能够被绝大多数学生接受，并且他们大多是抱着较高的学

❶ 本次教学问卷调查共分为5个模块，分别为“本人选课前的主要情况”“对教学内容的评价”“对教学方法的评价”“对教学团队及教材的评价”“对学习效果的评价”。每个模块分别设计若干项问题，并提供若干选择项（单选或不定项选择）。本次问卷调查表共发放105份，收回有效问卷95份，故本次调查最终以95份问卷表作为统计基数。

习热情、以学知识的态度选择这门课程，课程开设的学生基础是很好的。虽然学生们的相关知识储备较薄弱，但正是求知欲促使他们想要通过人权法课程学习人权法知识和人权保护相关执法技能。值得注意的是，“90后”学生大多希望以更灵活的互动型教学模式教学，并且希望以灵活多样的方式进行课程考核，这似乎是当前所有法学教育面临的课题，任课教师需要对此予以重视，并在制作课程大纲、教案以及备课和授课过程中，在满足这种需求方面多下功夫。

2. 关于教学内容的分析与评价

在本模块中，教学团队围绕授课内容展开了系列调查，在谈及对“人权原理专题”教学评价时，认为“很有意思”的占 80%（76 人），认为“枯燥无味”的占 5.3%（5 人），认为“抽象难懂”的占 13.7%（13 人）。而对“警察刑事司法中的人权保护专题”的评价中，认为“实践性强”的占 30.5%（29 人），“缺乏实践性”的占 28.4%（27 人），“能听懂”的占 40%（38 人），而“听不懂”的占 2.1%（2 人）。[1] 在问到“各个专题讲授的难度”方面，10.5%（10 人）的学生表示“太难听不懂”，72.6%（69 人）的学生表示“正合适”，而表示“浅显不够听”和“没感觉”的分别占 14.7%（14 人）和 1.1%（1 人）。通过数据分析，最出乎教学团队意料的是，原本以为抽象枯燥的人权理论知识部分却被学生高度评价，反映出学生极高的学习兴趣，授课教师的努力付出得到了学生的认可，这是最让团队欣慰之处。在实践性更强的警察刑事执法和行政执法部分中，却有近三成的学生认为授课内容实践性不足，这就为相关授课教师敲响了警钟，相关教师应及时调整方向，多深入执法一线，向基层要案例，力求在真实的警察执法案例中开展教学。从学生的反映来看，本课程授课难度适中，能够满足大多数学生的需求，但各个部分均有学生存在“吃不饱”和“听不懂”的情况，教师团队对此现象不能忽视，应当及时

[1] 除“人权原理专题”和“警察刑事司法中的人权保护”外，课程还有“警察行政执法中的人权保护”专题。从统计结果看，这部分的数据结果与“警察刑事司法中的人权保护”部分相近，因篇幅所限，此处不详细列出。

对原因进行追问并对教学大纲、教案以及讲义等做相应调整，尽可能以深入浅出的方式让学生至少能听懂，毕竟这是课堂教学最基本的要求。

3. 关于教学方法的分析与评价

本模块侧重对课程教学方法的评价。例如，在问及“您对分专题授课形式的看法”时，“赞成”的学生有80人，占84.2%，“反对”的有7人，占7.4%，表示“无所谓”的有8人，占8.4%。在“教学方法满意度”调查上，“满意”的学生有60人，占63.2%，认为“一般”的有32人，占33.7%，“不满意”的有2人，占2.1%，也有3人表示“没想法”，占3.2%。在被追问不满意的原因时，有32人认为“照本宣科”，占33.7%，有46人认为“缺乏互动”，占48.4%，有12人认为“课件不好”，占12.6%，而有6人认为教师授课“表述不清”，占6.3%。当问及“您会积极参加课题上的分组讨论吗”时，表示愿意“积极参加”的有67人，占70.5%，愿意“被动参加”的有21人，占22.1%，仍有7人表示“不愿参加”，占7.4%。从上述数据可知，由教师组成教学团队、以分专题授课的尝试获得了绝大多数学生的认可，但仍有少数学生持反对或怀疑态度，这需要教师团队在教学中，发挥各自在不同专题部分的专业特长，以出色的教学能力和个人魅力赢得该部分学生的信任，努力证明教师团队教学尝试的正确性。但值得警惕的是，仅有六成多的学生对现有的教学方法持满意态度，满意度明显不足，并且不满意的原因主要体现在“缺乏互动”和“照本宣科”，甚至还有“表述不清”的情况，说明教师在调动学生参与课堂教学积极性方面做得不够好，没有满足近七成学生想要积极参与课堂讨论的愿望，这是未来必须改进的重要环节。

4. 关于教学团队及教材的分析与评价

教师的教学能力是教学质量和教学成效的关键，而在本部分的相关调查中，有76.9%（73人）的学生认为“教师的整体授课能力和水平”是“好”，认为“较好”的有16人，占16.8%，认为“一般”的有5人，占5.3%，无人评价为“差”。在被问及“您对教师不满意的地方”时，有14.7%（14人）认为是“理论水平”，有37.9%（36人）认为是“实践经验”，有38.9%（37人）认为是“授课技巧”，有3.2%（3人）认为是

“教学态度”出了问题。在“您是否需要针对性更强的专业性教材”方面，有69.5%（66人）的学生认为“需要”，而“不需要”和“无所谓”的学生分别占15.8%（15人）和13.7%（13人）。总体上看，人权法课程教师的授课能力和水平得到了大多数学生的认可，这是尤为值得肯定和鼓励的。但在这背后，仍有许多提升和改进的空间，特别是授课技巧和实践经验方面，教师们仍需努力积累教学经验，学会在课堂内外总结教学方法。对于极个别学生反映的“教学态度”问题，教师也应当自我剖析和反思，到底是什么环节出了问题以致让学生有这样的感触，以便在加强理论学习的同时，不断提升教师职业道德修养，以更好的师能、师德投入到日后的人权法课程教学中。而近七成的学生认为现有教材过于理论化，专业针对性和实践性不足，期待采用更为贴近警察院校特色的专门教材，反映出现有教材在适应警察院校特殊性教学需求的不足。

5. 关于课程学习效果的评价

课程学习结束后，学生到底收获如何是评判一门课程教学效果的重要指标，为细致掌握学生不同程度的收获状态，本模块提供了4个层次的选项供学生参考，如图2-1所示。

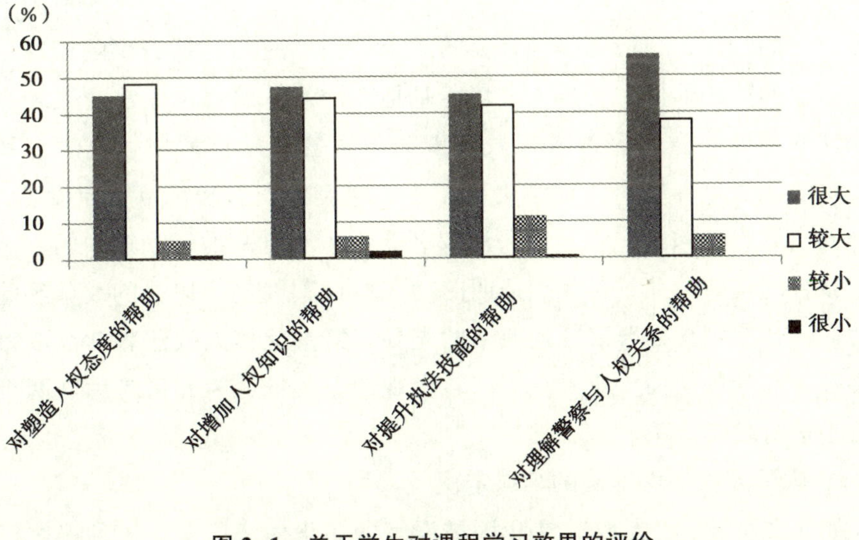

图2-1　关于学生对课程学习效果的评价

通过对调查表的数据分析可知，在涉及教学效果的每一项问题的答复中，选择“很大”和“较大”帮助的学生数量能够达到九成以上。也就是说，警察院校中开设的人权法课程获得了学生较高的认同度，已经初步达到课程设置的目的，即在传授人权法知识，塑造人权保护理念，提升警察人权保护技能，理解警察执法与人权保护的辩证关系等方面对民警（学员警）有所帮助。尽管本课程仍处于探索和尝试阶段，但通过 2 年多的教学实践，选课学生人数呈逐年上升趋势，取得的成绩是显而易见的，这也为日后的教学开展奠定了良好的基础。

四、警察院校人权法教学中应注意的问题

（一）警察人权教育应当被正视和重视

“人权保障”是当今世界国家发展和国际交往的主流话语，人权在一个国家受重视和尊重的程度往往标志着一个国家的法治发展水平，中国亦不例外。无论是从宪法层面、法律层面，还是从政策层面以及社会需求层面，人权保障在中国已经被确认为治国理政的根本性问题，是一切国家和法律活动的重要目标。“依法治国”是我国的治国方略，建设法治国家不但是政府的目标，也应当是全社会的要求，当然应当包括警察院校这一国家最重要的执法群体：警察人才培养基地在内。从培养国家法律人才和警务人才的角度出发，警察人权教育事关国家警察整体素质、执法水平高低、执法能力培养、执法理念更新，还关联着公安执法规范化建设、“法治公安”建设的效果，在这个公民权利意识不断觉醒的转型期中国，警察人权教育的重要性几乎是无须证明的“先验性”逻辑。以往的改革经验告诉我们，转变观念是开展任何改革的先导，警察院校人权法教学欲取得重大突破，在管理层面上正确认识、转变观念是关键，为此可考虑从两个方面着手进行教学改革。

1. 赋予人权法学准确的学科定位

如前文所述，“人权”在我国被误解的历史由来已久，这种误解反映在高等院校法律学科的学科定位上，就是错误地将其定位为与政治高度相

关的“政治性”学科。人文社会科学的学科分类有其专业性、技术性、科学性和规律性，是一个不适合介入价值判断的过程，否则社会学科分类因研究对象的交叉将难以为继。而“人权”概念的高度复杂，使其从一开始就成为各个社会科学研究的对象，其中包括人类学、历史学、政治学、文化学、法学，等等。但不同的学科进行研究的立场、方法、目标等方面均有所区别，因此才构成所谓“学科”。法科中的“人权”问题研究，更侧重将人权问题置于“法律”视野之下，从价值角度、规范角度等方面研究其法律属性，突出强调的是人权研究的“法律性”，这是其他学科尤其是政治学不具备的特性。尤其是在法治化国家建设背景下，将人权问题进行法律化、法治化研究是一项高度专业性的工作，其法律性是需要专业法律人才方能胜任的，我们必须以科学的态度尊重这种专业。为此，长久以来对人权法学“政治化”的误读必须被纠正，还原其法律学科的属性与定位，尊重其作为法学课程的独立性，不再毫无道理地主观判断其所谓政治上的敏感性。晚近的研究与实践表明，人权法学是具有独立学科品质的法学专业学科，“人权保护”绝不应只存在于政治口号、政策宣讲以及普通民众的观念中，它应当走下神坛，揭去表面厚重的神秘面纱，以法律的形式世俗化、现实化，使其成为能够真正保护公民合法权利的武器。总而言之，警察院校要正视人权法学，赋予其法学专业课程的学科定位，它应当与宪法、刑法、诉讼法等课程一样在警察院校中的法学学科建设中占有一席之地。

2. 重视并加大人权法教学投入力度

如前所述，警察院校的人权教育与人权法学不仅能够教授民警或学员警必须掌握的人权保护法律知识及人权保障执法技能，更是培育学生人权意识、提升公民法律素养与法治思维的重要途径，是事关国家法治建设成败的核心教育，因此，警察院校必须对此有足够的认识并给予必要的重视。遵循此逻辑，重视并加大人权法教学投入实属必然。这里所讲的学科投入，不仅仅是包括教材、师资、教学设施、研发经费等方面的以资金为代表的硬件投入，更应当包括学科建设关注度、优质人才资源、学时分配等方面的软件投入。例如，在“短平快”办学思维模式下，人权法学在法学课程中历来不被重视，学科关注度不够，很少有人真正了解和认识到人权法学教学的价值和意义。尤其值得强调的是，警察院校办学不仅要考虑政治效益和经济效益，社会效益和文化沉淀也是非常重要的，而人权法教学正好是能够提升后两种效益的途径，忽视宪法学、法理学、人权法学等基础法学理论的教学对要想取得长远发展、构建自身人文特色的警察院校来说无异于“杀鸡取卵”，非常不可取。为此，重视警察院校中的人权法教学，提升该学科在校内外的关注度，打造优势或精品课程建设，开设全校性的人权法学专题选修课程等都是当下全国各地警察院校可以考虑的系列措施。

综上所述，警察院校开展人权教育与人权法教学，是不可逆转的潮流所向。但历史的惯性同样不可忽视，观念的转变也不是一朝一夕就能够完成的事情。唯有通过持续不断的宣传，开展各种形式的教育培训，以领导干部带头，从观念转变开始，正确看待人权法教学，在更多教师的参与下，推动警察院校的人权教育事业稳步前行。

（二）警察院校人权法教学要突出实战性

根据前述的教学问卷调查可知，当前警察院校人权法教学探索中最突出的问题就是教学的实战性不足，即授课教师仍然习惯于采用对学生单向灌输的教学方法，“从理论到理论”式的教学模式，缺乏实战性强的案例分析，师生之间缺乏沟通互动，课堂气氛不够活跃，学生缺乏学习兴趣。笔者认为，人权理论的学习终归是要能够认识和解决实践中的问题，因此面向警察的人权法教学应当注重让学生利用课堂上的人权原理，形成自己的人权观念、指导自己去认知人权现象，从而得出符合法治要求的观点，决定自己的行为。由此可见，传统的人权法教学方法必须改革，引入实战性更强的人权事例教学可谓势在必行，理由有以下三点。

1. 有利于理解枯燥乏味的抽象理论

目前，包括警察院校在内的国内各层次人权法教材政治性与理论性过强，就理论谈理论，实践性不足，读起来晦涩难懂，学生没有学习兴趣。再加上目前国内的人权保护司法实践滞后，教师上课可选用的国内典型性“司法案例”并不多见，国外的判例用起来又似乎水土不服，因此人权法“案例教学法”一直步履维艰。好在近年来人权保护的事例不断涌现，尤其是警察执法中的人权保护事例为我们提供了良好契机。课堂上，老师可以精选体现某些具体权利保护基本原理的警察执法事例，让学生充分关注和讨论，在细致解构、分析执法事例的基础上，提炼出其中的人权法原理，与书本相应原理进行比对印证，从而有助于学生在鲜活实例的基础上理解那些原本枯燥之味的抽象理论。

2. 有助于培养理论联系实际与解决实际问题的能力

对于公安专业的学生而言，实践动手能力不仅是“打得过、跑得快、会抓捕”，还要学会运用所学的专业法律知识对社会现实问题进行法律分析，并且能够以口头或书面方式形成解决方案。为此，教师在课堂上可通过人权事例教学，与学生在互动中进行分析、讨论，培养学生积极参与的热情。通过人权法事例，教学不但可以摆脱过去那种“形而上”的死板无趣，更能利用事例本身的鲜活特性，激发学生解决现实中涉及人权问题的兴趣和培养其相应能力。

3. 有助于养成法治理念，提高公民素质

国家权力与公民权利的关系始终是人权法学的主线，形成对这个问题的正确认识和态度，即培育符合法治要求的人权理念（观念），是警察人权教育的核心内容之一。新形势下的各种警察执法典型事例，都是这对基本关系的不同表现形式，因此，反复进行人权法事例的学习，能够加深学生对人权法的印象和理解，从而形成“权力有限”和“权利保护”观念。人权法教学的另一个重要功能，是培养学生的公民意识。公民意识关乎一个人的主人翁态度，这需要学生在平时多关注公权力运行、权利保护以及国家大政方针和国际形势变化等方面的信息。通过更多关注“社会中的人”，让学生更多关注和讨论社会公共问题，培养其作为国家公民的主人翁责任意识，从而在潜移默化中逐渐提高公民素质与国民意识。

（三）高素质的教师队伍是教学成败的关键

当今社会是一个竞争的社会，高校亦不例外。从普通高校到警察院校，决定学校综合实力的因素本质上还是教师队伍的力量。现实情况中，警察院校中的法学教育并非这类院校重点发展的学科，相比于侦查学、治安学等专业课程，各个法学课程基本上处于辅助性地位。在这样的基调下，优势的师资力量存在流向重点学科的情况。如以广西警察学院为例，该校法律系在编教师人数位居各教学部门之首，培养出了一大批教学科研能手。但由于法律学科并非学校重点建设学科，系部地位便没有侦查系、治安系等部门地位显得重要，这导致法律系近年来优势人才资源流失情况比较严重。据不完全统计，该系近年调离教职岗位的教学经验丰富的优秀教师多达 10 人，其中既有教授又有博士，而补充的教师多为刚毕业的研究生，教师队伍的整体实力并未随着升本的节奏同步上升，反而是不增反降。目前全系的法律课程教学任务许多都由教龄不超过 3 年的聘用教师承担，师资队伍的整体力量急需提高。想要改变警察院校人权法教学的落后局面，改革任课教师队伍现状是目前见效最快的办法之一。笔者认为，完善师资队伍建设可以考虑从以下几个方面入手。

（1）大力引进人才，聘用人权法学博士或相关专业教授且能够在一线为学生上课的专家型教师。当前国内各个警察院校人权法学科存在普遍缺乏高层次学科带头人的困境，而补强最快的方法就是改革人才引进政策，以优惠的条件引进高层次人才，聘请具有较强科研能力的人权法学博士或以宪法、法理等与人权相关学科为主要研究对象的法学教授。人权法学博士具有扎实的专业理论功底和较强的科研能力，能够敏锐地洞察社会热点所蕴含的人权法问题，科学研发的问题意识比较强，又能够紧跟国内外学术研究前沿动向。引进这类人才能够很好地弥补警察院校科研方面的不足，能够为学科带来先进的思想，带动周围教师的研究热情，组成团队搞合作研发，若是能够研发出有分量的学术成果，将对警察院校知名度及学科发展极为有利。法学教授如今是各个警察院校急需的高端人才类型，引进这类人才非常不易，要引进以宪法、法理、人权法为主要研究方向的教授更是难上加难，但是这类教授有着丰富的教学经验，知道如何在课堂上抓住学生的兴趣和注意力，教学手段非常丰富，能够为学校打出一张宪法学科名师的招牌，对学科的发展也是非常有利的。但需要注意的是，无论是引进博士还是教授，前提是他们必须都走上讲台成为直接面对学生的一线教师，而非仅仅是装饰门面的举措，因为只有这样，才能把师资功能落实到实处，自下而上地真正推动警察院校人权教育和人权法教学的发展。

（2）挖掘自身力量，合理调整现有任课教师的组成结构，鼓励并创造条件提高现有任课教师的科研层次。完善师资队伍建设的另一条务实路径是从现有教师队伍入手，整合现有资源，合理配置各学科的任课教师，把原本人数扎堆的课程中过量的师资转移到人权法学等冷门学科，并且把这种重置后的师资人员结构相对固定化，让教师们有一个稳定的教学科目。这样做的好处在于，有利于教师把有限精力专注于少数几门课程，将所授课程上好上精。从科研角度看，相对稳定的教学内容有利于解决不少教师找不到科研主题的矛盾，更有利于其从事相关课程的教学改革科研工作。此外，学校应创造各种条件，鼓励既有教师进修和深造，参加各种人权法学的专业培训、研讨会和学术年会，以形成校园良好的学术专业氛围。教师自己也要加倍努力提高自身的业务素质，尽可能地多参与社会实践，掌握一手的人权法案例，不断强化授课的实践性内容。在上好课的同时，要努力进行科研工作，积极撰写学术论文，争取晋升更高级别的学术职称，从各个方面提升警察院校人权法教学教师队伍整体层次。

（3）重视教学水平与教师人格魅力的提升。教师是教学活动的关键，一个兼备良好学术修养和人格修养的教师，是人权法教学成功的保证。一方面，教师要注重学术修养，不断丰富宪法理论知识，了解掌握本学科学术前沿动向，注意提高分析、解构人权法案例的能力，要善于收集、选择对课程教学有用的案例，不断更新教学内容，积累教学经验，提高教学能力，勇于尝试有益的教改措施。另一方面，良好的人格修养，也是有益于教学的秘密武器。例如，警察院校里的法律教师许多都不是师范专业毕业，基本上没有教育心理学等教育专业背景，而教学本身是一门艺术，不懂得教育心理势必会影响教学效果，除了过硬的专业知识外，教师的言行、教育方式、师生互动式的情感沟通都能影响甚至是决定学生对老师或是这门课程的喜爱。因此，教师应积极拓展知识面，全面提升个人素质，努力塑造人格魅力。

（四）课程教材要符合警察院校教学规律与实战需求

警务人才培养的市场和需求决定了警察院校人权法教学的必要性，同时警察人权教育有其独特性与专门性，因此编写符合公安业务特色需求的人权法教材是教学改革中非常重要的环节。这类教材的编写，必须针对培养对象的特点，运用通俗易懂的语言，采取灵活多样的形式，选用贴近实战的事例，适当降低学生对理论知识记忆的要求，以提升理解并灵活运用理论方面的能力为目标来统领教材的编写工作。具体来看，警察院校人权法课程教材的编写应当注意以下内容。

1. 既要延续传统，又要有所创新

由于学科自身的局限性，目前国内大部分人权法课程教材基本上都采用了相同的体例结构，且注重从概念性的解释阐述到具体权利的介绍。从学科专业的学习角度看，这种编写方法是有其合理性的，它便于由浅入深系统学习人权法知识体系。警察院校应当尊重这种传统，大体上也可以采用这样的体例结构来编写教材，但对于其中部分内容，可考虑根据授课实践的需要进行重新整合，对那些理论性过强的部分可适当删减或压缩，而对公民具体权利保护部分则侧重以实际案例作为编写重点，围绕案例进行理论知识的学习，突出警察人权教育的实战性。例如，在整个教材的结构上，可考虑结合公安业务实际，将权利保护与公安执法业务结合，以“刑事执法中的人权保护”和“行政执法中的人权保护”作为人权具体权利样态部分的章节，而所有人权法学基本原理部分，则可以高度概括，以“人权概念概述—国际法上的人权—国内法上的人权”作为基本结构，精简理论部分的内容，其理由在于：警察院校主要是培养警务执法人才的院校，并非培养人权法理论研究的研究型法学人才，理论知识适度掌握即可，人权保护理念和执法操作能力的培养，才是这类院校教材编写重点考虑的问题。另一个需要强调的是，在突出实战性原则下，案例的选择就显得尤为重要。笔者一向认为，警察院校的法学教材中出现的案例，应尽可能选取公安执法实践中出现的真实案例，一方面是由于公安执法案例非常丰富，可供选择的空间非常之大，另一方面由于公安案例对警务人才培养来说更具有直接的指导意义，典型性案例的指导价值更显强大。简而言之，警察院校人权法课程教材编写要尊重传统，不可脱离学科发展基本规律乱搞革新，但也必须认识到警务实战的现实需求和行业特性，从结构到内容的布置、选择应当有所创新，秉持求真、务实的编写态度非常重要。

2. 教材应以培养人权保护理念为核心目标

普通高校的法学教育除了传授法律知识、培养法学专业人才的任务外，还承载着宣传、培养法治理念，提高大学生乃至国家公民法律素养的责任。警察院校是培养现代警务人才的摇篮，所谓现代警务人才必然是复合型警务人才，既要求有过硬的执法技术本领，也要熟知法律，具备较高的法律素养和执法理念。为此，我们将警察院校人权法教材编写的目标定位于培养符合法治国家要求的警察人权保护理念。所谓人权保护理念，是指人权意识的高级形式，它建立在人权知识的基础上，是公民对人权思想和人权基本原理的坚定信念、对国家权力与公民权利的正确认知、对人权问题和人权现象的理性化思考。中国的法制化进程到今天可谓已具规模，法治现状却不尽如人意，其重要原因在于公民的法律素养还未能跟上法制进程的节奏。“观念是行动的先导”，要想公民自觉守法、崇尚法律并以法律作为行为的标尺，而内心不认同法律、没有较高的法律意识是难以办到的。警察作为执行法律的重要群体，他们对法律的态度，特别是对人权的认知和态度，将直接决定他们在执法过程中选择怎样的行为模式。为此，既然警察院校培养的预备警官毕业后主要都是从事基层执法工作的人民警察，他们的权利保护理念水平将直接影响到他们日常执法中对公民各项权利的保护程度，也会对他们工作中的服务对象产生间接影响，从而带动社会公众权利保护认知水平提高，潜移默化地向社会普及人权保护的法治理念。

3. 编写技术可适当兼顾现实性与趣味性

现有的法学教材大多遵循传统法科教材编写模式，通版文字，内容枯燥、抽象，很难激发学生的学习兴趣。笔者关注到，在谢姝玮老师主编的《宪法教程》中，一些编写技术方面体现出来的特点值得我们借鉴，例如，在教材的体例上，他们以图示方式对每章的主要内容进行总体概括，比较直观，易于该层次学生的记忆掌握；每章均以问题开篇，让学生带着问题去学习，提高学生的学习注意力和学习兴趣。又如，在教材内容上，他们根据教学内容收集大量的背景材料，这些材料都是较新的社会事件、社会新闻、统计数据等客观资料，并针对这些背景材料提出思考问题，使学生在兴奋中思考问题，在思考中获得收益。这种将社会实践引入课堂、教与学实现互动的做法，能够引导学生从被动学习走向主动学习。另外，他们还以插入图片的方式增加教材的视觉冲击力，有利于加深学生的记忆印象。上述成功的编写技巧还有很多，此不赘述，这都是我们日后在编写相关教材时应当认真研习并加以利用的宝贵经验。

第二节　警察院校《行政法》课程教学改革研究

行政法教学对于培养作为行政执法后备力量的警察院校而言具有十分重要的意义。随着公安招录体制变革、行政法学科的发展以及执法环境的变化，传统行政法教学模式已不能满足未来公安人才的培养需要，因此有必要从课程设置、教学手段、教材使用以及师资队伍建设等方面予以改革，以保障公安教育持续、健康发展。

一、警察院校《行政法》课程教学改革动因分析

（一）招录体制变革，生源构成多样化*

2008年6月，中央政法委等11个部委联合下发《2008年政法院校招

---

* 近年来，警察院校招录体制随着公安改革反复变化。自2008年开始，公安招录体制改革试点在全国部分省市进行，但几年后该做法因并未取得预期效果而被全面推广。目前，国内主要警察院校又回到学历教育为主的办学模式，但普遍采取公安联考的方式解决警察院校学生入警问题。

录培养体制改革试点工作实施方案》。随后，公安部发布《关于制定警察院校招录培养体制改革试点专业培养方案的意见》，决定进行全国警察院校招录培养体制改革，此次改革的目标是培养和造就政治业务素质高、实战能力强的应用型公安专门人才。❶ 具体方法是“招生即招警”，即符合报考条件的大专、本科、研究生毕业生及转业军人，报考各省（市）公务员招考计划所列职位，通过考试被录取到承担培训任务的警察院校，进行为期两年的法律知识学习和公安技能培训，期满后按照各自当初所报考的职位定向分配，成为正式的人民警察。考虑到各地公安教育发展不平衡、对公安人才在数量、层次上的不同需求，此次招录体制改革（试点）并未完全取代原有的招生模式，即普通公安学历教育被保留下来，各个警察院校仍可以从高考毕业生中获得生源。至此，按照生源层次的不同，全国许多警察院校普通学历教育存在专科、本科、硕士等不同层次，这样就形成“培训与学历教育并存，不同层次学历教育并存”的生源构成多样化局面。

广西的警察院校招录体制改革始于 2009 年，并于同年完成第一次“体改生”的招录工作。❷ 目前，广西警察院校的在校生主要由“体改生”、公安类专业普通大专生、非公安类专业大专生（法律、文秘、计算机等）等形式构成。作为国家法律教育的基础骨干课程，同时鉴于警察院校培养行政执法人才的特殊性，行政法是上述几乎所有专业的必修课。然而生源层次的差异化以及“因材施教”等基本教学规律，都要求广西警察院校行政法教学必须与国内其他警察院校一样，改变招录体改前单一化的教学模式，针对不同专业、不同层次的学生进行课程改革，以适应时代的新需求。

---

❶ 乔顺利．公安院校“体改生”培养模式存在问题及其对策［J］．江苏警官学院学报，2010（5）：193.

❷ 目前，广西区内的公安类高校只有一所，即广西警察学院（原广西警官高等专科学校），如无特别说明，本书所涉及的例证，主要指向该校。至于广西各地市存在的公安培训学校（干校），并非高等院校，也无学历教育资质，故不包括在本书论述范围内，特此说明。

（二）行政法学的学科发展

伴随着时代的发展，行政法学也经历着由传统行政法学向现代行政法学转型的转变，这种转变是适应现代行政发展的必然结果，也将对行政法教学提出新的要求。例如，关于行政法的性质与地位，传统行政法学一般把行政法界定为有关行政的公法，在这种理论下，行政法具有强化公权力特征，但是对民主参与、人权保护等价值缺乏必要的关注。21 世纪以来，学者们主张对传统行政法理论进行改革，强调行政法学不是单纯的关于行政的公法，而是行政活动的管理学，提出以“法关系论”为基础重新构建行政法学体系。此后，以行政合同、行政给付为代表的新兴行政法理论获得广泛研究，行政法学科获得极大发展。又如，当代行政法学无论从研究视角还是从研究方法都发生了改变：德国致力于形成有关公益的法的框架；日本从模仿西方建立法治的行政法到致力于落实民主的行政法；法国则由“公务说”发展出自律的法体系。虽然各国行政法学发展路径不一，但各自追求的目标殊途同归，即建立合理可行的行政机制以保障人民的自由和权利。

随着国内行政法学研究的深入与成熟，本土文化对行政法学发展的重要性越发引起学界的关注。中国有着不同于西方文化的独特环境，行政权历来强大，在这样的行政国家中研究行政法，自然不能模仿照搬西方的模式。立足于本土文化和语境，适度借鉴传统行政法原理，将行政法学的研究与教学根植于中国行政实践，才是可行之道。近年来，国内行政法学研究与教学均不同程度地反映了中国国情的独特需要，理论研究从“控权论”一家独大发展到“平衡论”“协作论”百花齐放；行政计划、行政指导、行政合同等新兴领域研究正方兴未艾。行政实践与行政法理论的不断发展，迫使行政法教学必须及时跟进并反映这种变化，否则将使培养出来的学生无法适应社会现实，缺乏实战能力。

（三）转型期下公安行政执法的时代要求

当前，我国正处于社会转型期，转型在获得经济活力、经济效益和劳动生产率的同时，也带来了利益和价值观的多元化，旧有的人际关系、价值准则和社会秩序面临挑战，拜金主义、享乐主义和极端个人主义思潮成为引发各种违法犯罪行为的观念因素，一时间，社会转型带来的社会治理难度异常之大。公安机关作为维护社会治安秩序的重要行政执法部门，肩负着保护人民群众生命财产安全的神圣使命，而转型时期新的治安形势下，“两抢一盗”等暴力性、侵财性等传统案件持续发生；大量社会矛盾纠纷以案件形式汇聚到政法机关，涉法涉诉信访事件不断增加；山林土地纠纷、交通、生产、施工等重大事故引发群体性事件；恐怖活动和突发性公共安全事件等，这些问题无不考验着公安机关的执法能力。

作为培养公安执法人员的警察院校，当然要对上述社会问题作出回应，及时调整教学方案，积极引入与社会实践关联度更高的案例与改进教学方式，培养实战能力强的未来警官。行政法作为行政执法人员的基本素质养成必修课，在塑造依法行政、法治行政理念方面具有独到的功能，同时也传授依法定程序执法的实用技能，还具有培养执法者法律责任意识、承担执法责任的功能。更为重要的是，在学员学习如何应对上述案件的执法技能时，行政法教学核心目的在于保障执法始终在法律的轨道内进行，这对于塑造依法行政理念、建设法治国家极为关键。因此，转型期的变化不仅要求公安应对手段与时俱进，还需要执法理念和执法方式符合法治的要求，公安行政法的教学要力求实现这个目标，更要以此作为教学基本原则不动摇。

二、警察院校行政法教学现状：以广西为例

（一）行政法的学科定位与课程设置

严格来说，行政法是一个集合概念，它所涉及的法律规范众多，是中国体系最为庞杂的部门法。从法学教育角度看，行政法学代表课程有《行政法与行政诉讼法》《行政法原理》《行政法总论》等，这些课程主要讲述行政法的基本概念、原理与救济等知识，一般不涉及具体的行政业务领域，其教学重点在于培养学生的行政法治意识。鉴于行政法对建设法治政府的重要性，这门课程历来被确认为法学学科核心骨干课程之一，警察院

校亦不例外。长期以来，广西的警察院校都将行政法（主要指《行政法与行政诉讼法》）作为几乎所有专业的必修课程（计算机专业等理工科作为选修课程），足见该课程对警察院校的重要意义。在具体的课程设置上，却存在不够科学的地方。例如，“课随人走”成为普遍现象，即教师排课档期往往决定着课程的排课周期，任课教师哪个学期有空，课程就排在哪个学期，导致行政法缺乏稳定的教学时间表，不同届学生、同届不同专业学生都可能在相同学期上这门课程，学生对排课情况无法预判并无法提前安排学习计划，非常不利于该学科的规律发展。又如，对公安委培生（体改生）而言，行政法课程被安排在入学第一个学期，而很多学生之前并没有接受过系统的法学教育，他们对法理学、宪法学等法学基础缺乏必要的知识沉淀，一上来就学习概念抽象、内容庞杂的行政法便容易感到吃力，普遍反映听不懂，教学效果不理想。此外，目前广西警察院校行政法课程40学时的课时量也明显偏少，无法满足行政法学科内容庞大的教学需要，很多问题都只能走马观花，点到即止，更难以进行公安警务专题化的细致讲解，令教学效果大打折扣。

（二）教学与实践脱节，教学手段落后

多年来，广西的警察院校采用的行政法教学方法与普通高校大体相同，即主要通过教师在课堂上授课，以单向灌输方式传授行政法知识。与其他法律学科教学方法一样，在警察院校的行政法教学中，教师主要专注于教授学生系统的法律知识，对学生展开法学理论和法律意识教育，重在奠定执法基础知识。❶ 然而，这种传统的以理论教学为主的教学模式，很难培养学生的法律操作能力，使得学生的法律应用能力培养需要在进入“社会大学”后才能完成。但是目前我国公安工作正面临基层警力不足的困境，迫切需要学生毕业后一上岗就能熟悉警务工作，尽可能地减少过渡期，因此长期以来，几乎全国的警察院校都面临教学与实践脱节的困扰，饱受各方特别是来自基层警务部门的指责和压力。

---

❶ 禹竹蕊，张春阳．公安院校行政法教学改革探索［J］．公安教育，2011（6）：61.

与此同时，广西警察院校行政法教学手段亦显陈旧，仍然以教师主导型、单向型、“填鸭式”教学方式为主。虽然招录体制改革强调重视培养学员的警务实战能力，要求必须对学生进行相关课程的实践性教学。但是，具体到行政法课程教学来看，以笔者所在单位为例，目前主要采用的所谓实践性教学也无非就是案例教学、法律诊所式教学、法庭观摩教学、情景模拟教学等方式，[1] 能够突出公安执法特色的法律教学方式仍处于摸索阶段，目前没有一套公认有效的教学方法，教师们都是凭经验和感觉“摸着石头过河”。即便在上述方式中，由于教师多数缺乏公安一线执法经验，因而能够采用的教学素材也缺乏代表性和直观性，多数来自网络、书籍甚至是自创的案例，教师讲解时缺乏实战指导意义，并不能代表和解决当前执法实战遇到的各种典型问题，学生学习起来兴趣不高，更难以获得学以致用的实践能力。可见，理论与实践相结合、采用一种具有公安特色的直接高效的教学手段，对警察院校行政法教学而言是迫在眉睫的改革动力。

（三）教材缺乏针对性，适用性不强

多年来，广西警察院校所采用的行政法教材一直是教育部统编的法律院校通用教材。其原因部分在于，这类教材能够反映行政法学的基本原理、基本体系及学术动态，有利于学习系统的行政法知识，培养学生的法律思维。其实最主要的原因是：没有其他更好的教材可以使用。因为我国公安法学教育发展时间不长且未得到足够重视，导致相关针对公安业务特色编写的法学类教材极少，全国警察院校行政法教学在教材使用上基本处于无选择权的境地，只能套用普通高校的教材，只是在教学中个别地加入适当变化，以满足实际教学需要。

近年来，上述情况有所好转，一批针对公安教育的特色教材相继问世

---

[1] 近年来，实践性教学一时成为法学教育的热门话题。笔者认为，文中提到的这些教学方法，很难构成实践性教学手段，更像是传统教学手段的变种，其社会性、实践性特征并不显著，仍然属于教师主观拟制的教学方式，因此其教学效果到底如何仍有待观察，不应着急给予过高的评价。

（如 21 世纪公安高等教育系列教材、全国高职高专教育“十一五”规划教材等），其中包括行政法课程方面的教材，适度缓解了上述压力。然而，据笔者查阅发现，在现有的几部公安行政法类教材中，教材的编写与公安实践结合仍显不足，并且没有将近年来我国行政法学科发展的理论成果与最新动向纳入其中，并不能有效回应近年来的社会发展形势与治安形势。以笔者目前使用的教材为例，❶ 虽然该教材的编写体例考虑到了“实用性”，以公安业务类型为基础进行章节编排，但在具体内容上没有反映出公安特色，行政理论观点老旧，并且与行政执法部分内容在分布上重点不够突出，尤其是案例使用方面存在量少、陈旧、代表性不足等问题。因此，在教材使用过程中，教师不得不花很大精力去补充这方面的缺陷。可见，在公安执法实践基础上，编写一部针对性强、适用性强的教材，是公安行政法教学的迫切需要。

（四）师资队伍力量亟须加强

在目前广西的警察院校中，师资队伍力量存在专任教师匮乏、授课教师专业性不足以及缺乏高层次学科带头人等问题，这严重阻碍了广西公安行政法教学的发展。以笔者所在单位为例，目前该校法律系共有教师 34 名，其中行政法专任教师 2 名，占比仅为教师总数的 6%。并且，出于各种原因，许多教师似乎不太愿意从事行政法教学，使行政法沦为“边缘”课程，只有在实在完不成年度授课任务量的情况下才愿意接手。这种情况直接导致专任教师授课任务压力巨大，稳定的教学团队难以组建，集体备课或团队研发更难以实现，极大影响了学科发展。进一步看，在上述 34 名教师中，行政法科班出身教师仅 1 名，显示出在专业性方面教学力量的不足。相较于其他部门法而言，行政法涉及的内容非常庞杂，尤其是在中国这样一个强行政国家，不深入社会实践，想要理解和掌握学科理论和实践操作能力是非常困难的。因此，参与基层锻炼，获得外出培训进修的机会对于提高教师教学与科研能力十分必要，但这样的机会十分稀少。此

❶ 笔者目前使用的行政法教材是全国高职高专教育“十一五”规划教材。阮国平，石向群．公安行政法实用教程［M］．北京：高等教育出版社，2007.

外，拥有高层次（高学历、高职称、高水平）的学科带头人是高校学科建设的关键。学科带头人拥有丰富的教学经验与较强的科研能力，在带领教师们进行团队教学的同时，又可以培养学术新人，利用学术成果影响进一步推动研发投入，形成良性循环。在目前广西警察院校行政法的任课教师中，缺乏具有高级职称的教师，多数任课教师仅为讲师职称。可以设想，仅仅依靠以讲师为主体的青年教学科研力量，想要推动广西警察院校行政法学科进一步发展是不太现实的，这种状况应当立即有所转变。

三、警察院校行政法教学的改革策略

（一）优化课程设置

如前所述，行政法教学对公安人才培养是极其重要的，因此其课程设置的合理性与科学性也必须得到重视，并在招录体制改革中不断得以优化。具体来看，可以考虑从以下几个方面入手。

1. 针对专业差别，实施不同的教学方案

在体改生中，存在士官生（退伍士兵）、大专毕业生、本科毕业生等不同文化层次的学生，他们有些大学阶段学的是法学专业，而更多的是非法学专业，因此文化基础与法律基础是不同的，如果放到同一个教室按照同一个进度与难度进行授课，不但难度大而且效果差。鉴于行政法是所有专业必修的基础课，因此，可以考虑打破专业限制，以素质基础进行分班教学，如士官生、非法学专业、法学专业各自编排教学班，适用不同层次和难度的教材，在课时上也可以适当区分。这样做的最大好处在于真正实现“对症下药”“因材施教”，避免教学资源的浪费。

2. 合理安排不同专业的课程时间表

“体改生”与“学历教育生”的最大区别在于“先就业再培训”，是由单位委托学校培养的准公务员，为特定岗位服务是培养此类学生的特殊要求。因此，可考虑改变过去那种“先学习后实习”的固定模式，让这类学生在入学后先到所在单位实习半年，在工作中发现自身不足，然后带着问题回到学校继续深造，这样他们会更珍惜学习机会，提高学习效率。而对于学历教育生，由于其没有“前大学教育阶段”背景，理论基础薄弱，更适合沿用传统的学习模式，可考虑在完成法理学、宪法学等法学基础课程后，再学习行政法，这样的课程编排更符合教学规律。需要强调的是，无论采用怎样的方式，课程设置相对稳定是必需的，❶ 这种“信赖保护”下的稳定能够保证教学秩序规范化、保护学生的学习信心和学习效率。

3. 科学优化配置课时量

在课时分配方面，改变过去那种以科目界别的一刀切方式，应根据不同层次、不同专业需要合理分配课时量。例如，在课时总量相当情况下，体改生相较于学历生而言，应当分配更多的实践性教学学时，这是由其培养特性决定的。此外，当前广西警察院校行政法课程 40 学时课时量既不能满足教学需要，也与“依法行政”背景下公安执法规范化建设需求脱节，故应当考虑增加该课程课时量。

（二）变换教学手段

法律教学方式的改革近年来一直是学界和教育界积极探索的热门话题，但似乎取得明显效果并广泛获得认可的教学方式仍难觅踪迹。所谓的案例教学法、法律诊所教学法、法庭观摩教学法、情景模拟教学法等教学方式，实际上并未带来专家所预期的效果，并且随着新鲜感的褪去，上述方法似乎陷入了“叫好不叫座”的困境，且真正能够驾驭的教师并不多见。警察院校的行政法教学应当何去何从？笔者认为，不必过多追求教学方式形式上的所谓创新，只需要抓住一点核心即可，即“实践出真知”。也就是说，公安院校的法学教育应当突出实战性，但是这种实战性并非来自课堂的虚拟，而是真正的社会，要在工作岗位中获得真知。当然，我们也并非主张将课堂转移到工作岗位，只需要变化一下方式即可。例如，公安院校应当利用系统内人员流动优势，聘请一线执法部门中兼具理论功底

---

❶ 最好可以考虑向部分高校学习，在新生一入学就人手一册“培养方案”，明确知晓大学（培训）期间哪个学期上什么课，课时多少，学分多少，哪些是必修，哪些是选修，毕业所需最低学分数以及一系列与在校期间学习相关的信息，等等，并且除非迫不得已，确定的内容不得改变。这样的做法好处很多，不但使教学制度化、规范化，而且彰显了“以学生为本”的教学理念，让各项教学工作始终围绕学生展开。

和实战经验的警官（特别是政工、法制部门）作为行政法客座教师，负责相关内容专题性教学。同时，可以分批将校内教师交流到公安部门进行业务培训，在工作中丰富教学素材，回到讲台上自然能反映来自一线执法部门遇到的问题和传授对应的解决办法。此外，公安院校应当在必要的理论学习获得保证的前提下，加大社会实践（实习）在教学中所占的比重，因为公安工作的最大特性就是与百姓和违法犯罪分子打交道，这种能力是在课堂上无论如何也学不来的，只能在“社会大学”中完成这部分能力的学习。故笔者认为公安院校行政法教学应适当走出课堂，利用校局联盟优势，多参与广西各地公安行政执法一线行动（如东盟博览会安保执勤等），并以此作为换算学时的依据。

（三）组织编写反映公安执法特色的针对性教材

针对公安行政执法业务需要，编写一部针对性、适用性强的特色行政法教材，一直是多年来广西公安院校行政法教学团队的愿望。为了解决前述教材使用中存在的不足，在编写教材时，应注意以下几个问题。

1. 理论要及时更新

随着时代的发展，世界各国早已进入“行政国家”时期，在行政权空前强大的背景下，传统的“控权论”已无法解释很多问题，特别是在中国这样一个传统的行政国家中，有必要以全新的视角去解释发生在我们身边的问题。因此，教材编写应适度引入如“平衡论”“协作论”等行政法理论，这对于解释中国特有的行政法现象和构建“和谐社会”都是非常有益的。

2. 内容要有所取舍和侧重

传统行政法教材中，比较重视行政法概念、行政行为、行政主体等基础原理，耗费了大量的篇幅，而对于“分论”部分的行政处罚、行政许可、行政强制、国家赔偿等内容，则论述得不够深入。公安院校特别强调学生的实战能力，因此“分论”部分反而是该类院校需要特别讲述的内容，这类教材在编写时应以具体公安工作业务类型为框架，舍弃烦冗的理论陈述，仅保留必要的概念性解释，将重点置于“分论”部分的编写工作。

3. 案例要精选

公安行政执法业务的经常性和复杂性，决定了公安行政法案例非常丰富，这为教材的编写提供了绝好的素材。在教材编写的每一个章节，最好是针对每一个重点问题，都能有典型案例作为教学支撑。在选择案例时，最好挑选具有典型性、代表性的，既能反映理论内容，又能代表社会现实和执法典型的精选案例，争取做到“通俗易懂、以小见大、生动有趣”。

(四) 优化与加强师资队伍建设

如前所述，校内教师缺乏实战经验是行政法教学面临的一大难题，这个问题可以通过前述校局之间警员与教员之间的双向流动解决，这无疑将极大提升广西警察院校师资队伍的实践教学能力。此外，还应当适时优化教师队伍结构，补强行政法专任教师队伍以弥补目前课程专任教师紧缺现状。可喜的是，这个问题已经被引起重视，例如，广西的警察院校近期已完成教学系部教研室设置改革，法律系新成立“宪法学与行政法学”教研室，教研室归属教师 6 人，已基本能够胜任全校的行政法教学任务。但是，在 6 人中，教师的专业性仍有待加强，并且拥有高级职称的教师所占比例过低，这就需要学校创造条件，让教师们有机会进行专业进修、深造或继续攻读博士学位，同时在制度上鼓励教师积极申报职称，整体上提升行政法课程的师资队伍的水平层次。另外，随着广西警察院校的成功升本，培养或引进高层次行政法学科带头人显得尤为重要。目前，广西警察学院中博士和教授非常稀缺，这对于包括行政法在内的学科发展非常不利，为此应当加大投入，扩大影响，积极向区内外引进相关领域高端人才，从战略高度加强地区警察院校的师资队伍建设。

第三节　警察院校宪法事例教学研究

案例教学法在我国宪法教学中的应用表现为宪法事例教学，这是中国宪法实践背景下的现实选择。警察人才培养的特殊模式，要求宪法教学必须区别于传统教学模式。宪法事例教学无论在提高学生理论联系实际能力、辅助理解枯燥乏味的宪法理论，还是在培养学生宪法理念、提高公民素质方面均有其独特功效，若能处理好适用过程中的一些问题，宪法事例教学对警察院校人才的培养利益颇多。

一、宪法事例教学的定义

法学案例教学法是基于普通法系案例教学的理念，采用典型法律案例教材，将学生带入案例中充当法律职业角色，由教师引导学生开展自主探讨性学习的一种教学方法。因其具有自主性、启发性、实践性强的特点，近年来，国内法学教育普遍将法学案例教学法作为一种基本教学方法应用到各部门法的教学实践中。宪法学作为法学专业基础学科，是各层次研习法律者的必修科目，宪法学因其理论性强，内容具有高度抽象性、概括性和政治性强等特点，成为公认的枯燥乏味、晦涩难学（难教）的课程。因此，宪法教学尤其需要案例教学，这早已成为国内宪法学界的共识。然而从严格意义上讲，我国目前并不存在所谓的“宪法案例”，因为在我国现有的司法体制下，宪法仍未能作为法院裁判的直接依据，国内目前还没有一例明确以宪法条文作为审判依据的司法案例（判例），因此也就不能说存在严格意义上的宪法案例。但是，法院不作出判决，并不意味着不存在蕴含着丰富宪法原理并体现出某种宪法关系的宪法事件的存在，而那些具有典型意义的宪法事件，可以经过甄选而成为有利于我们进行宪法理论学习的宪法事例。

所谓宪法事例，是指法治国家在宪政实践中发生的与宪政法治有关的各类真实的社会事件。宪法事例与“宪法案例”或“宪法判例”最大的区别在于其没有经过司法裁判，即没有经过法院依据宪法作出具有法律效力的司法裁决。[1] 针对宪法事例，郑贤君教授指出：“‘事例’是实践中发生的一些真实的事实，它们不是法院做出的，但其中蕴含着宪法原理，可以

---

[1] 王秀哲．宪法事例教学研究［J］．河南司法警官职业学院学报，2008（12）：116.

在教学过程中以宪法原理为标准对这些事实进行分析、评判，并作出结论。”❶ 可见，在宪法教学中，引入典型宪法事件进行宪法事例教学，让学生零距离接触社会实践中真实发生在人们身边的具有宪法意义的事件，不但有利于理解并印证书本中那些抽象难懂的宪法理论，还能激发学生学习宪法的兴趣，真正让宪法和宪法教学“活起来”。

二、警察院校法律人才培养与宪法事例教学

（一）警察院校法律人才培养目标定位

长期以来，针对国内警察院校中法律专业人才的培养目标，学界仍然存在一些认识上的不同意见，主要有三种：一是为法律专业提供辅助型人才；二是作为升入本科的过渡阶段；三是作为中低层次的通才型教育。❷ 特别是近几年，随着高校不断扩招和就业压力日重，各警察院校不得不调整各自的人才培养模式，其中法律专业逐渐形成以培养技能型、应用型法律人才为主流培养模式的格局。也就是说，警察院校作为应用型人才培养高校，其法律专业人才培养目标应当是为社会培养了解法律一般理论和知识，具有较强的法律技能和实践能力的技能型法律人才。这一培养目标，要求警察院校法律专业的学生不必追求法学理论的深入研究，只需掌握法学专业必要的理论基础知识，具备一定的法律意识，特别强调法学专业技能的训练和将所学理论基础知识应用于实践的能力。学生毕业后，能直接胜任对动手和操作能力强需求的法律职业，如公安机关法制部门、律师助理、基层法律工作者、法院和检察院的书记员等。

（二）培养模式转变对宪法教学提出的挑战

如前所述，如果警察院校不再培养通才型和学术型法律人才，那么该类院校中的宪法教学应如何应对这种转变？从目前宪法学教学来看，大多

---

❶ 周刚志，肖北庚．论法学教育中宪法事例教学的原理及其应用［J］．湖南师范大学教育科学学报，2007（3）：113.

❷ 谢姝玮．高职专宪法教学改革之思考［J］．辽宁高职学报，2009（6）：28.

数老师主要采取的仍然是对学生单向灌输的讲授法，多年一成不变的一块黑板、一根粉笔、一本书和一本讲稿。老师在上面讲，学生在下面听，这样的教学模式，缺乏教师与学生之间的沟通与互动，学生只是被动接受知识，非常容易失去学习兴趣，难以谈得上综合能力的培养。更何况，警察院校意在培养技能型法律人才，动手能力和应用能力是此类人才培养的关键。而宪法理论的学习，最终还是要能够认识和解决实践中的问题，如何能让学生利用学到的宪法原理，形成自己的宪法意识并指导自己去认知宪法现象，从而得出符合法治要求的结论，是警察院校宪法学习所要达到的基本要求。因此，警察院校传统宪法教学模式必须改革，引入宪法事例教学是可行之法。

（三）宪法事例教学对警察院校法律人才培养的积极作用

1. 将抽象枯燥的宪法理论讲“活”

宪法学研究对象具有高度的政治性、包容性和抽象性，因此研习法律的人普遍认为，宪法学晦涩难懂，学习起来非常乏味且吃力。事实上，除了学科本身的这些特性，目前包括警察院校在内的国内各层次宪法教材在编写上存在理论性偏强的特点，普遍缺乏案例的引入，导致教材的实践性不足，根本无法吸引学生像学习刑法、民法那样的学习兴趣。同时由于我国宪法实施的严重滞后，即宪法无法作为各级法院裁判的直接法律依据，教师无法选用本国发生的经过法院裁判的严格意义上的“宪法案例”，而国外的宪法判例大多因不够契合本土实际而无法使用，导致宪法“案例教学”步履维艰。事实上，“宪法案例”的阙如并不妨碍宪法事例在生活中的真实存在，数量众多且饱含宪法原理的宪法事例应当成为丰富宪法课程教学的广阔资源。宪法教师可以精选体现某些宪法学基本原理的宪法事例，在课堂上以案例分析、分组讨论等方式让学生更多地自主学习。教师应注重提炼宪法事例所蕴含的宪法原理，与书本相关理论进行比对印证，帮助学生通过社会中的真实事件理解那些原本枯燥乏味的抽象理论。

2. 培养宪法观念，塑造合格公民

国家权力与公民权利的基本关系是宪法学的核心内容，也是宪法课程

教学设计和展开的主线。正确地认知国家权力和尊重公民权利，形成“宪法至上”“权力有限”“人权保障”“正当程序”等宪法观念，是宪法教育的核心内容之一。社会生活中的各种宪法事例，从不同角度、不同层次蕴含着不同的宪法原理，反复进行宪法事例的学习和训练，能够改变学生对宪法固有的“高冷”印象，通过发生在身边的真实事件近距离接触宪法，理解宪法文本制定的缘由，认同宪法所蕴含的精神和追求价值，尊重社会主流的价值共识，在此基础上形成自身的宪法意识。宪法教育的另一个重要功能是培养学生的公民意识。公民意识关乎个人对国家以及社会的主体意识或主人翁身份认同的塑造，这需要学生在平时多关注公权力运行、公民维权事件、社会公共生活以及国内外时政新闻等，将自己置身于公共生活中，关注国家和社会发展动向。宪法事例教学中精选的真实宪法事例，能够让学生更多地关注和讨论社会公共问题，培养其作为“人民当家做主”的主人翁意识，在潜移默化中塑造其作为有责任和担当的合格公民应当具备的法律素养与主体意识。

三、警察院校适用宪法事例教学应注意的问题

（一）宪法事例要精选

随着我国法治进程的不断推进，涌现出越来越多的涉及宪法规范的理解和适用的社会问题、法律问题，在这些纷繁复杂的问题中，如何把握和界定宪法事例是前提和关键。一般认为，判断一个事件是否构成宪法学意义上的宪法事例，至少应当包含三个要素：第一，侵害的主体必须是以国家或政府名义为之的一切行为主体，以及具有“社会公权力”的法人、团体与单位组织。第二，侵害的客体必须是宪法关系。宪法关系与普通法律关系不同，是一种基于宪法规范调整而形成的社会关系。第三，侵害的对象是宪法上规定的公民基本权利。[1] 因此，在甄选宪法事例时，应当选择

---

[1] 范进学，杨阿妮．宪法事例评析之于宪法学研究的价值分析［J］．江苏社会科学，2008（6）：110.

那些以国家或政府的名义或具有公权力的主体实施的侵害宪法上所保护的社会关系的真实事件。

然而，即便是构成宪法意义上的宪法事例，是否都能选用作为教学中的宪法事例？答案是否定的。对宪法教学而言，许多宪法事件并不具有代表意义，要么是其中体现的宪法原理欠缺，深度和广度不够，要么就是不具备时代性或前瞻性。在教学中选择适用宪法事例时，一定要配合教材中某些章节教学的需要（最好是选择适合警察院校法律专业学生适用的教材），尽量精选能够解释和说明教材中宪法原理的那些典型的宪法事例。

（二）宪法事例教学重在培养宪法理念

客观地讲，警察院校的学生相较于普通高校法学院本科生而言，学习能力是相对薄弱的，但他们的理解能力并不弱。宪法教学在面对这样的学生时，教学目的定位准确显得尤为重要。笔者认为，警察院校的法学教育，并不在于培养法学后备人才，更不是培养学术科研人员，没有必要强调宪法知识的记忆和宪法理论的掌握，因为宪法学科的相关从业人员大多需要多年系统的法学训练方能胜任，而此类院校的学生多从事基础性的法律辅助业务，即所学与所用之间并没有直接关系，因此，这个层次的宪法教育，重点不应当是宪法知识的专业学习，而是培养学生形成一种关于宪法政治的正确理念，即宪法理念。

经过大学阶段普法式的宪法学习，学生一旦形成宪法理念，那么这种理念将伴随此生，不易淡忘，此时的宪法理念已经内化为一种世界观、方法论，学生们会不自觉地运用这种理念去观察身边、社会上发生的社会现象与国内外重大事件，宪法理念会帮助他们透过复杂的现象找到背后的本质，形成自身对该事件独到的并且符合宪法政治要求的见解，进而指引自己做出正确的行为选择。不仅如此，宪法理念还能强化学生形成一种强烈的主人翁意识，激发出自身参与社会法治实践的热情，这不但可以满足一个国家民主法治实践所必需的公共参与主体需要，而且是推动社会政治与法治进步的基本动力。可见，通过宪法事例教学培养学生的宪法理念，一方面，能为国家塑造更多的合格公民；另一方面，合格公民又不断地进行社会与法律实践，创造出更多的宪法事件，从而使宪法教育与人才培养实现良性互动。

（三）教师要转变教学观念和注重自身修养

笔者从事宪法教学工作近 20 年，却深刻感受到目前一些领导、教师对宪法学的误解，甚至不少宪法教师对宪法教学都持有这样的看法：一是先入为主，认为宪法学不够贴近生活，难以吸引学生，不易与学生形成双向互动；二是将宪法学定位为基础理论课，认为很不适合案例教学，容易教得枯燥无味；三是认为宪法学就是政治学，只要将宪法文本交代清楚，宪法也就讲好了。其实，这些误解都是源于观念上的错误，属于不了解宪法学真谛和没有深入研究宪法教学方法导致的。警察院校培养的对象不是未来的法学家等高层次法律人才，我们不能总是一味地埋怨生源质量不好，或者再三抱怨没有分配到好的学科，被迫接受宪法这门难啃的“冷骨头”。宪法教师要立刻转变观念，脚踏实地，深入学习宪法学基本原理，在教学中大胆革新，更多采用案例教学法。例如，在备课阶段，教师应多关注社会现实，尤其是注意收集具有宪法意义的典型社会事例；在教学过程中，大胆利用宪法事例做文章，通过讨论、辩论、论文评比等方式激发学生学习宪法的兴趣。此外，教师还应尽可能地运用多种手段，在课堂内外开辟宪法教学课堂，如利用网络资源，开设教师的宪法教学博客，与学生在课余展开进一步的思想交流；开设宪法微信群或 QQ 群，师生在群内可以就新近发生的国内外热点宪法事件进行讨论，让宪法学习紧扣社会现实。

教师是教学活动的关键，一位兼备良好学术修养和人格修养的教师，是宪法教学成功的保证。一方面，宪法教师要注重学术修养，不断丰富宪法理论知识，了解掌握本学科学术前沿动向，注意提高分析、解构宪法事件的能力，要善于收集、选择对宪法教学有用的宪法事例，不断更新教学内容，积累教学经验，提高教学能力，勇于尝试有益的教改措施。另一方面，良好的人格修养，有益于提高教师的教学能力和培养良好的职业操守。例如，警察院校的法律教师，许多都不是毕业于师范大学，基本上没有学过教育心理学，而教学本身是一门艺术，不懂得教育心理势必会影响教学效果，除了过硬的专业知识外，教师的言行、教育方式、师生互动式的情感沟通都能影响甚至是决定学生们老师或者这门课程的喜爱程度。因此，教师应积极拓展知识面，全面提升个人素质，努力塑造人格魅力。又如，目前宪法学科在许多警察院校正处于不受领导重视的“冷门”地位、宪法学研究出成果相对较难、学生不爱听、待遇难解决等，这些困难无时无刻不在考验着宪法教师们的职业道德底线，到底是继续坚持，潜心研究，还是转投其他“显学”或者干脆下海另谋出路，宪法老师们心理矛盾，备受煎熬。对此，除了从制度上、技术上对宪法教学体制加以改革外，教师自己也要经受住考验，耐得住寂寞，甘于奉献，在学术研究与教书育人中体会人民教师神圣职业的乐趣与光荣，做一名德才兼备的辛勤园丁。

第四节　警察院校警务化管理研究

警务化管理作为一种特殊的高校教育管理方式，是符合警察院校培养目标且行之有效的管理模式。然而近年来，随着高校扩招改革的不断深入，警察院校中非公安专业的出现及随之而来的问题，给警察院校在管理方面提出新的挑战。面对非公安专业，警务化管理如何协调教学与管理的矛盾、重视个性教育、提高就业率等，是值得我们再思考的问题。

一、警务化管理的一般特点

鉴于职业的特殊性，警察队伍需要具备精湛的职业技能、高度的组织纪律性、过硬的身体素质、超强的团队协作意识以及吃苦耐劳的奉献精神，等等，这就需要在警察职业教育中采取一种特殊的教育与管理模式。警务化管理作为我国警察院校普遍采用的一种学生管理方式，已成为警察院校区别于普通高校的一大特点和标志。所谓警务化管理，根据公安部编著的《公安教育概论》，是指：“公安警察院校围绕其培养目标，根据公安警察院校革命化、现代化、正规化建设的要求，依据人民警察的有关条令、条例的规定，坚持从严治警、从严治校的方针，实施有目的、有计划、有组织的指挥、协调和控制的活动。通过这种活动，形成一种团结紧张、严肃活泼、井然有序的校园环境，促使学生思想革命化、作风战斗化、生活制度化、内务标准化，保证以教学为中心的各项任务的顺利完成，以达到把学生培养成为有理想、有道德、有文化、有纪律的全心全意为人民服务的公安民警的目的。”❶

多年来，各地警察院校依据公安部文件精神，纷纷结合自身实际，通过相互交流与借鉴，摸索出一条各具特色又具有一定共性的警务化管理道路。归纳来看，警务化管理主要表现为以下几个特点。

（一）严格的身体素质训练

从新生入学军训开始，警校学员就要接受严格的身体素质训练：日常出操、警体课、队列训练等一系列训练项目的设置，就是为了通过体能锻炼培养学生坚忍不拔、吃苦耐劳的意志品质，加强学生的组织纪律性，为将来工作打好身体与意志基础。

（二）一日生活制度

一日生活制度教育可以培养学生的时间观念和规范意识，培养学生严守纪律、服从指挥的自觉性，养成学生良好的行为习惯。通过从每周的升旗仪式、每天的操训、每日的内务整理、统一的作息制度等细微处入手，严格做到生活秩序规范化，潜移默化地增强学生警察素质，塑造警察院校学生的良好形象。

（三）警容风纪教育

端庄的警容、严明的纪律、健康的生活方式和良好的行为习惯是警察院校学生基本素质的重要体现。强调学生在诸如着装、报告制度、卫生、仪表等方面的教育和整治，是提高学生纪律意识和养成良好习惯、培养学生优良品格，展示警校学生精神风貌的有效途径。

---

❶ 万四平．试论警察院校院系二级管理体制下的警务化管理［J］．当代教育论坛，2009（3）．

（四）警察价值观培养

警察价值观是警察组织生存的基点和灵魂，它决定和影响着警察的行为方式，因而警察价值观的培养对警察院校尤为重要。社会主义核心价值观教育、“除暴安良、维护法纪”的组织使命教育、“忠诚、团结、奉献、进取”的行为准则教育，等等，都是公安校园文化的核心价值，始终贯穿于警务化管理全过程，只有这样，培养出来的学生才能真正为人民服务，为社会主义现代化建设服务。

二、警察院校警务化管理现状：以非公安专业为切入点

近年来，随着高校扩招改革不断深化，各地警察院校均面临着生源被抢占的压力，为了生存和发展，招收非公安专业学生是普遍的做法。面对新鲜事物，该如何对非公安专业进行管理，警察院校并无太多经验，因此产生矛盾在所难免。作为一名曾经具有多年非公安专业管理经验的学管人员，笔者亲历了一些问题，现总结如下，以供研究参考。

（一）面对警务化管理，心理上的不适应到矛盾对立

许多非公安专业学生是慕名报考警察院校的，因为他们对警察职业有着近乎崇拜的向往，可以说，他们对即将到来的严格管理是有心理准备的。然而，进入校园后，他们逐渐发现：自己身上穿着的是校服而非警服、所学专业与公安业务相去甚远、面对公安专业同学时极度不自信、在未来的职业上，似乎与警察毫无关联。这种巨大的落差催生了这样的想法：既然不做警察，为什么要用警察的标准对他们进行要求？于是，他们觉得警务化管理只应适用于公安专业，对非公安专业，应当适用普通大学生管理标准。例如，有不少学生难以适应每天6点的早操，认为自己是学非公安专业的，将来并不需要追逐逃犯，需要武装的是大脑而不是四肢，跑得再多也没用；有的学生认为集队上教室完全是形式主义，让一帮学生身着校服却按照警察队列行进，显得既滑稽又不伦不类；还有的学生对外出请销假制度也极不适应，认为既然不是纪律部队，为什么自己的行动自由受到如此不必要的干涉。诸如此类的不适应在非公安专业的学生中可以

说是有相当市场的，久而久之，这种不适应逐渐演变成对警务化管理的抵触，旷操、不集队、无假条外出、不按规定着装等现象逐渐从个别情况演变到时有发生，在非公安专业与警务化管理之间，产生我们不愿看到却不能忽视的矛盾对立。❶

（二）严格到近乎刻板的管理，违背正常教学规律

目前，不少警察院校对公安专业仍实行“计划办学”，即入学和就业都是按照一定指标计划完成的，学生在校期间，只要不违法违纪，顺利毕业并通过公安联考即可就业，并没有太大的学习压力。然而对非公安专业学生来说，严峻的就业形势让他们在学习上必须勤奋努力，学习是第一要务，因此，提供给他们一个良好的教学环境显得尤为重要。然而，为了警务化管理需要，有的学校禁止学生在寝室里自习，为的是保持寝室的整洁与整齐划一，取而代之的是要求在固定的区队教室里自习，集体行动，统一步调，以便于集中考勤；有的学校虽然实行了学分制度，但仍要求统一集队上教室，等到了教学楼后再分别行动；❷ 还有的学校为了严格教学秩序，在上课期间让学管人员到各个教室流动巡查，为的是不让学生上课睡觉，有的甚至当着任课教师的面把违规学生叫到教室外当场训斥，严重干扰了正常的课堂秩序；还有的学校，一到大型社会活动而地方警力不足时，便停课让学生警力填补空缺，有时还调动非公安专业学生参与，❸ 打乱了原本的教学计划。从诸如此类的现象中可知，警务化管理并未考虑新环境下非公安专业教学需求的改变而做出相应调整，某些措施甚至违背教学规律，为管理而管理，使教学效果打了折扣。

---

❶ 赵理直．警察院校非公安专业学生管理的几点思考［J］．中山大学学报论丛，2006（4）．

❷ 不少学生对此抱怨甚多。以一个区队选修课程为例，有的学生选修上午第 1、第 2 节课，有的学生选第 3、第 4 节课，还有的没课，但都不得不统一着装集队上教室。若当时没课的同学一到上课时便无处可去，因为此时寝室不能回、固定教室因排课被占用、有限的公共自习室人满为患，导致学习兴致全无。

❸ 此时且抛开影响教学秩序不说，非公安专业学生的“非专业性”，让他们在承担大型活动安保任务时，安全隐患颇多，处理不好，反而容易造成新的社会矛盾。在此，笔者并不赞成调集非公安专业学生参与大型社会活动安保任务的做法。

（三）忽视个性对专业学习的重要性

警务化管理意味着要对学生个体的行为进行严格的规范和约束，作到令行禁止、整齐划一，如何在此前提下给学生以较大的个性发展空间，是长期以来困扰警察院校的难题。对非公安专业而言，这个难题显得尤为突出，以法律专业为例，法律的研习过程是一个怀疑、思辨、实践的过程，学法尊崇自由、权利、能言善辩和敢于斗争。学习法律不是机械地背诵法条，也不是按照政策需求解读法律，学习法律更不等同于学习政治，因而法律专业的学习并不太需要严格的组织性、纪律性。又如计算机专业，创造性和跳跃性思维是许多程序编写中灵感闪现的基础，该专业的学习需要不拘一格的大胆拓新，要求不拘泥于形式，关注事物内在的本质联系，要取得良好成绩，除了刻苦学习积累外，宽松、自由、竞争、交流的学习环境对激发学习兴趣、创造学术成果尤为重要。而传统警务化管理，对不同专业搞“一刀切”，全部集中化、命令式的管理，扼杀了部分专业学生学习的创造力，忽视了个性对于某些专业学习至关重要的价值，在某种程度上成为非公安专业在获得预期学习效果方面的障碍。❶

（四）开放性不足，直接影响竞争与就业

与普通高校相比，警察院校在与外界沟通交流方面显得十分不足。例如，周一到周五外出需要请销假，使得学生与学管人员频繁忙于请假和批假，连外出5分钟到银行取款都有可能花上几个小时找队长批假，效率非常低下，有时学生怕麻烦干脆放弃请假，养成待在校园里不愿外出的习惯。又如，出于管理需要，警察院校对学生社团的设立和活动控制得较严，使得学生社团活动相对单调，与兄弟院校的联谊非常贫乏，诸如学术交流活动更是少之又少。以某警察院校为例，该校成立法律专业以来，近8年的时间几乎从未请过校外专家学者进行法学方面的学术讲座，也没有组织过与其他院校相关专业的学生进行学习交流活动；该校非公安专业学

---

❶ 陈卓．浅谈警察院校警务化管理中存在的问题［J］．甘肃警察职业学院学报，2007（2）；贾海军．当前警察院校警务化管理存在的问题及对策［J］．吉林公安高等专科学校学报，2009（2）．

生不能利用课余时间外出，失去了通过打工、实践和交流等活动来充实提高专业技能的机会，他们专业知识的获得几乎就是来自课本和老师。如果说出于专业性考虑，公安专业学习具有特殊性，进行严格管理实属必要，那么对非公安专业而言，与普通高校相关专业相比已无学术优势，再缺乏与社会接触，在实践方面再度落后，那么其竞争力可想而知，再加上就业方面又没有政策优惠，长此以往，其就业率必定不容乐观。

三、警察院校非公安专业警务化管理完善建言

如前所述，尽管警务化管理与非公安专业在一些方面存在矛盾，但并不能因此得出结论：非公安专业不适用警务化管理。警务化管理是警察院校的特色、立校之本，多年来的成绩更是说明其存在的价值，因此，在指导思想上确立非公安专业仍然适用警务化管理是必要的。然而社会在发展，情况在变化，警务化管理遇到了新问题，我们应当正视这些问题，适时做出调整以化解这些矛盾，只有这样，非公安专业才能在警务化管理下获得生机，寻求发展。

（一）正确处理好教学与管理的关系

警察院校是高等学校的一种类型，其必须遵循高等教育工作的共同规律，在此前提下才能适当强调警察院校的个性。因此，警察院校的警务化管理不能偏离高等学校共同的管理要求过远，集中地看，就是应该将管理和教学有机地结合起来，而不是管、教分离。

从非公安专业的立场来看，[1] 学校工作的中心应当在于教学，一切管理工作（包括警务化管理）都应当围绕教学工作进行，也就是说，凡是对正常教学工作造成障碍的措施都应当作出调整。例如，可以考虑将课堂教学秩序维持的责任由学管人员转向教师。课堂上睡觉固然不是好现象，但也不能一味追究学生的过错，其原因是多方面的（如授课质量如何、休息

---

[1] 非公安专业与公安专业在培养目标上有较大区别，并不在于培养公安专门人才，如果说警务化管理对于公安专门人才的培养有确实必要，其管理具有独特意义的话，那么这种意义对非公安专业而言，无疑没有专业知识学习来得重要。

时间是否充分等）。在课堂上，老师和学生才是主角，教学进程的把握以及秩序的维护都是教师的责任，我们应给予其充分的信任，即使是量化考核，主体也应该是教务部门（通过学生）和教师，而非学管人员。又如，自习对大学生而言是非常重要的学习方式，不同学生会根据个体的差异来安排适合自己的学习时间和地点，这样才能学出效率，也是科学的学习方式，如果强迫学生统一服装、时间、地点自习，无异于正常上课，会造成他们的抵触情绪，导致学习兴趣降低。是否可以考虑取消非公安专业在自习方面诸多不科学限制，同时加大图书馆自修室建设，引导学生进入图书馆学习，既可便于管理又可提高效率。

（二）重视素质教育，尊重个性发展

警务化管理突出要求学生行为统一化、规范化，这在很大程度上是以牺牲学生个性为代价的。有个性不是坏事，关键看如何引导，如果管理得过宽过严，挤占了许多本该留给学生自由发展的时间和空间，这样势必造成学生个性发展的阻滞，最终不利于提高学习和健康个性的养成。例如，一位刚从某警察院校毕业的学生在给母校的信中写道："现在的学生管理体制抑制了我们个性的发展，刚刚进入校门，也许存在许多憧憬与渴望，但两年多的在校生活（使憧憬与渴望）全都飞（破灭）了，究其根源，我认为学校的管理体制负有不可推卸的责任。"❶ 从这位学生的信中值得反思，我们一度引以为豪的警务化管理给学生带来了如此巨大的不利影响，这也许是许多管理者从未想过的。今天，国家正在大力提倡素质教育，尤其是高度重视给学生以较大的个性发展的空间，警察院校并不能因为自身的特殊性而排除在外。尤其对于非公安专业，某些个性特质的存在与发展，往往是未来职业道路能否成功的关键。我们是否可以考虑先从非公安专业入手，进行警察院校素质教育改革，大胆破除陈旧的条条框框，尊重个性发展，引导专业教育走上素质化道路，待时机与经验成熟后，再向公安专业推广。

---

❶ 刘须群．警务化管理与学生的个性发展：由毕业生写给母校的一封信引发的思考［J］．辽宁警专学报，2002（1）．

（三）多渠道努力提高就业率

非公安专业的学生在培养目标和方向上和公安专业的学生有很大的差别，非公安专业学生培养的重点应放在过硬的专业基础知识、良好的道德品质、灵活的社会适应能力和良好的就业竞争能力等方面，因此非公安专业的学生一定要注重强化专业基础知识，培养自主精神和树立竞争意识，增强社会适应能力。❶ 尤其是近年来高校毕业生数量急剧增加，远远超过国内就业岗位的增加速度，高校毕业生的就业压力日益增大，就业形势十分严峻。社会大环境势必会影响警察院校学生的就业，作为警察院校中的特殊群体，非公安专业在专业上和普通高校的专业相同或相近，未来发展的主要出路就是面向社会，竞争上岗。

学校在对非公安专业学生进行警务化管理时，应当考虑围绕“面向社会、面向各行各业”这个中心，狠抓教学质量，培养学生吃苦耐劳的精神。同时，还要给学生提供充分接触社会的机会，一定要让学生走出校园，融入社会，提高竞争力，从这一点来讲，非公安专业的请销假制度必须改革，以保证他们能够获得足够参加大量的社会实践活动的机会。例如，法律专业的学生可以学以致用，走进社区，开展一些普法宣传和法律咨询活动；也可以走进法院进行旁听，或到律师事务所见习；计算机专业的学生可以和相关的 IT 企业、网络公司联系，到公司做实习生或义工，熟悉行业运作规律。另外，学校还应当营造一种积极向上的学风文化，鼓励学生继续深造，进行专升本或考研方面的努力，不断充实资本，增强就业竞争力。

---

❶ 阎继忠．关于警察院校警务化管理科学化、规范化的几点思考［J］．中国人民公安大学学报，2005（6）．

第三章　国际警务研究

第一节　中国—东盟区域警务合作机制研究

区域警务合作是中国—东盟自贸区能够健康、稳定发展的安全保障。中国与东盟各国在警务合作交流方面取得显著成效，但也存在诸如缺乏经常性工作机制等问题。借助欧洲在区域警务合作领域的成功经验，可以为我们提供一把钥匙，开启变革之门，在探索如何建构中国—东盟区域警务合作机制道路上进行有益尝试。

在当今全球一体化加速融合背景下，犯罪的预防与控制显得愈加困难，一些如毒品走私、国际金融犯罪、恐怖主义活动等带有跨国性的犯罪行为早已超越国境，日益呈现出分散化、职业化、组织化、高科技化等特点，使得任何一个国家在如此严峻的形势下试图依靠单打独斗的方式实施打击是难以奏效的。因此，加强警务交流与合作是各国警方在预防和打击跨国犯罪上的唯一选择。

中国与东盟国家历来就保持着紧密的合作发展关系，双方合作的动机不仅出于经济发展与地缘政治等因素考量，更因为中国与东盟之间有着相同的安全需求。21 世纪以来，建立一个安全、稳定的自由贸易区是中国—东盟“10+1”各国在国际合作领域的重要目标。如今，中国与东盟国家在贩毒、海盗、洗钱、非法移民、网络犯罪和国际经济犯罪等非传统安全领域相继展开合作，中国—东盟区域警务合作的大幕已经开启。

一、中国—东盟区域警务合作：成效与问题

（一）中国—东盟区域警务合作取得的成效

中国与东盟国家一直保持着较好的警务合作关系，自1997年起，中国与东盟每两年举行一次打击跨国犯罪部长级会议。2004年，双方签署《关于非传统安全领域合作谅解备忘录》（2010年续签），在打击贩毒、非法移民、海盗、恐怖主义、武器走私、洗钱、国际经济、网络犯罪等跨国犯罪方面进行密切合作。❶ 例如，在禁毒领域，目前，中国与东盟在禁毒领域已建立起三个层次的合作框架，即中国与东盟在“10+1”“10+3（东盟+中日韩）”框架下的禁毒合作机制、东亚次区域禁毒合作备忘框架下的大湄公河次区域合作机制（包括中国与缅甸、老挝、越南等国边境地区地方政府的合作以及其他双边和多边禁毒合作框架）。例如，在2011年的“10·5湄公河惨案”发生后，中方立刻派出公安高级代表团赶赴泰国，与缅甸、老挝、泰国等国警方全力协作，迅速侦破并逮捕了“金三角”地区特大武装贩毒集团首犯糯康，并将其引渡回国接受中国法律的制裁。2013年年初，中、缅、老、泰四国在湄公河流域开展了名为“平安航道”的联合扫毒行动，共侦破案件560起，抓获犯罪嫌疑人812名，缴获各类毒品共计1931千克。❷ 在经侦领域，2011年9月，公安部统一指挥10省区市公安机关，与印度尼西亚、柬埔寨、菲律宾、越南、泰国、老挝、马来西亚、新加坡东盟8国警方采取集中统一行动，成功摧毁了两个特大跨国跨两岸电信诈骗犯罪集团，抓获犯罪嫌疑人828名，捣毁拨打诈骗电话、转账洗钱、开卡取款和诈骗网络平台等犯罪窝点162处，缴获银行卡、计算机、手机、网络平台服务器等一大批作案工具和赃款，破获电信

---

❶ 外交部．中国—东盟合作：1991—2011（全文）[DB/OL].http://www.gov.cn/gzdt/2011-11/15/content_1993964.html, 2011-11-15.

❷ 张青磊．软实力视角下的中国与东盟警务合作［J］．东南亚纵横，2013（7）：28.

诈骗案件1800余起。❶ 此次联合行动在中外8国同时开展，很好地体现了与东盟实施警务合作的价值。此外，中国与东盟各国在警务人员培训交流方面亦取得丰硕成果，自2004年开始，我国公安部共邀请约1500名东盟国家警务人员访华，先后举办刑事技术、禁毒执法、出入境管理、海上执法、网络犯罪侦查、案例研讨等培训、研修项目60余个；2006年，公安部连续5年每年举办1期东盟执法联络员项目，共有92名来自东盟各国的警官在中国进行了为期1年的汉语和中国警务知识学习。❷

（二）中国—东盟区域警务合作中存在的问题

1. 文化差异造成区域警务合作观念基础薄弱

中国和东盟国家虽同处亚洲，但由于历史原因，这些国家无论在民族构成、宗教信仰还是风俗习惯、法律文化等方面均存在很大差异，这种自然状态下生成的文化差异，直接导致“10+1”警务合作缺乏必要的观念认同。例如，东盟国家中不少国家如泰国、老挝、柬埔寨信奉佛教，而印度尼西亚、文莱信奉伊斯兰教，基督教、天主教在不少东盟国家也很常见。宗教派别的差异和利益纠葛经常成为社会矛盾的导火索，此时不同国家在宗教问题上的立场很可能与他国发生冲突，进而直接导致国际警务合作的观念隔阂。又如，法律文化的差异可能导致同样的行为在不同国家会受到不一致的评价，如买卖妇女儿童、重婚、吸毒等行为，在一些国家可能构成犯罪，而在另一些国家可能只是轻微违法甚至是合法行为，这些差异无疑为国际警务合作带来困扰。文化差异还体现在意识形态领域，中国的社会主义国家性质一度成为与东盟国家合作的一大障碍，虽然“冷战”已经结束，但“冷战”思维惯性仍在，再加上中国的大国身份，部分东盟国家仍然存有“中国威胁论”的疑虑，这种观念下的国际警务合作欲往纵深推进无疑是困难的。

---

❶ 人民公安报．走向世界共筑平安　国际警务合作共赢［DB/OL］．http：//www. mps. gov. cn/n16/n983040/n3695342/n3695357/3710256. html，2013-03-04.

❷ 外交部．中国—东盟合作：1991—2011（全文）[DB/OL].http://www.gov.cn/gzdt/2011-11/15/content_ 1993964.html, 2011-11-15.

2. 制度差异导致区域警务合作障碍重重

中国与东盟各国都是主权国家，各自都有本国独立的政治与法律制度，制度差异是客观存在的。在国家性质上，中国、老挝、越南是社会主义国家，其他各国为资本主义国家。在政权组织形式上，泰国、马来西亚、柬埔寨实行君主立宪政体，中国实行人民代表大会制度，越南和老挝实行议会共和政体，印度尼西亚和菲律宾实行总统制共和制政体，文莱至今仍是君主制国家，新加坡是一种权威制政体，缅甸更是采用军政权体制。政治制度的巨大差异使各国的国家权力体系（立法、行政、司法）运作机制殊为不同，给区域警务合作设置了一道体制障碍。又如，由于东盟各国与中国在法律制度存在差异，警察在不同国家执法权的内涵和外延是不同的，再加上大陆法系与英美法系在司法程序上的客观差异，使得合作各方在管辖范围、犯罪成立、逮捕条件、犯罪嫌疑人权利保障、执行程序以及引渡规则等方面至今仍存在较大分歧，这些都成为区域警务合作的现实技术障碍。

3. 国家利益平衡使得区域警务合作进退维谷

对主权国家而言，国家利益是国际合作首要考虑的因素，这是中国与东盟国家警务合作无法回避的前提。虽然中国与各个东盟国家整体上保持着较好的外交关系，但局部国家利益冲突还是存在的。此外，以美国为首的霸权主义对东南亚地区不断渗透，每一个东盟国家都在美国、中国和日韩等亚太国家间寻求利益平衡，因此国家政策举棋不定，其表现就是近几年来中国—东盟关系的趋冷以及自贸区建设进度缓慢。在如此格局下，中国与东盟国家的警务合作自然缺乏持续与稳定的环境支撑，呈现出进退维谷的尴尬局面。

4. 合作方式简单，合作机制远未建立

目前，中国与东盟国家的警务合作方式还比较单一，并且多集中在联合执法领域，缺乏区域性的联合决策机制、信息沟通机制以及法律救济机制等体系化合作模式。例如，一直以来，湄公河流域安全执法合作机制的建立一直是中国与东盟各方的合作目标，但受限于国家利益和主权观念，各方很难达成集中高效的合作机制：泰国代表团表示无权签订任何有法律约束力的协议；缅甸代表团则坚持以分段巡航方式各自负责本方领域内的河段执法；老挝则未明确表态。各方的无所作为在客观上纵容了湄公河流域多发的武装劫持案件，间接导致“湄公河惨案”的发生。上述问题只是当前中国—东盟警务合作缺憾的一个缩影，其根本原因在于当前中国与东盟之间的警务合作是一种问题驱动型的合作模式，即所谓“头痛医头、脚痛医脚”，始终缺乏一个经常性的合作机构存在，并且这种合作机构应当统合适度的民主性、正当性、执行力以及公信力，成为一个能动、高效的国家间的区域合作部门，改变过去那种出现问题后先通过政治或外交对话、再让相关部门进行反复磋商的低效与无为的做法，努力形成一种全面且高效的区域警务合作机制。

二、域外经验：欧洲范围内的警务合作

（一）欧洲警务合作的发展脉络

警务合作在欧洲有着悠久的历史传统，并且随着欧洲一体化的趋势呈现出“警务一体化”的发展趋势。欧洲最初的“警务合作”起源于15~16世纪的海盗引渡，当时葡萄牙、西班牙、荷兰等海事强国为打击海盗犯罪开始签订引渡协议。此后的几百年时间里，欧洲各国逐渐将警务合作范围从海盗引渡扩展到其他领域，如询问证人、查没犯罪收益、移送物证、案件协查、国际通缉等。第二次世界大战之后，欧洲地区的警务合作在欧共体的推动下快速发展，各成员国相互签订大量的刑事司法协定，许多警务合作的组织机构亦得以成立。近年来，特别是在欧盟成立后，欧洲的安全形势发生巨大变化：“冷战”格局瓦解后的战争已不是主要威胁，取而代之的是前东欧和亚非国家大量的非法移民、有组织国际犯罪、欧洲统一犯罪市场的形成以及高危化、智能化、高科技化等新型犯罪不断涌现，这些因素都促使欧洲各国尤其是欧盟及其成员国加强警务合作的愿望日趋强烈。目前，欧洲警务合作呈现出加速融合的发展趋势，并通过欧盟及各成员国之间的警务合作关系上表现出来。总体上看，欧洲的警务合作大致分为两类：一是欧盟主导下的警务合作；二是非欧盟主导的警务合作。虽然两种合作形式上相互独立，但彼此之间存在密切联系。尤其值得一提的是

非欧盟主导的警务合作，它通过“小区域合作—扩大合作国与合作范围”方式逐渐向整个欧盟层面辐射（如申根协定体系，它由一个非欧盟合作体系开始，最终被纳入欧盟体系），从而使欧洲警务呈现一体化态势。❶

（二）欧洲警务合作的几种模式 *

1. 北欧警务合作模式

北欧五国（瑞典、挪威、冰岛、芬兰、丹麦）在地理位置、文化背景、政治体制等方面的相似，为五个国家的广泛合作奠定了基础。北欧五国于1953年成立北欧理事会，从此走上了一体化发展道路。在警务合作方面，1982年北欧国家司法部长会议决定加强警察和海关在打击毒品犯罪方面的合作，并于两年后成立北欧警察与海关合作组织（PCN）。根据合作协议，北欧五国居民在这些国家旅行时实行出入境免检制度，无须护照；五国实行刑事政策统一标准，只要某行为在五国内任一国家被认定为犯罪，其他四国也应当视其为犯罪；北欧五国任何一个国家的警察在执行任务时，都可以携带武器进入其他四国领土进行执法活动；犯罪情报资源在北欧五国内实行共享；五国在引渡和遣返罪犯方面实行最简化的引渡程序。21世纪初，考虑到北欧跨境犯罪形势严峻，北欧五国决定将PCN的合作领域扩展到所有跨境犯罪。❷

实践证明，北欧五国的警务合作成效是显著的，这使北欧成为世界范围内犯罪率最低的地区之一。然而，根据传统国际法理论，刑事管辖权是国家主权范围内的专属事项，任何一国的警察在未经特别程序授权的情况下都不允许到他国行使执法权，因此北欧五国的实践实际上已对国家主权观念构成了某种挑战，一时可能难以为其他国家接受。但是，北欧五国的

---

❶ 刘为军．欧洲警务一体化的现状、制约因素与发展趋势［J］．欧洲研究，2004（6）：95.

* 出于中国—东盟警务合作的主体背景，此处主要介绍非欧盟主导的警务合作模式。而欧盟主导警务合作也许更适合于东盟内部的警务合作做类比研究，暂时超出本书研究范围，故此处不予提及。

❷ 李媛媛．上海合作组织框架下区域警务合作研究［D］．乌鲁木齐：新疆大学，2009：30.

上述实践却提供了一种模式范例，即具有相似或相同地缘因素、文化传统、政治与法律制度的国家开展警务合作的方法，其成功经验的某些要素还是值得他国借鉴的。

2. 申根协定体系下的警务合作模式

所谓申根协定（Schengen Agreement），是指1985年由比利时、荷兰、卢森堡与德国、法国在卢森堡申根市缔结了《比荷卢经济联盟国家与德国和法国关于逐步废除共同边境检查的规定》及随后签署的《关于执行申根协定的协定》（以下简称《执行协定》）。[1] 申根协定缔结后，上述五国废除了彼此之间的边境控制，取消了边境检查，实现五国区域内人员的自由流动。值得一提的是，在申根协定体系中，建立了申根信息系统（SIS），它能够使缔约国在收集、传递、分享和分析情报上更富效率。此外，在申根协定体系中还有一个警察和治安操作网络系统（SIREN），它与SIS的不同之处在于更侧重于加强缔约国之间的警务交流和安全合作，其功能在于处理一些非定型化的信息，如图片、文本和警务人员间的传真、电话等。[2]

申根协定是欧洲国家一体化的重要标志。通过申根合作，欧盟缔约国得以将警务和司法领域的工作进行整合与统一，实现了欧洲主要国家的警察、海关、移民局的协同合作，使得申根协定的缔约国之间、缔约国与非缔约国间的边境安全得以稳固。[3] 需要强调的是，虽然申根合作的目的是增强欧洲各国与犯罪斗争的综合能力，但毕竟协议的达成是以放弃某些主权作为代价的，该做法也许并不能为其他国家和地区所接受。但这种尝试毕竟提供了一种模式，即为区域组织成员内部、组织与非组织成员间警务合作提供平台，使得具有相似利益各方能够以特定事务作为合作切入点，

---

[1] 自1993年9月1日，《执行协定》生效。随后意大利、希腊、奥地利、丹麦、芬兰、瑞典、挪威、冰岛等相继批准加入申根协定。1997年10月2日签署的《阿姆斯特丹条约申根协定》将申根合作纳入了欧盟框架。1999年5月1日起，申根合作正式在欧盟框架下运作。

[2] 刘为军. 论申根协定体系与欧盟警务合作［J］. 法学杂志，2006（11）：124.

[3] 申根协定成员国中的挪威和冰岛并非欧盟成员国，而欧盟成员国英国和爱尔兰则没有加入申根协定，但享有申根协定规定的一定权益。2004年5月新加入欧盟的10个国家也已加入申根协定，但直到2006年之后才具体实施。

逐渐寻求更广泛的合作空间。

3. 国际刑警组织框架下的警务合作模式

国际刑警组织（Interpol）是一个非官方的专业组织，在打击跨国犯罪方面发挥了重要作用。过去，Interpol 的运作主要通过成员国的业务部门与国际刑警组织总部之间联络完成。随着其不断发展壮大，区域化警察合作组织相继建立（如亚洲合作工作组、非洲合作工作组），合作途径也开始多样化。目前，Interpol 在欧洲共有 46 个成员，其中一半以上为欧盟国家。Interpol 框架下的欧洲警务合作模式比较注重机制建设和运作效率，它的主要内容包括：(1) 设立欧洲事务处，为 Interpol 在欧洲的行动提供秘书服务，实现欧洲成员国与 Interpol 之间的联络活动，组织、支持特定领域的临时工作组，必要时对正在进行的侦查活动进行协调。(2) 设立国际刑警组织欧洲委员会，审议目前存在的策略、政策和现实问题，向欧洲地区会议成员国提交建议，并处理总秘书处、欧洲地区会议或者个别成员国交办的事务。(3) 设立国际刑警组织欧洲地区会议，协调欧洲警察行动，研讨改善成员国之间的警察合作水平的政策和策略。❶

客观而言，鉴于国际刑警组织的非官方性，再加上成员国数量众多、各国法律制度与司法程序差异较大，因此成员国的合作时常发生矛盾，效率并不算高。相较而言，欧洲区域内的国际刑警组织运作模式将国际警务合作的运行机制细致化，更注重可操作性和效率，特别是它为欧盟成员国与非欧盟成员国提供了一条合作渠道，这是非常值得其他地区某国际组织成员国与非成员国之间就如何开展警务合作学习的做法。

三、中国—东盟区域警务合作机制构建思考

（一）依托地缘优势，以经贸往来助推政治合作，通过培育区域共识为警务合作奠定观念基础

中国与东盟国家山水相依，历史上就保持着经济、政治、文化、安全

---

❶ 刘为军．欧洲警务一体化的现状、制约因素与发展趋势［J］．欧洲研究，2004(6)：95.

等领域的紧密合作并延续至今。特别是近 20 年来，双方从过去的对话伙伴提升到战略伙伴关系，尤其在经贸方面，双方贸易保持快速增长势头，经贸合作成果显著，目前中国已成为东盟第一大贸易伙伴，东盟则是中国第三大贸易伙伴。2010 年 1 月，中国—东盟自由贸易区如期建立，成为继欧盟之后最具发展活力的区域。自贸区建立后，双方将对超过 90% 的产品实行零关税，将更有力推动双边贸易快速增长。以经贸为助推剂，双方政治互信亦不断增强，在非东盟国家中，中国是第一个与东盟建立战略伙伴关系并确定与东盟建立自贸区的国家。目前中国已经与东盟建立起一系列对话体制，迄今已举行 13 次领导人会议以及 3 次特别领导人会议，在外交、经济、卫生、电信、新闻、质检、交通、海关、检察和打击跨国犯罪等领域建立了部长级会议机制。此外，中国还与东盟国家签署了《南海各方行为宣言》，显示了双方共同致力于加强睦邻友好合作关系，共同维护南海地区和平的决心。[1]

上述经贸与政治方面的合作无疑将对中国—东盟区域合作关系向纵深推进发挥巨大作用，在发展经济与政治交流的同时，还有利于互利互信、开放包容、合作共赢等区域合作理念的形成。尽管双方还存在诸如文化、制度、局部利益冲突等许多问题，但在全球化背景下，合作共赢终究是大势所趋，欧盟一体化历程就是最好的例证。为适应这种形势，中国与东盟国家都必须转变观念，以大局为重，克制不良主权意识冲动。尤其是中国要以实际行动消弭东盟国家在意识形态观念的误解，以坚厚的实力破除美日等国家在亚太地区的霸权企图，寻求多元政治格局框架下的诚信合作，获得东盟国家和人民的理解与支持，形成一种中国—东盟区域存在感和认同感，从而在思想层面上达成区域共识，为区域警务合作奠定一个坚实的观念基础。

（二）设立常设性警务合作机构，构建警务合作体系机制

如前所述，中国与东盟国家目前缺乏警务合作的经常性工作机构，严

---

[1] 外交部．中国—东盟合作：1991—2011（全文）[DB/OL].http://www.gov.cn/gzdt/2011-11/15/content_ 1993964.html, 2011-11-15.

重影响了双方警务合作的效率与效果。目前的湄公河流域联合巡逻执法机制，远不能满足区域安全合作的要求，只是反映了中国—东盟警务合作的一个方面，要改变问题驱动型警务合作模式，必须构建经常性、体系化的警务合作机制。纵观欧洲经验，成体系化形式存在的各个警务合作部门的高效运转，是其警务合作之所以成功的关键所在。为此可以考虑借鉴欧洲经验，特别是申根协定体系和国际刑警组织框架下的警务合作模式，建立中国—东盟经常性的区域警务合作部门。例如，中国与东盟可考虑以现有的东盟警察首长会议机制为基础，成立中国与东盟警务合作秘书处，设立秘书长职务。秘书处成员由中国和东盟国家的公安部负责人组成，定期举行中国与东盟警务合作会议；秘书长由中国和东盟各国轮流担任，任期1年，负责统一中国与东盟各国警务合作共识，制定长期合作规划，在具体警务合作领域做出决策；秘书处决议对合作各方应当具有约束力，并赋予其必要的执行权和制裁权，以避免机构设置流于形式。更进一步看，秘书处还可以下设三个办事机构，分别负责情报信息交流（功能上类似于欧洲的SIS）、警务人员联络和培训、联合执法工作，办公室负责人可由各国公安部门负责人推荐、经秘书处讨论后任命。

当然，寄希望于一个秘书处来解决中国—东盟警务合作的所有事务是不现实的，毕竟中国—东盟格局不同于欧洲，它有着更为复杂的局面，如中国并非东盟成员国、国家间利益关系复杂、地区发展不平衡以及外部势力干扰等因素，这些障碍的存在严重阻碍警务合作实施，必定令任何单个机构难堪负重。因此，建立一个体系化的工作机制是必要的，即在等多具体的警务领域设置经常性的工作机构，它可以尽量不受国际环境波动对单一机构的影响，更专注于从技术层面联络各国警务合作，防止单一机构一旦停摆就造成区域合作瘫痪的情形出现。退一步看，即便建立上述秘书处存在困难，也可以先考虑建立非政府层面的合作机制，例如强化“亚洲刑警组织”等非官方领域的合作机制或先考虑国与国之间通过双边协议进行合作机制试点，自下而上地在禁毒、反恐、非法越境等某种类型的国际犯罪领域展开区域警务合作机制，设立常设性的专业机构组织协调区域该领域的警务合作，待时机成熟后，由政府出面整合各种资源，吸收合并上述机构，从而完成国家层面的区域警务合作。

（三）重视区域警务技术合作，培养高素质跨区域执法人才

欧洲警务合作给世人留下的一大印象就是高效，除了机制设置合理外，许多高科技技术手段的运用、信息的及时传递以及高素质警务人员的配备起到了至关重要的作用。为此，中国—东盟区域警务合作也应当注意以下几个方面的工作。

（1）加强区域警务技术合作。现代科学技术犹如双刃剑，既能促进人类生活便利，也能成为犯罪分子利用的工具。近年来国际犯罪正日益智能化和高科技化，使得打击此类犯罪越发困难，因此各国政府也必须不断研制新的技术手段、增添新的武器装备加以应对。可见，中国与东盟的警务合作中不可缺少技术和装备的共同研发，以实现资源的最大化利用。例如，合作各方可以在照相录像技术、痕迹检验技术、文书（含笔迹）检验技术、刑事理化检验技术、法医鉴定、DNA 检验、声纹鉴别技术、气味鉴别技术、心理测定（测谎）技术、人体外貌识别技术、侦查通信技术、刑事模拟画像等方面展开技术成果交流或共同研发，共享科技成果，能够为区域犯罪侦破提供最精良的武器，提高犯罪的预防与侦破效率。

（2）组建警务信息网络平台，加强区域警务情报沟通。从某种意义上说，区域警务合作得以实现最可靠的技术保证就是通信网络，即合作各方能够通过通信网络全天候、无障碍、迅速地交换彼此传递的犯罪情报。通过这种可靠、秘密、迅速而又简单的信息交换，各国警察能够及时掌握有价值的情报，为预防和控制犯罪赢得先机。为此，中国—东盟应建立起自己的区域警务情报交流网络，装备自动信息查询系统，利用电子邮件、密码无线电、电传和传真系统，通过整体转换网络、电话或电报进行信息传递，将彼此国家里有关犯罪活动的情报，有关犯罪对象的情况，保护性措施的情况，有关刑事强制措施的情况以及协助提供对请求国刑事案件的侦查必需的证据等内容及时纳入网络。一旦某国对已经发生的某一跨国犯罪进行侦查时，就可以请求其他有关国家的警方提供自己所掌握的、与该犯罪有关的信息、资料和证据，以确保预防和打击犯罪能够及时开展。

（3）努力打造一支专业化区域警察执法队伍。欧洲警察向来以高效廉洁闻名于世，这与其科学的警官培养体制是分不开的。在欧盟国家，除了成员国拥有自己的警官教育培养体系外，欧盟还专门设立“欧洲警察学院”来培养高层次的警务人员。同时，欧盟还配备有“欧洲警察维和部队”，从欧盟内部的警察部队（包括具有军事地位的宪兵或国家警察等）中招募，经特别训练后执行任务，以帮助成员国处理各种危机情况。虽然在亚洲未必要遵循欧洲模式拥有所谓维和部队，但装备一支经过专业训练、高质高效、具备国际交流能力的职业化区域警察执法队伍还是很有必要的。为此，中国与东盟各国应当加强区域警务人员的交流培养工作，最好使其定期化，开展有针对性的警务专业人才培训。在条件具备时，也可以学习欧洲模式，在中国（广西）建立“中国—东盟警察学院”，对区域执法所需要的人才在广泛论证调研的基础上，设置不同的专题，对来自东盟和国内的警官进行专业化的培训。

第二节　马来西亚警察制度研究

“一带一路”倡议使中国与东盟合作面临着全方位升级，其中亦包括双边警务合作。但我国对马来西亚的警察制度还缺乏精细化研究，信息上的阻塞给两国警务合作造成诸多不便。为此，从宪法、行政法以及刑事司法等多维度梳理马来西亚警察权力的体系构架、运行中存在的问题，以及实践中该国采取了何种法律规制手段，是深入了解该国警察制度的有益尝试，或许能够为中国与东盟国家警务合作向纵深推进提供某种理论支持。

在“一带一路”及“海上丝绸之路”倡议下，中国正积极推动与东盟国家的“政策沟通、设施联通、贸易畅通、资金流通、民心相通”。❶ 双方的合作关系还体现在国际警务交流与跨国执法合作，尤其是恐怖主义活动日益猖獗的今天，中国与东盟国家在反恐防暴、打击跨国有组织犯罪、

❶ 国际在线．2015 中国东盟关系稳中求进［EB/OL］．http：//www. cafta. org. cn/show. php？contentid = 76991，2016-02-15/2017-12-12.

毒品犯罪以及公共安全维护方面有着共同的利益需求。马来西亚作为东盟国家中对华贸易的最大经济体，在政治体制、文化传统、司法制度、执法惯例等方面与我国存在较大差异，成为双方警务合作向纵深推进的障碍。为此，深入研究该国警察权的发生、运作以及发展动向，也许能够为认识东盟国家警察制度提供一种研究视野和思路。

一、马来西亚警察权的配置

马来西亚皇家警察（以下简称“马来西亚警察”）是“在全马来西亚境内提供服务以维护法律和秩序、维持马来西亚和平与安全、预防和侦查犯罪、逮捕和起诉罪犯和收集安全情报”的部门❶，是马来西亚的治安行政部门，总部位于吉隆坡武吉阿曼。❷ 马来西亚警察设国家警察总长 1 名，接受内政部长的管理和指导，是警察队伍的最高行政长官；设副警察总长 1 名，协助警察总长工作以及当警察总长在马来西亚境外或无法履行职责或正在休假时履行警察总长的职能；马来西亚各州或地区设置警察总监或警区总长，由警察总长任命，领导该区域内的安全事务与服务；各州或地区被划分为若干警区，由相应的警长负责；警员是警察队伍初级与基本构成单位，在各个警察部门或编队工作，是日常执法的主要力量。马来西亚警察的工作范围覆盖治安巡逻、交通指挥与管制、处理安全情报、犯罪调查、执行逮捕、进行起诉、看守囚犯以及保护遗失财物等内容。为此，警察机构设置有政治部、行政管理部、刑事调查部、商业罪案调查部、毒品罪案调查部、国家内部安全与公共秩序部以及后勤部等若干部门以承担上述工作职能。在马来西亚法律体系中，事关警察职能与权力的规

❶ 1967 年《马来西亚警察法》第 3 条第 3 款。

❷ 需要提及的是，为充分发挥公民参与社区安全维护与治理的积极性，马来西亚还设置有皇家警察志愿预备队、协警、皇家警察预备队以及皇家警察少年团等辅助性警察组织，并赋予其必要的权力和待遇保障，构成该国在警察权力配置上的一大特色。

定散见于不同历史时期、不同层级的法律文件中。❶ 鉴于警察职能的多样性与复杂性，这些法律在赋予警察实现其职能和权力时，难免出现重复、交叉或者遗漏。为此，特选择从宪法、行政法、刑事司法三个维度对警察权的主要法律依据进行搜寻与整理，辨析马来西亚警察权的规范性渊源，以期获得对该国警察权配置的宏观性认知。

（一）宪法上的警察权

《马来西亚联邦宪法》（以下简称《马来西亚宪法》）于1957年制定，1984年修改，共13章、总计181条，并附带13个附表，一直沿用至今。在宪法文本中，直接涉及警察权的条款共有5处，❷ 分别是第132条第1款；第140条；第144条第6款；第146条第2款第4项及附表九中的第3条。《马来西亚宪法》第132条❸是关于公共服务（行政）机构范围的规定，其中第1款将“警察部队”列为公共服务机构之一，是对警察权性质的整体界定，即马来西亚宪法将“警察权”视为一种行政权，并将警察机构的设置与管理纳入公共行政部门的序列中。该法第140条是关于“警察部队委员会”的规定。警察部队委员会是“管辖一切警察部队成员，并依照现行法律的规定，负责警察部队的常任职位或可享退休金职位的任命、核准、安置，警察部队成员的提升、调动，以及对他们实施纪律监督”的机构，其人员构成包括：联邦主管警务的部长，任委员会主席；国家警察总长；主管警务的部长的部任秘书长；由最高元首委任的公共服务委员会成员一人；由最高元首委任的其他委员2~6人。警察部队委员会是

❶ 如1933年《限制居住地法》、1948年《煽动叛乱法》、1952年《危险物品管理法》、1960年《国内安全法》与《武器管理法》、1967年《警察法》、1969年《紧急状态条例》及1985年《反毒品法》等。

❷ 这里的统计方式是以“警察”作为关键词，在宪法文本中查找与警察权直接相关的条款，并不包含那些虽不以“警察”字样出现、但内容可能包括警察权相关内容的宪法条款。至于这部分所涉警察权相关内容（主要指第二章公民基本自由权），会在后面以具体警察权力表现形式讨论。

❸ 《马来西亚联邦宪法》第132条第1款规定：“在本宪法中，公共服务包括：1. 武装部队；2. 司法与法律服务；3. 联邦普通公共服务；4. 警察部队；5. 铁道服务；6. 第133条所述的联合公共服务；7. 各州公共服务；8. 教育服务。”

政府主要从事警察事务相关的议事与咨询的幕僚机构，其核心权力是警察总监与副总警监以上高级警官人选任命的推荐权。❶ 该法第 144 条第 6 款是关于警察部队委员会授权有关机构或个人行使其职权的规定，即警察部队委员会认为必要时，可以授权警察部队或指定警员行使其权力，被授权者应根据警察部队委员会指示并在其监督下行使职权。该法第 146 条第 2 款第 4 项是关于警察部队任职人员借调至沙巴州与沙捞越州的人事管理权相关规定。附表九中的第 3 条是关于议会立法权范围的规定，该条授权议会就国内安全事项立法，并明确列举了议会可以就警察权运行范围内如刑事调查、罪犯登记、公共秩序、监狱、拘留所、预防性拘留、限制居留以及情报服务等事项制定法律。❷

在成文宪法国家中，并非所有国家均会将警察权直接纳入宪法文本加以规范，这取决于警察在该国社会治理中的地位、作用与司法环境等因素，也适度反映出宪法对警察权问题的重视程度。综上所述，在《马来西亚宪法》的 181 条规范中，与警察直接相关的就有 5 条，占比将近 3%，远高于其他政府部门。宪法不但明确规定了警察权的性质，更以他国罕有的方式设置专门的“警察部队委员会”这一宪法赋权的独立机构以执掌警察队伍管理与重大决策。此外，宪法还专门就警察权的授权、警察人事管理、警察立法等问题进行详细规定，宪法如此“事无巨细”地就警察权力的配置与运行做出规范，足见警察权在马来西亚国家权力体系中的重要性。

---

❶ 《马来西亚联邦宪法》第 140 条第 4 款规定：“最高元首得将警察总监、副警察总监的职位，或他认为同级或更高级别的警官职位列为特别职位；任何上述特别职位，不得依据第 1 款任命，应由最高元首根据警察部队委员会的推荐任命。”同时第 5 款规定：“最高元首在根据警察部队委员会的推荐实施第四款规定前，得考虑总理的建议，并得将上述推荐退回警察部队委员会复议，但以一次为限。”

❷ 《马来西亚联邦宪法》附表九（议会立法事项表）第 3 条规定：“内部安全，包括：1. 警察；刑事调查；罪犯登记；公共秩序；2. 监狱；感化院；青少年拘留所；拘留所；缓刑；少年犯；3. 预防性拘留；限制居留；4. 情报服务；5. 国民登记。”

（二）行政管理中的警察权

1. 道路秩序维护权

在警察行政管理中，通畅的路面秩序是公共安全与治安稳定的基本保证，为实现这一目标，警察必须获得相应的权力以处置可能出现的路面警情。如《马来西亚警察法》第 21 条“公共道路上的职责”规定：“（1）警察有权处理：（a）调控、管理和引导交通；（b）维持公路、巷道、干道、着陆处，以及其他公共旅游景点和公共通道；（c）防止集会期间在公路和巷道堵塞，和无论基于何种情况，（防止）在任何公路、巷道、主干道和着陆处或渡口可能堵塞或造成拥堵。”

2. 检查权

与我国警察拥有的盘查权相类似，马来西亚警察在执法中，对于其有合理理由怀疑正在进行某种行为或占有某物涉嫌违法时，有权针对人身、证件以及车辆等进行强制性检查。如《马来西亚警察法》第 24 条第 1 款规定：“警察有权：（a）阻止和留置某人：当看到其正在做出某种行为或在占有某物；或有合理的理由怀疑其正在做出某种行为或在占有某物；或根据有关法律授权，有权要求某人出示证件或许可证；（b）无授权令情况下，阻止和检查根据相关法律有合理理由怀疑被用于违法行为的车辆或船只，条件是该车辆和船只（根据本条第 4 款）被留置超过调查的合理所需时间（48 小时）。”

3. 扣留权

马来西亚警察执法过程中，发现涉案财物、车辆等物品或交通工具时，有权将其认为可疑的对象予以扣留，这是一项临时性限制措施，意在保证案件查处的顺利进行。如《马来西亚警察法》第 24 条第 4 款规定：“警察在有合理的理由怀疑某车辆、船只被用于违法用途或是已发生违法行为证据的情况下，可将其移交至最近警区总部或其他合适地点，且该警区负责的警官可扣留该车辆或船只，等待调查，其间不超过 48 小时。如果在此其间，相关违法行为的诉讼开始，则可根据相关法律或作为证据没

收该车辆或船只，直至诉讼最终判决。”❶

4. 集会、游行审批权

在多数民主国家中，集会、游行权是宪法所保障的公民基本权利之一，《马来西亚宪法》第10条亦有所规定。但与许多西方国家针对集会、游行申请所采取的“备案制”不同，马来西亚对公民集会、游行采取严格的态度，实行与我国类似的“审批制”，并将这项权力赋予警察。根据《马来西亚刑事处罚法》第141条规定，凡5人以上（含5人），带有不合法的共同目的的集会，为非法集会。如果为达到上述目的而使用武力或者暴力，该集会之性质定性为骚乱。为防止非法集会，《马来西亚警察法》第27条规定：“如果个人要在任何公共场所举行会议或者游行，须事前向警方提出审批并获得批准，任何未经批准的集会，将被视为非法集会，任何警察均有权处置。”在特殊情况下，警察甚至有权阻止非公共场所的集会，只要警方认为“根据各方面判断，集会活动指向会场之外的人”或“集会有可能损害马来西亚或马来西亚任何一部分的安全利益，或者引起骚乱”。

5. 行政处罚权

行政管理所涉事务具有广泛性与复杂性，警察在很多执法领域均会遇到行政违法行为，因此马来西亚的很多法律、规章都授权警察必要的处罚权。由于目前并无统一的《马来西亚行政处罚法典》，再加上沿袭英国的判例法体制，故警察行政处罚权比较分散。如其《马来西亚警察法》第21条第2款规定：“妨碍、反对或违背警察在依法履行职责中的指令的人，属于违法，当被定罪，可被处以不超过200林吉特❷的罚款，或不超过3

---

❶ 在马来西亚，警察扣留权的标的甚至包括飞机，如《马来西亚警察法》第25条第1款规定：“根据第2款规定，高级警官可在机场或马来西亚其他地方留置和在无授权令情况下检查飞机（该飞机不属于政府或其他国家政府服务专用）；上述飞机正在机场或在马来西亚其他地方行动或正在飞行，高级警官可以根据上述条款命令该飞机停下或在机场和其他其要求的地方着陆。”同时第2款规定：“第1款赋予高级警官的权力需满足的条件：其有合理可信的理由证明该飞机正在或已被用于可实施逮捕的违法行为；其目的是逮捕有理由怀疑其已作出足够被逮捕的违法行为的人。”

❷ 林吉特为马来西亚官方货币，根据目前的汇率，1林吉特约合1.55元人民币。

个月的监禁，或两者并罚。”第26条第2款规定：“不遵守警察关于人或车辆在路障前停下的合理命令，则视为违法行为，一旦定罪，可处以不超过12个月的监禁，或不超过1000林吉特的罚款，或两者并罚。”❶

（三）刑事司法中的警察权

1. 逮捕权

为维护公共安全和社会秩序，警察必须有权对涉嫌违法并破坏秩序的行为人实施预防性的强制手段，逮捕权便是其中之一。《马来西亚刑法》将犯罪分为可逮捕的犯罪和非逮捕的犯罪，前者为“警察无须出示逮捕证即可实施抓捕的犯罪”，《马来西亚刑事诉讼法》第一部分规定了此类犯罪的具体形态，如谋杀罪、毒品犯罪、恐怖主义犯罪等，明确赋予警察在面对此类犯罪时的逮捕权。除《马来西亚刑事诉讼法》外，《马来西亚警察法》第20条第3款第（1）项规定：“逮捕根据逮捕法律被批准逮捕的所有人”，也被认为是逮捕权的明确授权。同时《马来西亚警察法》也有许多关于“无授权令状态下”的逮捕权，如第24条第3款规定：“不服从警察合理命令，根据第1款停止车辆、船只或根据本条妨碍警察执行公务的人，根据本法令属于违法行为，警察可以在没有授权令的情况下，逮捕该人……”❷需提及的是，法律在赋予警察逮捕权的同时，也对该项权力做了必要的限制，如《马来西亚宪法》第5条第3款规定“对于任何被逮捕者应尽快将逮捕的理由告知其本人，并允许由其本人所选择的律师为其辩护”。《马来西亚宪法》第4款规定“对于任何未获释放的被逮捕者，应在24小时（不包括路程所耗时间）内，移送预审法官处理，不得无理拖延；非根据预审法官的命令，不得继续予以拘留。”除此以外，《马来西亚刑事

---

❶ 因篇幅所限，此处难以将马来西亚警察所拥有的权力详尽列举，除了上述权力外，《马来西亚警察法》还规定了如处理安全情报权（第20条第3款第2项）、起诉权（第20条第3款第3项）、联合执法权（第20条第3款第4项、第5项）、法律文书执行权（第20条第3款第6项）、对屋内人的指令权（第31条）等许多警察权，详情可参阅1967年《马来西亚警察法》。

❷ 在马来西亚法律体系中，赋予警察逮捕权的法律还包括：1952年《危险药品管理法》；1960年《武器管理法》《国内安全法》及1961年《非法绑架法》等。

诉讼法》第 6 章也对宪法的规定作了进一步细化，加强对逮捕权的监督，以更好地保护个人自由，防止公权力滥用。

2. 预防性拘留权

为了打击“危害生命财产的有组织暴乱；煽动对最高元首或联邦内任何政府的不忠；助长对不同种族或人民中不同阶级的敌意及仇视而可能引起暴乱；不以合法途径去改变依据法律制定的国家现状；妨害联邦或其任何部分地区社会秩序与安全”（《马来西亚宪法》第 149 条）等犯罪行为，国会有权制定任何法律以预防性地限制公民人身自由，1960 年《马来西亚国内安全法》便应运而生。[1] 该法第 73 条授权警察“待查的逮捕并拘留”权，或称预防性拘留权，即警察有权在有理由相信上述行为已经发生或即将发生时，可立刻实施逮捕且无须出示逮捕证并拘留待查。[2] 在马来西亚，警察对嫌疑人实施预防性拘留被推定为合法羁押，“拘留可以在任何监狱或警察局，或者其他类似场所执行”（《马来西亚国内安全法》第 73 条第 7 款）。在具体操作上，实施逮捕的警官官阶之高低决定了发布拘留令期限的长短，一般巡警拘留嫌疑人不超过 24 小时，超过 48 小时的拘留令只能由副警长以上警官做出。

3. 监视居住权

根据《马来西亚限制居住地法》第 2 条规定，司法部长“根据书面材料，经过他认为必要的调查，并有足够理由相信，有人需要被限制在特定

---

[1] 需要说明的是，由于该法涉嫌未经审判侵犯人身自由，在国内外舆论压力下，马来西亚政府于 2012 年 4 月宣布废除《马来西亚国内安全法》，并相继出台 2103 年《预防犯罪法令》（POCA）、2015 年《反恐安全法》。但在新法中，警方仍有权未经审判拘留一名嫌犯 2 年，且若当局有理由相信嫌犯将危害国家安全，可申请再延长拘留 2 年，即警察的预防性拘留权不但继续存在，而且越发扩张。考虑到法律的惯性、衔接和实际影响力，故本书仍以《马来西亚国内安全法》为例探讨警察的预防性拘留权，并不影响此项权力存在的客观性。

[2] 如《马来西亚国内安全法》第 73 条第 2 款授权任何警察皆可对有任何下列情形之一者实施逮捕并拘留：（1）接受警察盘问，其身份有疑问者；（2）在被发现地，警察怀疑其已经或将要从事任何危害马来西亚或马来西亚任何地区安全的行为，或者从事危害社会福祉和经济活动的行为。

地点居住，或者需要限制其进入某个特定地区”，就有权发布逮捕令或拘留令，据此，被限制居住者必须在特定地点居住，甚至可能是终生。为落实该项权力，警察被法律赋予“监视居住权”（《马来西亚限制居住地法》第2条第2款f项），其权力内容包括：未经州警察局长书面同意，被限制居住者不得离开限制地；随时向警察报告自己的居住地；任何时候警察传讯，被限制者必须立即到最近的警察机关报到；未经州警察局长同意，不得在任何会议上公开发言或讲话，发表或出版任何警察局长认为具有煽动性或者引发暴力，或者可能引起社会不安的宣言、文章或其他文献；被限制居住地者如果擅自离开被指定地点，警察有权对其实施逮捕且无须逮捕证，其将判处不超过3年的监禁。

二、马来西亚警察制度存在的问题

（一）警察腐败案件屡禁不止

与许多发展中国家一样，由于民主与法治发展不够充分，政府权力难以受到实质性约束与监督，警察权在马来西亚的表现亦是如此。虽然强大的警察权为国家安全和社会稳定做出了贡献，但伴生而来的腐败现象是多年来困扰马来西亚警方的难题。前马来西亚警察总长韩聂夫对警队腐败现象曾痛心疾首地表示：“马来西亚警队贪污问题非常严重，仅就生活方式而言，马来西亚多达40%的高级警官都有受贿之嫌。”警察腐败问题已严重影响警察在国民心目中的形象，据2010年新加坡《联合早报》的民意调查显示，在一项名为“马来西亚政府十大惹民怨、最常被投诉机构”的调查中，警察部队高居榜首。❶马来西亚警察腐败的主要表现形式有：（1）贪污受贿，收受各种渠道的贿赂。如马来西亚反贪局曾查处雪兰莪州一名高级警官涉嫌向妓院和赌场业主每月收取20万林吉特保护费的案件。又如，有的警官在调查案件时收受犯罪嫌疑人的贿赂，或索要公司股票或

❶ 中国新闻网．马来西亚十大惹民怨机构名单出炉　警察部队居首［EB/OL］. http：//www.chinanews.com/gj/gj-yt/news/2010/06-24/2361636.shtml，2010-06-24/2016-12-27.

者要求成为长期商业合作伙伴。此外，交通警察在查处交通违法案件时，收取“小费”放行是常有的事情。（2）滥用职权牟取私利。如在部分刑事案件查处中，少数警察利用职权，以伪造数量或数据的方式私自转移、侵吞警方扣留的财物、金钱甚至毒品，甚至还有警察逼迫嫌犯买演唱会门票换取保释。❶（3）与犯罪集团或个人勾结，直接参与犯罪牟利。2015年，马来西亚有12名警察因涉嫌参与人口走私活动被拘捕并接受调查，其中有4人在警方近两年的数次不同调查行动中被拘捕，其余8人涉嫌参与人口走私被反腐败委员会拘捕。❷又如，有警官利用全国警察总部维修时机，与承包方相勾结，以伪造警察总监与工程师的签名、假冒公章的形式欺诈、套取国库金额超过150万林吉特，该案涉及的高级警务人员多达7名，是马来西亚警方近年发生的涉案金额最大的渎职案件。❸尤为令人扼腕的是，上述腐败现象已然成为马来西亚警方的一种“亚文化”，渗透到了整个警察队伍，让身处其中的许多警察对此见怪不怪，抵御腐败的警惕性与自觉性“相当低下”，甚至失去了正确的价值判断，并不以腐败为耻。

（二）执法过程中的侵犯人权现象

根据法律，马来西亚警察拥有广泛而强大的警察权，但也因此埋下了权力滥用的隐患，尤其是对公民人权造成的侵害，其具体表现有：（1）滥用职权限制人身自由。据马来西亚国会的一份报告显示，2002年在警察逮捕后拘留过程中死亡的犯罪嫌疑人有18人，高于前两年死亡人数的总和。报告还指出，根据法律，拘留期限一般不超过14天，但实践中，警察为

---

❶ 网易新闻．马来西亚腐败严重“千万警官”生财手段多［EB/OL］．http：//news. 163. com/05/0523/11/1KEE1NPU0001121Q. html，2005-05-23/2016-12-27.

❷ 联合早报．马来西亚12名警察涉嫌参与偷渡活动被捕［EB/OL］．http：//www. zaobao. com/realtime/world/story20150528-485301，2015-05-28/2016-12-27.

❸ 除了上述较为典型的渎职腐败形式外，警察腐败问题更多地体现于普通警察的日常执法中，如值班巡逻期间接受商贩免费的饮料与食物；与黑社会成员“称兄道弟”；让家属从事或亲自从事与职权相关的商业活动等，因篇幅所限，故此处不予展开。中国新闻网．马来警察总部巨额维修费离奇失踪　七人被捕含警官［EB/OL］．http：//www. chinanews. com/gj/2015/11-23/7636655. shtml，2015-11-23/2016-12-27.

规避法律，以方便调查取证为名将嫌疑人在不同辖区的拘留所转移，结果导致一名犯罪嫌疑人在吉隆坡等5个地方拘留所关押，总计达77天，直至后来此人死在医院，而此时他仍在拘留中。❶（2）限制或剥夺嫌疑人的辩护权。赋予犯罪嫌疑人辩护权是现代法治国家普遍的做法，《马来西亚宪法》第5条同样确认了该项自由。但在执法中，不少警察以侦查需要和国家安全为由，或是违反逮捕程序不告知嫌疑人逮捕事由，或是用各种方法阻碍嫌疑人聘请律师为其辩护，事实性地侵犯了《马来西亚宪法》所保护的此项人权。（3）“反对自证其罪”权利被忽视。“任何人不得被迫自证其罪”是当今世界普遍承认的一项基本人权，意在保护被逮捕之人免受公权力恣意迫害。但在马来西亚，一些特别法却规定，如果口供的获取尽到了恰当的注意，且没有受到威胁、诱供或者许诺，那么“自证其罪”的口供是可行的。❷ 除了上述表现外，警察在逮捕过程中，还存在着任意解释法律以扩大逮捕对象范围、逮捕中过度使用暴力手段、讯问中非法实施刑讯逼供以及利用逮捕手段打压政治对手等现象，这些均构成对公民基本权利的非法侵犯，长期受到马来西亚国内外的质疑与抨击。

（三）预防性拘留权和监视居住权的滥用

在法治国家中，除非是在战时或紧急状态下，未经审判而任意剥夺人身自由或延长拘禁期限，往往被认为是对人权和法治原则的严重违反。但在马来西亚，无论预防性拘留权还是监视居住权，其本质均为警察拥有未经审判便可限制人身自由的权力。在政府和警方看来，这两项权力主要用来防范和打击危害国家安全、颠覆政权、恐怖主义活动以及毒品犯罪，是一项效率及威力极高的权力。但在马来西亚国内，此类权力自诞生伊始便极具争议，主要原因便是其对公民权利的极大威胁。据统计，自1960年《马来西亚国内安全法》实施后的30年间，约有2.5万人根据各种各样的

---

❶ ［澳］吴明安．马来西亚司法制度［M］．张卫，译，北京：法律出版社，2011：299.

❷ ［澳］吴明安．马来西亚司法制度［M］．张卫，译，北京：法律出版社，2011：301.

法律规定未经审判而遭到拘禁，其中仅1992年1年便有776人因所谓与毒品有关而被逮捕且被处以死刑，但他们并未接受法院审判。随着近年恐怖主义势力抬头，此类权力被更多地用于打击那些潜在的“恐怖分子”，只要警方有理由相信对方“参与威胁国家安全的活动”，便有权实施逮捕和拘留，并且期限可长达数年之久。例如，马来西亚警方有权将重点嫌疑人限制居住在某个特定区域并接受特殊管理，稍有违反便可实施逮捕并拘留，此举导致许多仅仅因“嫌疑”而被贴上标签的无辜公民的人身自由和迁徙自由被“合法地侵犯”。更为遗憾的是，警察所拥有的此类权力早已背离了立法初衷，被扩大到对付诸如有组织犯罪、团伙犯罪，甚至包括被认为可能危害社会的一切政治活动、社会活动以及宗教活动。综上所述，原本只在紧急状态下适用的预防性拘留权和监视居住权在马来西亚的法律实践中被不当泛化，导致许多领域的大量原本并不适用的案件及个人被卷入其中，造成对公民人权的极大侵害。

三、马来西亚警察制度的发展：基于立法、司法与警务改革的考察

（一）完善法律是规制警察权的基本路径

1. 废除1960年《马来西亚国内安全法》

《马来西亚国内安全法》是警察预防性拘留权（又称“未经审判拘禁权”）最为直接的法律依据，它是20世纪五六十年代英国殖民时期用来对付共产党的法令。但马来西亚的共产主义活动在80年代末结束后，该法律却被一直沿用。在很多情况下，这项法令已演变成政府对付异议人士的政治工具，因此一直受到反对党和人权组织的严厉批评。特别是在“9·11”恐怖袭击事件后，马来西亚政府采取高压政策，根据《马来西亚国内安全法》大量逮捕可能涉及宗教极端活动的人士。2009年8月，马来西亚维权人士和反对党发起两万人反对该法的大集会，结果遭到警方发射催泪弹和高压水枪强硬镇压，共有500多人遭到逮捕，此事件极大激发了

废除该法的浪潮。❶ 重重压力之下，马来西亚政府不得不进行变革，时任总理纳吉布于2011年9月15日正式宣布自2012年4月起废除实行了52年之久的《马来西亚国内安全法》。

2. 修改部分法律中的“侵犯人权”条款

在马来西亚现有法律体系中，有许多事关警察权配置和运行的法律规范本身存在缺陷，其中部分条款更是“公然侵犯公民的基本权利”。许多学者对此提出了修改建议，例如：（1）修改1967年《马来西亚警察法》第27条关于警察权的部分内容：取消警察对在私人住宅集会的管理权；警方应当发放游行或集会许可证，除非他们有足够理由证明游行或示威将破坏社会治安或影响国内安全（变“审批制”为“备案制”）；取消嫌疑人在48小时内提出申诉的限制，警察局长必须向嫌疑人给出不允许申诉的理由。（2）修改《马来西亚刑事诉讼法》第117条。规定未出示逮捕证的逮捕，嫌疑人羁押最长不超过7天，有逮捕证的逮捕，羁押期不超过24小时。（3）废止1933年《马来西亚限制居住地法》和1969年《紧急状态条例》。由于《马来西亚限制居住地法》立法背景早已时过境迁，限制居住既不可能又严重侵犯人权，况且通过其他法律实施同样可以达到限制居住地法的立法目的，因此必须废除。而《紧急状态条例》早已完成历史使命，根本没有继续存在的必要性与正当性，若其继续存在则只会给警察滥用权力的机会。（4）修改1985年《马来西亚反毒品法》第3条，即在没有拘禁令的情况下，最高拘禁期限不得超过30日。

（二）司法监督是约束警察权的有力保障

根据《马来西亚宪法》授权，法院有权解释联邦宪法和各州宪法、有权判断立法机关和行政机关行为的合法性，即法院有权对警察权实施的合法性做最终评价。在司法实践中，马来西亚法院也确实扮演着“权力监督者”的角色，受理了多起针对警察执法行为提起的诉讼，其中不乏判定警察权运行违法的案件。如在 Nashanruddin binNasir v. Kerajaan Malaysian &

❶ 国际警事．大马当局强迫胖嘟嘟警察减肥［J］．现代世界警察，2016（4）：85.

Ors（No. 2）〔2002〕4 MLJ617 一案中，上诉人被警察逮捕，理由是违反《马来西亚国内安全法》第 73 条第 1 款，部长发布了拘禁令。高等法院经审理后判决认定：警察的行为具有恶意，警察在实施逮捕前，必须具备该法第 73 条第 1 款 a 项和 b 项规定的理由，然而警方却在没有全面考虑、查清事实的情况下，想当然地延长上诉人拘禁的期限，因此该拘禁无效。在另一起联邦法院审理的案件中，法院同样裁定警察构成非法拘禁，并发表了极具说服力的判词："鉴于警察实施的逮捕和拘禁行为会剥夺涉案者的自由……公民的基本权利，因此，警察依照法律行使权力时，应当受到'客观判断'标准的限制，这也是法院审查案情的标准。警察做出的逮捕和拘禁令，应当符合客观事实，这就意味着警察在逮捕和拘留嫌疑人时，法律对警察'有理由相信'的要求应当符合客观事实，而不是主观臆断。对此，举证责任在警方，警察应向法院提供证据，证明实施逮捕和拘禁的条件完全符合法律的规定。"❶ 除了以审理案件形式对警察权施以监督外，法院往往还通过发布"人身保护令"（《马来西亚宪法》第 5 条第 2 款规定）的方式对遭受警察非法逮捕或拘禁的人提供直接的法律保护。❷ 综上，马来西亚司法权是监督警察权的重要力量，它通过判例法体制在联邦与各州范围内发挥着全面而深刻的影响。虽然司法救济具有被动性和个案性，难以保护到每一个当事人，但是就警察而言，司法监督犹如"达摩克利之剑"，时刻警示着警察用权的谨慎与合法，成为约束警察权的有力保障。

（三）警务改革是维持警察权良性运行的有效方式

1. 设置独立机构专职于警察反腐工作

为减少警察权的滥用和腐败，重塑警察形象，目前马来西亚正考虑组建专职于监督警察遵守法律和执法的独立机构，并就机构运行的具体问题展开调研。例如，有专家建议独立机构有权在查实腐败行为后启动它认为

---

❶［澳］吴明安．马来西亚司法制度［M］．张卫，译，北京：法律出版社，2011：318.

❷［澳］吴明安．马来西亚司法制度［M］．张卫，译，北京：法律出版社，2011：326.

恰当的处罚程序，如警告、暂停津贴发放、降职、罚款甚至开除等。为保障机构的独立性，专家还建议该机构直接向最高元首负责，提出年度报告并提交国会讨论通过。❶ 笔者认为，马来西亚成立独立调查机构很有必要，因为在很多国家中，都有类似的警察机构。但从法律上看，该机构必须获得法律的明确授权，并且它与宪法上“警察委员会”之间的关系如何协调，仍有做进一步分析研究的必要。

2. 在警队中大力开展人权教育

近年来，马来西亚对警察开展了各种形式的人权教育，具体措施包括：联邦以及地方高级警务人员要参加人权与警察执法研修班的学习；在新招录的警察学员中开设人权培训课程，在现任警察的培训计划中也要开设人权课程。通过对各级警官开展人权教育，普及和提升警察的人权保护理念和人权保护技能，是促使警务人员从内心树立正确的警察权力观的基础性措施，对扭转前述那些执法中的侵犯人权现象具有潜移默化的作用。

3. 革新警队管理机制以提升警察队伍战斗力

在马来西亚，警力被大量隐藏在交警、政治部、后勤以及管理岗位中，一线执法警力明显不足，这是导致案件处置不力、效率低下的直接原因。为此，马来西亚不少国会议员正努力推动改革警队的警力配备与人事管理体制，将警力从幕后推向前台，以解决警察权运行中执法一线警力不足的问题。此外，根据2016年2月警方的数据显示，在全国12.2万名警员当中，有大约1.1万名警员，近10%的警员体重超标，仅2015年，就有200名左右的警员因为心脏病和糖尿病等疾病去世，而这个数字还在上升中。为扭转这种局面，吉隆坡警察总部推出了一项健身计划，协助警员们除掉身上多余的脂肪，意在提升警察部队的战斗力。❷ 除了警力需要下沉、训练体制缺失导致警员体质不良等情况外，马来西亚警察队伍在管理体制方面还存在着准入和退出机制、奖惩和激励机制、执法监督机制、问

❶ ［澳］吴明安．马来西亚司法制度［M］．张卫，译，北京：法律出版社，2011：379.

❷ 国际在线．2015中国东盟关系稳中求进［EB/OL］．http：//www.cafta.org.cn/show.php? contentid=76991，2016-02-15/2016-12-12.

责机制等诸多方面的问题，均不同程度阻碍了警方战斗力的发挥。马来西亚若要重塑警队形象，提振执法公信力，维持警察权的良性与高效运行，大力推行各项警务改革是最为务实的有效途径。

第三节　中外警察教育培训机制比较研究

我国的警察教育培训在全球化背景下暴露出许多问题与不足。因此，可借鉴域外警察教育培训经验完善与发展我国的警察教育培训，从警察教育培训办学定位、管理体制、职业化教育以及师资队伍建设等方面进行反思，对于重构我国警察教育培训体制具有现实意义。

近年来，我国的警察教育培训遇到诸多问题的困扰，面临前所未有的挑战，引起广泛关注与讨论。放眼域外，在全球一体化不断发展的今天，各国警察教育培训在全球化背景下其实具有许多共性，深入挖掘他国在警察教育培训领域的优良经验，研究国际警察教育的轨迹与趋势，对于分析和理解我国警察教育培训中存在的问题，寻求一条科学合理的警察教育与培训路径，实在很有必要。

一、警察教育培训的域外经验

警察教育培训受历史传统、国家制度和地缘环境等诸多因素影响，会形成各国各具特色的教育模式。以下特别对颇具代表性的三个国家进行分析，以了解其警察教育培训经验。

（一）英国

英国作为近代警察的发源地，其警察教育训练制度历来为世界关注。20世纪中叶，英国逐步建立了系统的全国警察教育培训体系，它是一种由中央宏观指导、提供服务但以地方实施为主的教育训练制度。在英国，内政部警察司下设警察教育培训部，负责制定全国警察教育培训的总体发展规划、院校布局及教育训练计划等，并直接负责高级警官的教育培训。地方警察机关结合本地实际负责本地区的警察教育培训，承担初级、中级警官的教育培训工作。教育培训的经费由中央和地方共同承担。英国的警察教育培训，主要有以下特点。

1. 英国的警察教育培训系统不包括学历教育，其学历教育完全由地方院校承担

目前，英国许多大学都开始进行警察教育培训，相继开设警察学相关课程。以剑桥大学为例，其犯罪研究学院便开设了“应用犯罪学”和“警察管理”学位课程。这两门课程主要是针对国内和海外较高级别的警官、巡官或相当于巡官级别以上的警官。许多美国、澳大利亚等国的学员纷纷慕名而来，充实自己作为高级警官的指挥能力，并初步培养个人对犯罪学及警察学前沿研究的学术兴趣，学习期间和结业后都可以申请该学科的研究生学位。❶

2. 面向实战的教育训练模式

英国警察教育培训历来强调理论与实践紧密结合，强调教育培训的针对性、实用性，教学过程的操作性和演练性。英国警察学校及训练机构开设的课程主要有：刑侦、警察职责、警察业务、指纹、现场勘查、巡逻、警犬、救护、计算机、自卫术、现代化交通工具、制止暴乱、射击、柔道、剑道、空手道、擒拿术等，凸显其实用优先的课程设置理念。❷

3. 教师队伍管理的多样性

在英国，既有实行合同制的基础课教师，又有具有实战经验的专业教师队伍。英国警察院校的文职人员无论是一般工作人员还是技术专家都实行合同聘任制；而专业教师必须是既有丰富理论又有实际工作经验的优秀警察，不能从社会上聘任或调入。例如，国家警务促进委员会（前身为英国警务培训与发展中心），其师资队伍除了来自全英各警种的精兵强将，

❶ 李学阳．浅谈英国警察教育培训与培训的变革［J］．公安教育，2007（9）．

❷ 程胜军．中外警察教育培训比较研究［M］//朱恩涛．世界警察教育培训概览：上．北京：群众出版社，1996.

还有分布在牛津、剑桥等近30所协作大学里的著名科学家、教授。❶

（二）法国

法国警察以其极高的工作效能而闻名世界。这种高素质和高效率在很大程度上得益于它的教育培训体制。法国警察教育培训有以下特点。

1. 警察教育培训体制独立于国家普通教育体制之外

全国警察教育培训工作由内政部人事培训部统一领导，它负责审定教育培训计划，指导学校工作和招收分配学员等。法国的大行政区，设培训领导小组，负责本区的警察教育培训工作。各省设具体培训点，负责具体落实教育培训任务，由此形成了自下而上、层次分明并且独立的警察教育培训体系。此外，法国有不同类型的警察院校和训练中心，担负各种类型与层次的培训任务而不进行学历教育，其学历教育是借助于社会办学力量来完成的。❷

2. 警察院校列入警察机关建制，实行严格的警务化管理

法国的警察全部来源于警察院校的毕业生，警校是进入警察队伍的唯一入口，学员入校即入警，着警服，具有警察身份，享受普通警察的待遇，必要时可外出执行警务。这极大强化了警察院校的地位与作用。

3. 大力压缩和精简教学课程内容

法国的警察院校在学习时间的分配上短而精，他们根据不同的培训对象规定了不同的学制期限。他们认为，课程设置复杂，空头理论过多，时间拉得过长，向社会办学的硕士、博士体制靠拢，这是一个错误的思路，警察院校的学制设定应区别于普通院校。因此，其培训周期一般只有数月或几十周。改变教学训练设计，注重理论与实践相结合，以培养实际工作人才为主，这是法国警察教育培训体制的一大特点。

---

❶ 李光文．谈英美警察教育培训对我国公安教育的启示［J］．公安教育，2003（5）．

❷ 刘姗姗．法国警察教育培训对我国警察教育培训的启示［J］．甘肃警察职业学院学报，2006（4）．

（三）韩国

作为我国的近邻，韩国的经济和社会发展近年迅速崛起。作为亚洲后起之秀，其警察教育培训亦呈现出许多成功的经验，颇为值得关注。

1. 既有警察学历教育，也有警察职业培训

目前，韩国警察教育培训中的学历教育只有本科教育层次，研究生教育正在筹备当中。国家教育部门基本上不干涉警察教育培训，由警察厅统一制定全国警察教育培训的规划，设立不同类型、不同层次的警察院校、培训中心。韩国实行警察岗前培训、在职轮训、晋升进修、专业深造等多形式、多类型的职业教育。

2. 结构合理的教师队伍

韩国十分重视组建强健的教师队伍。以韩国警察大学为例，全校共有24位专职教师，有14人具有博士学位；10位教官，全部为硕士以上学位，平均年龄35岁左右，基本上都有国外警察院校或一般警察学科深造经历，都有一线工作经验；50多位外请教师，其中名人、名师比例较大。值得一提的是，韩国警察系统建立了警察实际部门与教学部门双向交流制度及教官培训制度。在韩国，警察厅教育部门有一个后备教官人才库，凡是有硕士学位（与警察业务有关的）、有警察工作经验并有到国外研修经历、愿意从事警察教育培训工作者皆可入库。这极大地保障了其教师队伍的专业性、稳定性。❶

3. 注重行政管理资源的充分利用

仍以韩国警察大学为例，其教职员工共311人，其中警察199人，一般公务员112人。警察可经常流动，不仅与实战部门交流，校内各部门也互相轮换，凡经过申请基本可以满足要求。这种交流轮换制度，为具有潜在能力的人员发挥才能提供了必需的机遇和环境条件，使广大职工不断置于新的环境，为迎接新的挑战不断提高自身素质与工作能力，在工作中充分发挥积极性与创造性。

---

❶ 孙燕．韩国警察教育培训的现状及启示［J］．中国人民公安大学学报，2003（3）．

二、我国警察教育培训现状述评

当前我国警察院校式的教育训练模式是从20世纪80年代后大规模展开的。其经历了由分立到合并、由通才到专才、由中专到大专进而本科等多个阶段，最终形成现在由中央到地方的分层次、多级别的办学体制。回顾这段历程，成绩显著并且积累了宝贵的教育经验。但其中存在的一些问题随着时代变迁弊端渐显，认识并加以探讨之，对完善我国警察教育培训不无益处。

（一）教育体制与教育模式定位不明确

多年以来，我国的警察教育是学历教育与在职培训同步发展的，但这样的办学模式在近年逐渐受到质疑与挑战，其原因主要有以下三点。

1. 管理体制方面

当前我们的警察教育体制是国民教育的组成部分，实行公安部门和教育行政部门的双重管理体制。总体上，公安机关负责管理警察院校的人事与在职培训，而学历教育部分的招生考试、专业设置、学制与教学计划等由教育行政部门负责。在这种体制下，教育行政部门按照地方普通高校的要求和标准对警察院校进行管理，警察院校的特殊性及特色教育难以得到充分体现；另外，由于公安机关掌握着警察院校的人事权，导致警察院校“行政化”色彩浓厚。“双管体制”使警察院校陷于被普通高校边缘化和公安部门行政化的两难境地，悬于“既非学校又非机关”的尴尬局面。

2. 办学定位方面

我国的警察教育训练定位在整体上缺乏科学的规划和论证，直接导致国内各公安院校“盲目发展”。例如，追求办学规模的“大而全”，脱离实际地盲目攀高：部属院校积极开展研究生学历教育，努力提高办学层次；地方本科院校也早已对研究生教育虎视眈眈；各省专科院校义无反顾地投入到“升本”大潮中。其实，是否需要大规模发展公安院校的学历教育，对此问题，一直存在很大争议。

3. 办学层次与布局方面

当前，从部到省到各地市，都有其所属警察院校。在各省内，不仅有公安专（本）科院校，更有多所专门警种的警察院校。长期以来，我国没能从全局层面构架分配警察教育资源，各省公安部门单从本地区发展出发，片面依据公安队伍急需高学历人才等错位因素盲目追求院校办学层次，强调院校培养功能方面的“小而全”，在较低水平上重复建设，造成本就稀缺的警察教育资源的巨大浪费。

（二）警察教育培训职业化不足

在世界范围内，警察职业化是国家警察发展和演化的基本特征，也是警察回应社会现代化进程的必然要求。警察职业化意味着警察已成为当代社会的一种专门职业，这种专门职业要求警察职能的专业化，即职业警察应该具有其特有的职业道德、职业技能、职业素养与职业文化。警察院校教育作为一种特殊的专业化教育，普通院校是难以承担这种教育职能的。因此，公安院校就应以这种特色教育为突破，寻求不同于普通院校的发展路径。

然而长期以来，警察在我国被称为国家机器和专政工具，其国家性被无限放大，而社会性被严重忽视，警察教育培训也因此被深深地打上了“工具”的烙印，其独立性、基础性与科学性作用被异化，警察教育培训的社会化与职业化出现偏差。一方面，目前我国各警察院校中，“经院式”教学盛行，教育中充斥着空泛、僵化和过时的经验总结与说教式、格式化教学模式；在课程设置上理论内容多、实践内容少；教学内容与实战需求严重脱节，与警察职业所需要的特殊思维、语言、心理、技能等不相适应，因此难以吸引学生，教学效果不甚理想。另一方面，警察其实是一种在对抗状态下寻求平衡支点的随机性很强、高危高风险的职业，而不少警察院校将学生局限在狭小的空间内，在缺乏广阔知识的同时又缺乏实践训练，这对发散思维、适应能力与实践技能的培养严重阻碍，自然难以练就过硬的警务技能，造成学生死学死用，发展后劲不足。❶

❶ 马群弟．警察职业教育与警察职业化“疏离”现象探究［J］．教育与职业，2007（24）．

（三）师资队伍建设水平不高

目前，我国警察院校师资队伍整体水平不高，不论是与国外警察院校还是与国内普通高校相比，差距十分明显。具体表现在两个方面：第一，缺乏高素质教师。据2004年公安部人事训练局统计数据显示：全国160所警察院校的10 464名教师中，教授仅为152人，占1.45%；副教授1 507人，占14.4%；讲师4 215人，占40.28%；助教2 815人，占26.9%；教员及无职称人员为1 775人，占17%。这与教育部要求的到2005年全国高等院校达到平均当量师生比14∶1左右，高职专任教师在本科院校应达到45%~55%，专科学校达到25%，研究生学历的教师在本科院校应达到60%，专科学校和技术学院达到30%的标准还有相当的差距。第二，教师实战经验匮乏。公安专业是一门实践性极强的专业，作为该专业的教师也应该是一名实战经验丰富的行家里手。而目前警察院校多数教师毕业后即直接任教，“从学校到学校”，缺乏实践经验。一些从教时间长的专业教师，长期从事教学工作，多年未参与公安实战，其教学针对性、适用性实在不高。某些警察院校教师，从未有过公安工作的背景或经历，他的公安业务知识完全来源于书本，我们难以想象这样的教师能培养出好的公安人才。因此，我国警察院校师资队伍始终缺乏理论与实战俱佳的“双师”型教师，特别是在培养实战指挥人员时更是显得捉襟见肘。

三、域外经验启示下的我国警察教育培训机制建构

立足于本国实际，借鉴前述域外有益经验，笔者认为，改革与发展我国警察教育培训机制，以下几点建言或许有益。

（一）重构公安教育体制模式，大力发展警察职业教育

近年来，公安部多次组织大规模警察院校办学调研活动，其重要原因就是探讨警察院校的办学体制和定位问题。对此，学界与警界也积极展开讨论，主要形成两派立场：一派主张维持学历教育。首先，以学历教育为核心来设计办学模式是经过多年的警察教育培训实践逐步形成的，有着深厚的社会基础与历史传承。其次，从人才培养与服务公安工作的角度看，

20多年来，通过学历教育为公安机关培养了大批高学历高素质的专业人才。警察院校的毕业生在忠诚奉献、纪律作风和职业意识等方面有着普通高校不可替代的优越性。最后，从学历教育和职业培训的关系看，学历教育维系着警察职业培训的运行，而后者也必须以学历教育为依托与指导。另一派主张取消学历教育，其理由为：第一，我国高等教育已进入大众教育阶段，警察高等教育可以以现有的高等教育资源为依托，集中力量开展职业培训，没有必要再举办学历教育。第二，现有的学历教育与人事管理制度相脱节，毕业生就业渠道不畅通。第三，现行的学历教育偏重于职前教育，教学训练脱离公安实际，毕业生实际操作和动手能力不强。❶笔者认为，上述两种观点均有合理内核，但之间并非决然关系，关键是立足本国实际，有所侧重地设计教育模式。无论采取哪种立场，在全球化背景和新时代发展格局下，重构我国警察教育培训体制模式已势在必行，新的模式应当考虑容纳以下建议。

1. 确立相对独立的警察教育培训体制

如前所述，现行的双轨管理体制使得公安部门不能自主对公安队伍建设需要来安排教学内容、招生就业等工作，而教育部门又因不够专业而无法做好。如果保留学历教育，可考虑全国仅按区域（华北、华南等）保留几所公安部署本科以上院校，实行共管，走学历教育之路，专门培养公安高级指挥人才。各省则取消原有学历教育，改为专职培训的职业培训基地，负责岗前与在职警察培训，完全由公安部门统一负责。❷

2. 教育定位应充分考虑“进与出”的关系

招生与就业，是任何教育都必须考虑的现实问题。当前全国警察院校就业压力大，既有社会原因，也有自身因素。当前实行学历教育的全国大多警察院校为本科层次，与普通高校动辄硕士生博士生的毕业生相比，在市场竞争中不占优势。再加上基础教育与专业训练的不足，造成许多警校

❶ 袁广林．论我国高等警察教育培训改革路向［J］．江苏警官学院学报，2007（5）．

❷ 李光文．国际警察教育培训轨迹倾向与我国公安教育改革发展归位的思考［J］．公安研究，2007（2）．

毕业生竞争不过普通高校毕业生，导致警校生反而无法入警的尴尬局面。因此，如果取消现有学历教育，可将警察学历教育由普通高校完成（实际情况是，当前许多高校早已开设警察相关专业），原有警察院校专职各层次警察培训。同时，将普通高校毕业生入警条件限制为本科及以上学历（少数偏远地区除外），这对充分利用社会人才资源、整合有限教育资源及提高警队整体素质都有好处。

3. 强化警察职业化教育

如果保留学历教育，那么至少要对现有院校的专业设置、课程编排以及实习实训等进行一次全国范围内的统一清理和搭建规范化建设标准，将不符合办学条件与实践需求的设置抛弃（特殊地区与特殊专业警种培训可特批除外），融入一些国际通行的教育科目与教学手段，大力拓展职业化教育训练。若取消警察院校学历教育，那么各培训中心更要专注于发展职业培训，一切工作展开均应符合警察职业化教学规律。

（二）与国际接轨，建设高素质教师队伍

世界各国经验均已证明，拥有一批高素质教师队伍是警察教育培训成败的关键。如前所述，我国警察院校教师队伍尽管问题种种，但若借鉴域外经验，我们尽快赶上甚至在某些方面超越他国也不无可能。

1. 组建科学合理的教师队伍

在美国，警察部门招募有大学文凭和 5 年以上警龄的有丰富实践经验和教学能力的资深警官担任专业教师，其他公共课程主要聘请当地大学有真才实学、在学术上有造诣的相关教师兼职授课。在法国，警察院校的师资一般由三部分组成：一是专任教师，即从警队业务部门选拔实践经验丰富、具有较高学历和理论水平的警官和警务专家到学校任专职业务教师，在学校任教 5 年后，再回到实战部门工作；二是兼职教师，即聘请实战部门的在职警官以及法官、检察官、共和国专员、行政官员、法医学家等授课；三是聘任教师，即聘请其他大学的教师讲授公共课程。借此经验，我国可考虑在现有体制框架内，建立一支由专业教师、聘任教师、兼职教师等不同类型混编的教师队伍，对之实行不同的准入与考核制度，实行不同

的人事管理方式，在提高效率的同时还能降低办学成本。❶

2. 提高教师素质，引入具有丰富实战经验的警官教员

建议今后凡进入我国警察院校（培训中心）的教师，至少应具备硕士学位；要严格执行公安部教师进修培训制度，对限制或不按规定进修培训者要问责或淘汰。同时，放手从警队中选拔一批具有丰富业务经验并且具备高学历（至少为学士学位获得者）、有相当理论水平和科研能力的警官担任专业教师。

3. 确立“双多向”交流制度

为保证教学不脱离实际及信息的及时沟通，国外警察院校的教师与警察部门的警官经常一起工作、研究并进行人员交流。在俄罗斯，警察院校拥有两个“循环体”，一个是警察教育培训系统内的师资循环体；另一个是全俄范围师资循环体。他们实行“走出去、请进来”的资源共享机制，使知识体的传授完全保持在互动状态中。❷ 在法国，警察院校的专业教师一般签订 5 年的任教合同，学校授课和实际部门工作交替进行，教师能把警察工作中最新的成果与经验传授给学员。并且，警校教师连续任教最多 5 年，之后必须到警局做实践工作或转行做其他工作。我国也可考虑建立这种制度化的“双向”交流制度。同时，沿边与发达省份可进行域外交流，将水平高能力强的骨干教师派往国外学习，加强国际警务沟通，寻求警务合作新一极，这对未来区域全面协作与发展具有前瞻性意义。

（三）重视警察教育，不断加大投入力度

虽然公安机关对维护社会治安秩序、保护人民群众生命财产安全的重要意义世人皆知，但警察教育在我国远未引起足够的重视。相比之下，韩国非常重视警察教育培训：警察大学毕业式大总统必参加；警察大学有外事邀请权；警察大学校长是副厅长级（副总警监），基本上是警察厅长

---

❶ 《中外警察教育培训比较研究》课题组．中外警察教育培训比较研究（上）[J]．山东警察学院学报，2007（6）．

❷ 张杰．俄罗斯警察高等教育改革思路探析 [J]．江西公安专科学校学报，2005（1）．

（公安部长）的候选人；警察大学学生毕业后无须参加公务员考试即可进入警察部门，毕业式当天即授予警卫（三级警督）警衔，且在校期间全部实行供给制。在教育经费方面，法国警方认为：虽然教育培训要花钱，但是比增加编制要省钱，因此通过培训提高素质使警察发挥更大地作用，以弥补警力的不足，是一种更为有效的措施。正是在这种思想指导下，法国警察部门在教育上投入大量经费。芬兰在警察教育培训方面资金投入也很充足，警察学校和警察学院的经费开支都列入国家财政预算。如在2004年，警察学校支出额达1 712.34万欧元，其中94%来自国家财政预算。[1]

鉴于国情因素，教育经费投入不足长期以来严重阻碍了我国警察教育发展。受此制约，我们在教学环境、教学设备、教学手段等方面远远落后于欧美国家。因此，国家必须高度重视警察教育培训。同时，必须改变当前单一的政府拨款模式，多渠道扩展经费来源渠道。除了国家应逐年加大投入力度外，还要积极吸纳社会资金，如设立公安教育基金等；运用政策性的金融、信贷手段支持警察教育；若保留学历教育，则可通过用现有教育资源兴办非公安类教育，以非公安类专业养公安类专业等都可成为拓展警察教育经费的渠道。[2]

---

[1] 杨琳．谈国外警察教育培训的特点［J］．辽宁警专学报，2008（1）．

[2] 朱飞．论我国警察职业继续教育形势与策略［J］．公安教育，2008（2）．

第四章　警务实践研究

第一节　行政执法中的警察执法权益保障研究

面对日益严峻的社会治安形势，公安民警在行政执法中频繁遭遇暴力袭击、围攻、侮辱、谩骂等侵害警察权益的违法行为。作为国家法律的执行者，警察执法需要权威、技能、环境，更需要权益保障，为此有必要研究警察执法权益的内涵、侵害警察执法权益行为现状、成因以及保障警察执法权益的意义，从立法、制度以及社会保障等方面寻求应对行政执法中警察权益保护问题的可行方案。

一、问题的提出：警察执法是否需要权益保护

2014 年 7 月 21 日下午，广西南宁市横县云表镇 40 多名村民因土地纠纷聚众到贵港市覃塘区国有凤凰林场阻挠林场施工，其中一名 40 多岁某男子煽动村民强行扣押挖掘机，扬言谁敢阻拦就砍死谁，并将一台挖掘机强行开出约 50 米。接警后，贵港市公安局覃塘分局民警迅速赶赴现场，出示证件控制场面并劝阻，但部分村民突然取出预先准备好的砍刀、铁棍等器械，对上前劝阻的民警进行袭击，造成 6 名民警受伤，其中一名民警右前臂及右脚掌多处被砍，造成重伤，另 3 名协警受轻微伤。[1]

2015 年 3 月 11 日，上海市闵行区某路口，孙某驾驶宝马车两次违章

---

[1] 新浪网．广西南宁多名村民持砍刀等袭警 12 人受伤［DB/OL］．http：//news. sina. com. cn/c/2014-07-24/180630573892. shtml，2015-10-13.

强行变道，将正在执法的民警茆盛泉拖行近 10 米远，当晚茆盛泉抢救无效因公殉职，年仅 32 岁，而当时离他妻子的预产期只有一个月。

2015 年 3 月 21 日，山东省潍坊市交管部门例行设岗执法检查中，刘某趁交警询问时突然启动车辆急速闯卡，造成执勤交警刘刚左臂受伤。据刘刚回忆，在肇事者刘某急加速一瞬间，自己虽本能向一侧躲避但还是被挂到左臂，如果反应再慢一点，上海交警被拖行致死的惨剧有可能再次发生。❶

据公安部统计数据显示，自 2010 年以来，全国已查处的袭警案件年均递增 1 000起以上，受侵害民警人数呈爆发式增长，2010 年受侵害民警 7 268人，到 2013 年猛增至 12 327人，上升 70%。仅 2013 年，全国查处的侵害民警执法权益案（事）件达 9 835件，受轻微伤以上民警 7 956人，重伤 44 人，牺牲 23 人。❷

曾几何时，人民警察作为国家强制力的集中化身，一直以威严、强势、不可侵犯等“高大上”的形象示人，现实中也确实有少数警察滥用职权、粗暴执法，因而研究如何限制和规范警察权一直是学界和社会关注的重点。但是近年来，人民警察在执法中频繁遭遇侮辱、谩骂、造谣乃至暴力袭警事件，警察伤亡数量持续攀升，似乎一夜之间成为“弱势群体”。针对这种现象，我们是否应转换角度思考：依法治国重在依法行政，而公安机关作为最具执行能力的行政机关在执法中尚且遭遇如此困境，妄谈其他部门？警察执法权益遭受侵害只是表象，它不仅伤害执法民警个体权益、阻碍公安机关职能实现，更直接挑战政府和法律权威，从而极大影响依法行政、建设法治中国等目标的实现。

---

❶ 新华网．暴力袭警频发 民警权益保护亟待破题[DB/OL].http://www.nmg.xinhuanet.com/home/fz/fznmg/2015-05/08/c_ 1115215453.htm, 2015-10-11.

❷ 大众网．全国查处袭警案件年均 1 000起以上——暴力袭警频发的背后［DB/OL］. http：//paper. dzwww. com/dzrb/content/20150331/Articel12002MT. htm，2015-10-18.

二、警察执法权益内涵解析

严格来说，警察执法权益在我国并非一个法律概念，但从依法行政和行政法治的角度看，界定警察执法权益的法律概念极具必要性。依据研究立场和研究方法的不同，警察执法权益可谓一个具有多重内容、多种属性的权益综合体，在此我们选择在法律范围内展开讨论，将警察执法权益定位于警察依法执行公务时应当享有的与职权、职责相关的权利和利益，其至少应涵盖以下几方面内容。[1]

（一）作为普通公民应享有的各种法定权利

人民警察作为具有独立个性和主体意识的公民，同其他公民一样享有宪法所确认的基本权利，根据我国《宪法》规定，这些宪法权利包括：平等权、政治自由和权利、宗教信仰自由、人身自由、人格尊严权、住宅权、劳动权、受教育权、文化活动权、监督权、休息权、获得物质帮助权等。此外，警察作为民事主体依据《民法通则》及相关民事法律所享有的民事权利包括：财产权、生命权，健康权、名誉权、姓名权、肖像权、荣誉权、隐私权等权利。

（二）作为国家公职人员应享有的权益

人民警察作为国家机关工作人员，应享有履行公务的公职人员所应享有的基本权益，根据《公务员法》第13条关于公务员权利义务的规定，警察作为公务员享有的权利包括：非因法定事由、法定程序不被免职、降职、辞退或者处分；获得履行职责应当具有的工作条件；获得工资报酬权；享受福利、保险待遇权；参加相关培训权利；对提出批评和建议的权利；提出申诉和控告的权利；申请辞职及法律规定的其他权利。

（三）作为职业警察应享有的权益

人民警察作为国家公务员，按照法律规定，是一种特殊的公职（职

---

[1] 许韬，刘锦城．法治语境下的警察执法权益保障新论［J］．世纪桥，2012（1）：53.

业)。为保障警察职能充分实现，法律需赋予其行政法及司法上的特别保护才能较好免除警察执法的后顾之忧，如根据《中华人民共和国人民警察法》第7~17条规定，警察权利包括：实施行政强制措施、行政处罚的权利；强行带离现场、依法予以拘留的权利；盘问、检查的权利；紧急情况下使用武器的权利；对严重违法犯罪活动使用警械的权利；搜查权；优先乘坐公共交通工具权；优先通行权；对精神病人采取保护性约束措施的权利；接受专门业务培训的权利。

(四) 作为特殊职业的延伸权益

鉴于警察职业的特殊性，须考虑执法以外的与警察相关但可能受到侵害的权益，例如，在执法完毕之后不受违法行为人威胁、报复的权利；免受诬告、陷害、恶意投诉的权利；警察近亲属及其友人不因依法执行公务而遭受报复、侵扰的权利；因公致残、因公牺牲或者病故的，其本人及近亲属享有法定的伤亡抚恤权利等。

三、行政执法中警察执法权益遭受侵害现状

公安行政执法工作范围大、领域广，涵盖公共秩序管理、娱乐场所管理、废品回收业管理、危险民爆物品管理、旅业出租屋管理等涉及人民群众日常生活的方方面面，人民警察行政执法活动直接关系着老百姓的切身利益，也正因为如此，公安行政执法最容易遭受各种不当干涉，导致警察执法权益被各种行为侵害，其主要可以表现为以下几个方面。

(一) 生命权、健康权等人身权随时面临侵害

在以往查处“黄、赌、毒”案件的过程中，由于涉案当事人背景复杂，很多具有违法犯罪前科，暴力倾向特征明显，因此公安民警在执法中极易成为攻击目标，在每年致使公安民警伤亡的行政执法案件中，此类“传统”案件占据绝大部分。同时，群体性事件成为近年来另一种诱发攻击执法民警的典型诱因，在此类事件中，往往掺杂着一些不法分子，煽动不明真相群众聚众闹事，扰乱社会秩序、围堵政府机关、打砸公私财物，进而暴力抗法，袭击执法民警致伤致残。此外，酒驾、毒驾案件、涉爆涉

恐等案件近年有抬头趋势，这些案件的查处对执法民警的生命权、健康权亦构成极大威胁。

暴力袭警侵害警察生命权、健康权无疑是最为严重的侵犯警察执法权益的形态，其原因概可归纳为：一是违法成本低廉。长期以来，我国《治安管理处罚法》等行政管理法律法规对妨碍公务行为的处罚明显过轻，未能有效震慑违法行为人，即便在最新的《刑法修正案（九）》中规定了“暴力袭击正在依法执行职务的人民警察的，依照妨害公务罪的规定从重处罚”，但由于其只承担“三年以下有期徒刑、拘役、管制或者罚金”而显得威慑力仍然不足。二是法律权威缺失，公民整体法律素质不高。法治国家的基本要求就是法律取得权威地位，公民自觉遵守法律、信仰法律，民众整体法律素养较高，法律成为公民行为的自主选择。很显然，在人治遗留根深蒂固的我国，法律在当前远未树立起权威，在法律的“明规则”之下，人民更倾向以“潜规则”行事，公民整体法律素养不高。三是民警执法能力有待提高。一方面，现有体制弊端束缚了民警执法手脚，限制了执法能力。例如，我国目前的枪支管理规定指导思想意在“控枪”而不是善于“用枪”，再加上领导害怕承担相应责任，导致大部分枪支处于“库存”状态，路面民警配枪比例过低，无法应对行政执法中的突发情况。又如，现行民警培训科目实战性不够，民警“防暴制暴”训练未能真刀真枪练，导致实战中民警应对能力不足。另一方面，部分民警疏于防范，对执法中的操作规范与流程没吃透，未能及时控制事态，导致侵害结果扩大。

（二）人格权、名誉权等精神性权利被造谣传谣侵害

随着互联网技术的发展，特别是手机等移动网络终端的普及，公民的言论得以更自由的形式表达，但随之而来的负面效应随之显现，即各类网络谣言频繁出现，特别是近两年，网络造谣传谣事件开始从个体性偶发事件衍生出精心策划的有组织行为，网络谣言已成为网络“毒瘤”、社会公害，它不仅直接侵犯受害人合法权益，扰乱正常的网络传播秩序，破坏公共秩序，而且严重损害社会诚信与公德，甚至危及国家安全。公安行政执法涉及社会各个方面，极易成为各界关注目标，遂成为网络及社会造谣传

谣重点对象。例如，不法分子恶意剪裁警察执法中依法采取强制措施视频，歪屈事实污蔑警察“暴力执法”；一些不明真相群众偏听虚假消息，肆意在微信朋友圈传播谣言中伤警察，这些造谣传谣行为侵害了执法民警的人格权、名誉权，给他们造成巨大的精神压力和负面影响，严重影响公安行政执法正常开展。

造谣传谣侵害警察执法权益事件频发的原因主要有：一是当前社会风气及执法环境下，民众对警察群体存在偏见。由于少数民警执法素养不高，滥用职权或粗暴执法的案例经曝光后，引发部分群众不满，导致他们对整个警察队伍存在不信任感，进而容易相信谣传从而传谣。二是造谣者缺乏必要的法律责任意识。据已查明的网络造谣案件显示，许多造谣行为动机始于“出名”“好玩”“引起大家注意”等原因，并未意识到自己的行为可能或已经触犯法律，是一种侵犯他人合法权益的违法行为。三是部分造谣行为背后存在利益链。事实上，在部分造谣中伤执法民警的案件中，许多造谣者本身与警察无冤无仇，其只不过接受他人钱财提供有偿“造谣服务”而已，造谣传谣如今俨然成为一种“新兴产业”。四是造谣传谣案件取证查处难度大。由于互联网技术含量高、资讯传播快，受众面广等特点，网络造谣传谣案件查处难度高，而现实中的造谣源头更加难以掌控，取证困难，因此此类案件查处力度不够理想，也是纵容造谣者一再以身试法的原因。

（三）合理的休息权、劳动报酬权被漠视

我国《劳动法》第 36 条规定“国家实行劳动者每日工作时间不超过八小时、平均每周工作时间不超过四十四小时的工时制度”；第 38 条规定“用人单位应当保证劳动者每周至少休息一日”；第 41 条规定“用人单位由于生产经营需要，经与工会和劳动者协商后可以延长工作时间，一般每日不得超过一小时；因特殊原因需要延长工作时间的，在保障劳动者身体健康的条件下延长工作时间每日不得超过三小时，但是每月不得超过三十六小时”。但这些法律规定对长年奋战在执法一线的公安干警而言，似乎永远是一个遥不可及的“梦”，因为我国现阶段警力严重不足，基层民警

长年处于连轴转的超负荷状态，难言休息权！以广西为例，截至2014年6月，全区共有民警44 086人，承担着23.67万平方公里区域面积、5 252万人口的安全保障任务，公安民警占总人口的比例仅为8.35‱，远低于全国12.3‱的平均数，排名全国倒数第二，如果按照发达国家警力配置30‱的平均比例，我区警力不足的问题更为突出且将长期存在。

在超负荷工作压力下，广大公安民警的薪酬待遇却显然没有与这种高危高强度工作状态相匹配。按照我国公务员工资管理规定，警察作为公务员序列纳入财政体系，并未明显体现出优于普通公务员的工资福利，更不要说与银行、电力、电信等国企员工的差距。在物价飞涨的时代，如今警察职业的薪酬待遇明显低下，远远不能满足他们的劳动付出。例如，《劳动法》第44条规定，“有下列情形之一的，用人单位应当按照下列标准支付高于劳动者正常工作时间工资的工资报酬：（一）安排劳动者延长工作时间的，支付不低于工资的百分之一百五十的工资报酬；（二）休息日安排劳动者工作又不能安排补休的，支付不低于工资的百分之二百的工资报酬；（三）法定休假日安排劳动者工作的，支付不低于工资的百分之三百的工资报酬”。加班费对警察这个职业而言几乎是不可想象的，但也从侧面反映出警察职业的劳动报酬权被严重漠视，对警察队伍持续健康发展的负面影响是巨大的。

（四）媒体失实报道侵害警察队伍整体形象

新闻媒体作为“第四种权力”在实现公民知情权、言论自由权以及社会监督等方面具有独特贡献，但也正是源于“权力”的本性，媒体也需要被监督，以防止第四种权力被滥用。在当前我国由国家垄断新闻媒体的官媒时代，主流媒体对社会事件的信息传递往往影响着大众意识乃至主流价值观。同时在市场经济环境下，媒体也面临着竞争和生存压力，在利益驱使下，少数媒体抛弃了新闻职业操守，或热衷于炮制“假新闻”吸引公众注意，或粗制滥造虚假广告，或带着主观偏见进行新闻报道，等等，肆意滥用媒体权力。

警察执法作为热点题材，能极大激发公众关注，一直是新闻媒体的追逐对象，但近年来连续发生的歪曲事实的关于警察执法的新闻报道，不由得让人对大众传媒的价值导向功能深感担忧。例如，2015 年 6 月 9 日凌晨，河北沧州肃宁县发生特大枪击案，造成群众 2 死 3 伤，公安干警 2 人牺牲、2 人受伤。在当晚央视新闻频道《新闻 1+1》节目中，主持人白岩松称公安干警“死亡”（而不是“牺牲”），随即引爆了警察群体的强烈反响，许多民警表示无法接受央视报道，自己的职业感情深受伤害。在此，我们暂且不论本案中的警察执法程序是否合法，单从 2 名公安干警殉职的角度，国字号媒体也应当给予基本尊重，按惯例而不是凭借媒体人个人价值偏好采编播放新闻，因为这将直接表明官方立场，引导公众对事件的看法，影响着社会主流价值观形成。很显然，在央视对该案的处理上，显然缺乏对警方的尊重，严重伤害了公安队伍的整体形象。

四、构建中国警察执法权益保障体系的建议

（一）法律保障

1. 警察权及警察执法权益亟须立法加以扩充和细化

虽然《人民警察法》《治安管理处罚法》《人民警察使用警械和武器条例》等法律法规对警察权有所规定，但基本属于原则性规范，各种警察执法权力及权益的概念、成立条件、使用程序等问题模糊不清或没有规定，导致在执法实践环节上缺乏可操作性。为此，可以借鉴英美等西方国家的立法经验，重视行政程序价值，在有关法律中对缺位的警察权尤其是警察执法权益相关内容加以扩充，并且对其明确、细化相关操作程序规定。例如，在行政执法中的使用警械、武器方面，应立法明确警械和武器使用的指导思想，确立“先发制人”型以取代过去那种“被动应付”型的武器使用规定，让“刀枪出库”发挥其威慑力，让警察在行政执法中能够充分占据主动权。又如，将警察执法权益在立法中明确加以保护，其积极影响是非常多的：一是可以为行政执法中侵害警察执法权益的案件提供法律依据，真正实现“有法可依”；二是保障警察执法，解除执法行为的各种后顾之忧；三是让执法对象知道警察执法权益有哪些，明确配合警察执

法是法定的公民义务，当自己认为警察违法违规执法时，可以采取维权的方式有哪些，哪些是绝对不能采用的维权方式，若阻碍警察执法会有怎样的法律后果，这样可以使警察执法行为更具合法性、正当性和可接受性。

2. 立法划定侵犯警察执法行为的法律责任界限

当前我国法律对阻碍警务执法、侵犯警察执法权益行为的制裁主要规定在《治安管理处罚法》第50条（阻碍国家机关工作人员依法执行职务）和《刑法》第277条（妨害公务罪），而两部法律在划定侵犯警察执法行为所要承担的治安或刑事责任时的界线并不十分明确。[1] 从《刑法》第277条来看，似乎采用暴力方法阻碍警察执法即可构成妨害公务罪，但司法实践中，认定刑事责任时不仅要求暴力因素，还要求造成严重后果（如暴力袭警至少要构成轻伤），这样一来，大部分袭警案件只能按照治安案件处罚，且相关治安处罚仅为“处警告或者二百元以下罚款；情节严重的，处五日以上十日以下拘留，可以并处五百元以下罚款”，处罚力度明显与其行为恶性和影响不符，惩戒效应严重不足。此外，大量的侮辱、恐吓、推搡、撕扯、诬告、讹诈等非暴力侵犯执法民警行为因现行法律无明确规范而难以追究其治安责任和民事责任，因此，可考虑将侵犯警察执法行为分为暴力行为和非暴力行为两种，对不同性质行为采取不同的法律态度，在立法时应区别情节以及后果的不同，分层次追究其法律责任，同时应当从治安处罚和刑事责任两个层面提高制裁力度。

3. 建议将“袭警罪”单列罪名并出台配套司法解释

2015年8月24日，十二届全国人大常委会第十六次会议审议通过《刑法修正案（九）》，对妨害公务罪增加一款规定，即“暴力袭击正在依法执行职务的人民警察的，依照妨害公务罪的规定从重处罚”，首次明确将暴力袭警行为入刑，警界多年的呼吁终于尘埃落定。但笔者认为，虽然暴力袭警行为纳入刑法惩戒范围，但惩处力度依然不够，仍不足以惩戒袭警行为。因为根据我国《刑法》规定，成立妨害公务罪（以暴力、威胁

---

[1] 李延军．论人民警察执法权益的法律保障［J］．福建公安高等专科学校学报，2006（6）：76.

方法阻碍国家机关工作人员依法执行职务的）的法定刑为“三年以下有期徒刑、拘役、管制或者罚金”，警察执法是代表国家执行公务，国家法律和威严是绝对不容侵犯的，在任何一个国家，袭警行为都是重罪，警察执法不同于一般行政执法，具有显著的危险性，需要特殊的法律保护，因此《刑法》有必要将袭警行为以“袭警罪”为名单独构成犯罪。同时，为增强警察执法的可操作性，须明确“袭警罪”的犯罪构成要件，建议对“袭警行为”的认定进行立法或司法解释，并设置相对简化的追诉程序，便于及时打击袭警行为。此外，建议把侮辱、谩骂、恐吓、诬告等行为作为从重处罚情节，纳入刑法范畴予以打击，切实保护民警执法权益。

（二）制度保障

1. 建立与警察职业相匹配的薪酬休假制度

警察是和平时期社会安全的守护神，是随时可能付出生命的高危职业，其对公民和国家的重要意义丝毫不亚于军队。经过多年的薪酬制度改革，如今军官的待遇已有很大提高，但警察仍原地踏步，近年来，已有专家建议将警察待遇向部队看齐，但相关政策却迟迟未能落地。笔者认为，随着我国经济实力提升，财政负担能力已不应成为提高警察待遇的阻碍，再加上警队和军队在衔级制度、管理方式等方面的相似性，警察待遇完全有可能向军队看齐，这是一个势在必行且刻不容缓的改革，因为它直接触及警察生存权、劳动权、物质保障权的实现。此外，各级政府应出台制度充分保障警察的休息权。首先，应不断增加警力，缓解当前基层一线警力严重不足的问题。其次，建立可真正落实的轮值轮休制度。针对当前不时出现民警“过劳死”现象，很多地方公安机关将民警“带薪休假”作为硬性规定的尝试，虽然这种做法在局机关实行率高，但基层执法民警仍然很难真正实现“带薪休假”。最后，民警因公需要加班执勤的，应严格按规定给予补贴，真正体现警察的劳动价值。此外，针对在执法中受伤或牺牲的警察，仅有精神抚慰是不够的，更需要给予物质上的帮助，解决其生活保障问题。例如，公安部、财政部在 2005 年联合下发《因公牺牲公安民警特别补助金和特别慰问金管理暂行规定》，由中央财政设立专款，用于因公牺牲公安民警家属的生活补助。

2. 强化健全武器与警务装备保障制度

鉴于当前严峻的社会治安形势，公安民警在行政执法中的武器和警务装备是完成执法工作和保障民警自身安全必不可少的，为此，武器与警务装备保障制度必须健全且强大。首先，要严格按照《公安派出所装备配备标准》，让基层一线执法民警的单警装备以及防割手套、防弹防刺背心、防弹头盔等必要的执法防护装备配备到位。其次，明确规定一线民警在执行巡逻、侦查、追捕、设卡以及出警执法等任务时，必须依法携带枪支和防护装备，确保民警攻防能力有效保障。[1] 最后，针对当前侵害民警执法权益案件取证难的情况，特别是行政执法中经常遭遇的侮辱、谩骂、诬告陷害等情况，必须配备执法记录仪以固定现场证据，以便依法打击侵害民警执法权益的违法犯罪行为以及维护自身合法权益。

3. 完善警衔培训训练科目，提高民警自我防护能力

根据公安部规定，全国在职民警在职务晋升前都必须参加专门的培训，待全部科目过关后才予晋升，警衔培训除文化科目外，还包括擒拿技术、武器使用、警械使用以及协同执法战术等警务技能方面的培训。但是，经笔者经历发现，这些培训多数是走过场比画几下了事，实战性特点不够突出，为此有必要制定新的警衔培训科目实施纲要，尤其是警务实战技能培训科目一定要突出仿真性、实战性，让民警在真实的执法环境下训练抗击抗压能力，通过训练熟练掌握制敌技术，从技术层面练就过硬的维权本领。另外，执法中民警的自我保护意识是减少遇袭伤亡的重要保证，当前许多侵害警察执法权益行为之所以得逞的重要原因就是民警缺乏必要的自我保护意识。为此，警衔培训应重视民警自我防护与自我维权意识的训练，通过真实案例警示教育刺激受训民警的脑神经，在内心深处唤醒自我防护的安全意识。例如，可邀请心理专家对民警开展心理健康主题讲座，分析典型执法环境下执法民警与违法嫌疑人的心态，模拟执法环境，

---

[1] 赵建设．警察执法权益及其保障体系建设［J］．中国人民公安大学学报（社会科学版），2009（4）：101.

训练提升民警的执法心理。还可以邀请法律专家开展维权专题讲座，以分析典型维权案件方式帮助民警了解国家相关法律和制度，熟悉自身拥有哪些权利以及维权可以哪些方式进行，充分提高自身维权意识与维权能力。

（三）社会保障

1. 坚持法治道路，树立警察权威

在中国这样一个延续了几千年封建统治思想的国度里，“人治”观念早已根深蒂固，“法治”进程显得步履维艰，因此想要在短期内转变执法环境不切实际，我们需要脚踏实地、扎扎实实地加大法治教育和宣传力度，争取群众广泛的认同和参与，为警察执法创造良好的法治环境。一方面，我们要继续坚持对群众的法治宣传教育，在方式方法上寻求创新。例如，可以在日常的行政执法中，以合法规范的警察执法行动展现人民警察的良好形象，鲜活地宣传法律知识、法治观念，通过案例教育广大群众学法、懂法、知法、用法，寻求群众对执法的理解和支持，塑造良好的执法环境，为警察执法奠定坚实的群众基础。另一方面，作为法治的“窗口单位”，公安机关需要树立权威，因为这是法律顺利执行的保障，警察权威某种意义上正是法律权威的代表。例如，公安机关可充分利用电视、广播、网络等媒介进行正面宣传，以歌颂英雄模范、塑造先进典型、举办英模事迹报告会、优秀人民警察评选活动等形式，让人民群众真切体会人民警察在他们身边默默付出的心血和汗水，不断传播警察正能量，宣扬警察光辉形象，逐渐树立警察权威。

2. 积极构建良性警民关系

近年来，不少基层民警在执法时普遍感受到，警民关系不再像以往那般亲密、和谐，取而代之的是对警察不理解、不信任、不合作，警民关系比较紧张，在执法时极易引发警民矛盾，警民关系开始陷入一种不和谐状态，执法工作越发难以开展。实际上，“全心全意为人民服务”“执法为民”历来是公安机关的工作宗旨，“依靠群众，走群众路线”也历来是公安工作取得成效的法宝，公安行政执法和刑事侦查工作的完成都离不开人民群众的支持，警民关系是任何时候都必须重视的环节。为此，构建良性警民关系势在必行。首先，继续将“三项建设”中和谐警民关系建设坐实。相比于公安信息化和执法规范化建设，警民关系建设因其量化标准难以把握而推进缓慢，成效并不显著，结合当前的执法环境现实，这应当引起重视。例如，可以把和谐警民关系建设作为衡量执法成效的一项指标，纳入考核体系，作为队伍建设的一项长效工作机制。其次，执法民警应端正执法思想、规范执法行为，正确看待群众诉求，将执法行为作为一种公共服务，以服务者的姿态接受群众监督，从内心上将群众视为“上帝”，真正做到“权为民所用、情为民所系，利为民所谋”，以和谐的警民关系去压制侵害警察执法权益行为存在的空间。

3. 加强媒体沟通，为执法营造良好舆论环境

针对前述新闻媒体热衷警察负面报道的情况，公安机关应通过警察公共关系部门主动与电视、广播、网络等媒体进行沟通、消除误解，从两方面做好舆论导向工作。一方面，积极向社会宣讲公安工作意义，提高群众助警意识，塑造正面的警民关系，奠定舆论的正方向。另一方面，善于掌握舆情引导的主动性，对可能产生负面影响的涉警舆情要及时查清事实真相，对查证属实的报道，要依法严肃处理，并及时将处置结果依法向社会公布，切忌“暗箱操作”，将舆论危机的损害控制在最小范围内。对失实报道要及时澄清真相，依法追究相关媒体及责任人的法律责任，同样要将处理结果公布，避免群众被不实信息误导，迅速修复因不实舆情而受损的警队形象和警民关系。

第二节　论我国刑事侦查程序被害人参与权的保护

“控告难、知情难、维权难”是长期以来众多刑事案件被害人的真实写照。尤其在侦查程序中，虽然法律赋予了被害人参与其中的权利，但在司法实践中，由于程序参与意识不足以及控告权、知情权、委托代理权等权利保护方面存在的问题，被害人参与性诉权难以得到有效保护。关注我国刑事侦查程序被害人参与权的保护问题，并从观念、立法以及制度建设层面反思与完善，对当下我国刑事司法改革中的人权保护与权力平衡不无

意义。

一、问题的提出：被遗忘的刑事案件被害人

多年来，人权保护一直是各国法治化进程和法学研究中经久不衰的话题，刑事司法领域亦不例外。在传统公法观念下，国家的作用绝不仅在于对私权的保护，而更多的是实现公共利益。近代刑事诉讼程序的演进表明：刑事纠纷的一方当事人（被害人）被国家（公诉人）取代，刑事诉讼关注的焦点转换到了国家公共利益，被害人的个体利益被压制和忽视。[1]受此观念影响，刑事诉讼的中心任务便是追查、惩罚犯罪和维护社会秩序，被害人只是作为程序中的“附属”存在，证明犯罪就是其存在的最大价值。近年来，随着我国刑事司法改革的不断深入，被害人诉权保护问题[2]被逐渐关注，但是在理论上仍存在诸如“被害人力量强大的控方意味着对传统诉讼结构的破坏”[3]等疑虑，因此在立法层面上对被害人诉权的规范保护仍十分有限，体现在我国的司法实践中，被害人“控告难、起诉难、申诉难”等问题依然存在，刑事诉讼中漠视被害人诉权的现象比比皆是，而“漠视”的背后则是被害人正当权益的受损，概言之，被害人处于“弱势群体”的境地，其境遇并未随体制改革而获得实质性改善。

特别是我国的刑事侦查程序中，受传统“职权主义”的影响，侦查机关习惯于依职权发现事实真相，侦查程序因而具有极强的职权性、单向性和封闭性，程序的“神秘主义”和“非对抗性”特征突出。[4]由于侦查程序缺乏足够的可参与性，被害人除了报案之外，再也难以知悉案件侦查的

---

[1] 陈卫东．公法、私法理念在刑事诉讼中的冲突与共存——以英国被害人参与权为样本的研究［J］．湘潭大学学报（哲学社会科学版），2011（4）：61.

[2] 在刑事诉讼领域，“被害人”概念的内涵至今未取得统一界定，且其外延呈现出自诉案件中的被害人、遭受犯罪行为侵害的法人、非法人团体甚至国家等不同指向。为方便研究，本书将“被害人”聚焦于公诉案件侦查程序中遭受犯罪行为直接侵害的自然人。

[3] 董士昙．犯罪被害人权利保护的理论与实践［J］．法学论坛，2005（2）：97.

[4] 何丽萍，李蓉．论侦查不作为的构成与防治［J］．中国人民公安大学学报（社会科学版），2009（2）：127.

相关信息及进展情况，几乎被排除在侦查程序之外，只能被动接受侦查结果且难以对侦查结论提出异议。从权利保护角度看，被害人已然遭受犯罪行为的严重侵害，却还要面对国家诉讼体制造成的“制度性忽视”，必要的控告权、知情权、申诉权难以得到保障，这无异于遭受了“二次伤害”。甚至可以说，由于观念和制度等方面原因，刑事被害人在我国正逐渐沦为“被刑事司法遗忘的人”。概而言之，在“国家尊重和保障人权”原则下，被害人有效参与侦查程序既是一项重要诉权（基本权利），也是侦查机关依法追查犯罪的必要条件，其关注和研究的重要价值不应被忽视。

二、被害人在侦查程序中享有的参与权*

在我国，《刑事诉讼法》（以下简称《刑诉法》）第106条明确了被害人在刑事诉讼中的当事人地位。在此基础上，相关的刑事法律体系构筑起我国刑事侦查程序中被害人享有的参与性权利谱系。

（一）报案和控告的权利

被害人在遭受犯罪行为侵害后，向公安机关报案、控告犯罪嫌疑人罪行通常是侦查程序启动的初始环节，也是被害人寻求公权力救济，获得参与侦查程序资格不可或缺的基本权利。我国《刑诉法》第108条第2款规定：“被害人对侵犯其人身、财产权利的犯罪事实或者犯罪嫌疑人，有权向公安机关、人民检察院或者人民法院报案或者控告。”这是被害人参与侦查程序最主要的法律依据。为保障被害人的报案权、控告权得以顺利实现，该权利还反射出侦查机关的个人信息保密、人身安全保护等诸多义务。例如，为打消受害人因害怕打击报复而不敢报案的顾虑，《刑诉法》第109条第3款规定了公安机关在报案人、控告人或举报人不愿公开自己

---

* 严格来说，“被害人参与权”并非规范意义上的法律概念，它所表达的是在公平正义理念下当事人参与事关自身重大利益决定的诉讼程序的一种参与性权利，是一种由控告权、知情权、申诉权、法律援助权等诸多诉权构成的集合性权利。

的姓名和报案、控告、举报行为时，有为其保守保密的义务。[1] 为保障受害人在报案和控告后的人身安全，《公安机关办理刑事案件程序规定》（以下简称《程序规定》）第 71 条第 1 款规定了公安机关在办理恐怖活动犯罪、黑社会性质的组织犯罪、毒品犯罪等案件过程中，涉及被害人因在侦查过程中作证、本人或者其近亲属的人身安全面临危险的，有采取措施保护其安全的义务。同时，该条第 2 款也赋予了被害人如果认为本人或其近亲属在侦查过程中面临人身安全危险的，有权向公安机关请求保护的权利。

（二）申诉和控告的权利

为监督侦查权的运行、保障被害人参与侦查程序的权利，《刑诉法》第 110 条[2]赋予了被害人申诉的权利。然而，该条规定过于笼统、缺乏程序上的可操作性，为弥补这一缺陷，公安部在《程序规定》第 176 条[3]中，明确了公安机关办理控告人对不立案决定申诉案件的处理机关和办案时限。同时，《刑诉法》第 111 条赋予被害人就不立案决定向检察机关申诉的权利，为被害人参与侦查程序提供了双重制度保障。此外，为规范公

---

[1] 《公安机关办理刑事案件程序规定》为保障受害人参与报案和控告的权利，也有类似规范，如第 72 条规定："公安机关依法决定不公开证人、鉴定人、被害人的真实姓名、住址和工作单位等个人信息的，可以在起诉意见书、询问笔录等法律文书、证据材料中使用化名等代替证人、鉴定人、被害人的个人信息。但是，应当另行书面说明使用化名的情况并标明密级，单独成卷。"

[2] 《刑诉法》第 110 条规定："人民法院、人民检察院或者公安机关对于报案、控告、举报和自首的材料，应当按照管辖范围，迅速进行审查，认为有犯罪事实需要追究刑事责任的时候，应当立案；认为没有犯罪事实，或者犯罪事实显著轻微，不需要追究刑事责任的时候，不予立案，并且将不立案的原因通知控告人。控告人如果不服，可以申请复议。"

[3] 《程序规定》第 176 条规定："控告人对不予立案决定不服的，可以在收到不予立案通知书后七日以内向作出决定的公安机关申请复议；公安机关应当在收到复议申请后七日以内作出决定，并书面通知控告人。控告人对不予立案的复议决定不服的，可以在收到复议决定书后七日以内向上一级公安机关申请复核；上一级公安机关应当在收到复核申请后七日以内作出决定。对上级公安机关撤销不予立案决定的，下级公安机关应当执行。"

安机关及侦查人员的执法行为，《程序规定》第191条❶规定在侦查过程中，被害人若发现自身与案件无关的财物被查封、扣押、冻结等情况时，以及侦查人员存在贪污、挪用、私分、调换、违反规定使用涉案财物时，均有权向公安机关提出申诉和控告。

（三）申请回避的权利

回避请求权是程序正义原则在刑事诉讼中的体现，侦查程序亦不例外，是各国刑事诉讼制度所普遍保护的当事人的基本诉权，是被害人公平参与诉讼的必要权能。我国《刑诉法》第28~29条规定了当侦查人员具备法定回避条件或违反法定义务时，被害人有权要求其回避。为保障被害人申请回避的权利得以在程序上落实，《程序规定》第34条❷规定了公安机关办理回避申请的时限，并在第35条❸规定了当被害人对驳回申请回避决定不服的，有向作出决定的机关提出复议的权利。

（四）获得正当询问的权利

询问证人、被害人是公安机关在侦查程序中经常使用的取证方式。被害人因其直接获悉案件的原始信息，故接受侦查机关询问而参与侦查程序是其法定义务。但是，受制于侦查时限、破案任务等因素影响，侦查机关可能会突破法律规定，以强迫、误导甚至暴力等方式向被害人询问。因此，为防止“二次伤害”发生，被害人在侦查程序中应当享有获得正当询问的权利。例如，《程序规定》第206条明确规定了侦查机关在询问中的

---

❶ 《程序规定》第191条第1款规定：“当事人和辩护人、诉讼代理人、利害关系人对于公安机关及其侦查人员有下列行为之一的，有权向该机关申诉或者控告：……（三）对与案件无关的财物采取查封、扣押、冻结措施的；（四）应当解除查封、扣押、冻结不解除的；（五）贪污、挪用、私分、调换、违反规定使用查封、扣押、冻结的财物的。

❷ 《程序规定》第34条规定：“当事人及其法定代理人对侦查人员提出回避申请的，公安机关应当在收到回避申请后二日以内作出决定并通知申请人；情况复杂的，经县级以上公安机关负责人批准，可以在收到回避申请后五日以内作出决定。”

❸ 《程序规定》第35条规定：“当事人及其法定代理人对驳回申请回避的决定不服的，可以在收到驳回申请回避决定书后五日以内向作出决定的公安机关申请复议。”

查证义务、告知义务，“不得向证人、被害人泄露案情或者表示对案件的看法，严禁采用暴力、威胁等非法方法询问证人、被害人”。又如，我国《刑诉法》第270条第5款规定了侦查机关在询问未成年的被害人时，有通知其法定代理人到场的义务。

（五）申请补充鉴定或重新鉴定的权利

在许多刑事案件中，对伤情、DNA、精神病等许多关键争议的鉴定意见往往决定着案件最终定性和法律责任，各方当事人均希望获得对本方有利的鉴定意见，故能够参与鉴定意见的形成环节便成为当事人的重要诉求。我国《刑诉法》第146条[1]规定了被害人拥有申请补充或重新鉴定的权利。同时，为使该项权利具有可操作性，《程序规定》第244条进一步对权利的实现方式做了细化规定。

综合上述梳理，[2]被害人在我国侦查程序中享有一定程度的参与权，其范围基本覆盖了从报案至侦查终结全过程。然而，现有的权利谱系还难以在实践中有效保障被害人参与侦查程序，存在诸多有待完善保护的“权利真空”。现实中，“控告难、知情难、维权难”是当下许多刑事案件被害人的真实处境。

---

[1] 《刑诉法》第146条规定：“侦查机关应当将用作证据的鉴定意见告知犯罪嫌疑人、被害人。如果犯罪嫌疑人、被害人提出申请，可以补充鉴定或者重新鉴定。”

[2] 除了前述5种权利外，被害人在侦查阶段具有的法定权利还包括：（1）要求返还合法财产的权利。在一些财产型犯罪案件中，被害人的合法财产因侦查的需要会被冻结，无疑会影响被害人的正常生活。《程序规定》第229条关于侦查机关对被害人的合法财产及其孳息处置程序的规定，可被认为是此项权利的赋权性规定。（2）参与辨认的权利。在部分刑事案件中，为了查明案情，侦查人员在必要时有权让被害人对与犯罪有关的物品、文件、尸体、场所或者犯罪嫌疑人进行辨认。但在参与辨认时，侦查机关有义务遵守辨认的基本规则与法定程序，对被害人不愿意进行公开辨认的，应当为其保守秘密，保障其安全参与辨认。（3）参与刑事和解的权利。刑事和解是现代刑事诉讼中一种特定案件的结案方式，其优点在于和平化解刑事纠纷、提高办案效率。对被害人而言，刑事和解能够及时终结诉讼以减少诉累，是一种可自由支配的选择性权利，《刑诉法》第277条即是被害人此项权利的法律依据。

三、侦查程序中被害人参与权保护存在的主要问题

（一）侦查程序中参与权保护意识不足

1. 被害人参与权的自我保护意识不足

在复杂的社会环境与治安形势下，警民关系较以往更为紧张，警察执法公信力与权威不足，部分民众非但不信任警察，而且对警察执法工作带有本能的抵触情绪。例如，在部分侵犯财产型犯罪案件中，被害人在遭受盗窃或诈骗后，考虑到财产损失并不严重且警察破案率低或难以抓获犯罪人等因素，索性不向公安机关报案，主动放弃了追诉权利。又如，在一些暴力型犯罪中（如强奸案），被害人除了害怕犯罪人打击报复而不敢报案外，还担心侦查过程中的不当询问、检查、隐私泄露等可能造成“二次伤害”，因此许多被害人选择被动接受侦查机关的执法行为，以“消极应对”态度参与侦查程序。

2. 侦查机关“主动忽视”被害人程序参与权

在传统“犯罪本位”司法体制下，“犯罪嫌疑人”是侦查阶段所有工作的重心，相应地，关注和保护犯罪嫌疑人的权利一直是我国刑事司法改革的重点，在此制度设计下，被害人诉权保护长期被公权力“制度性地选择性遗忘”。例如，在扭曲的政绩观影响下，刑事案件立案数被视为当地治安状况的晴雨表，立案数量高就等于刑案发生率高，意味着治安状况不好。因此，“刑案立案控制率”被纳入各地公安机关的考核指标，在如此“利益驱动”下，公安机关只好选择忽视被害人权益，采取“该立不立”“不破不立”“降格处理”等变通做法，变相剥夺了被害人参与追诉活动的权利。

（二）体制障碍导致被害人控告权难以实现

1. 立案标准不合理导致“控告难”

当前我国法定的（《刑诉法》第110条）刑事案件立案标准为：一是有犯罪事实，二是需要追究刑事责任。但该标准自设立后便饱受争议。不少学者认为，“立案标准”不同于“侦查标准”，前者只需要证明犯罪事

实存在即可，属于“事前审查”；而后者是侦查完结后需要达至的法律判断，属于“事后审查”。现行标准最大的问题在于因果倒置，即应先有立案，才能查证犯罪事实，才能搞清是否需要追究刑事责任。事实上，在被害人控告相关犯罪行为时，犯罪事实尚处于不明晰且有争议的状态，此时需要的是初查犯罪事实存在，并在立案后启动侦查程序将犯罪事实逐一查清。而在司法实践中，“不破不立”便是这一不合理的立案标准带来的典型恶果，严重阻碍了被害人控告权的实现及相关利益保护。

2. 不立案决定救济机制缺乏实效

“无救济即无权利”，行政复议和向人民检察院申诉是我国《刑诉法》规定的被害人对不立案决定不服时可供选择的两种救济方式。客观而论，这两种方式对被害人诉权的救济发挥了一定作用，但其中仍不乏有待改进的问题：其一，不立案决定行政复议机制有违程序正义。根据《程序规定》第 176 条规定，复议机关是“做出决定的机关”，若对复议决定不服的，可以申请“上级机关”复核。很显然，让“做出决定的机关”自我复议，无异于“自己做自己案件的法官”，其公正性先天不足，即便是上级复核，也难免“护犊”之嫌疑。其二，检察院立案监督“肌无力”。根据法律规定，检察院对公安机关立案权的监督所能采取的措施是“要求说明理由”而非“直接要求立案”，并且当检察院“通知立案”而公安机关拒不执行又该当如何时，现有法律并无相关规定。

3. 撤销案件[1]决定权缺乏有效监督

从行为性质来看，公安机关撤销刑事案件是按照行政程序作出的刑事处理决定行为，但由于案件撤销会实质性地影响被害人诉权乃至实体权利的实现，故带有“准司法裁决”的效果，按照自然公正和程序正义原则，理应保证当事人参与其中的必要权利。然而，当前我国公安机关所拥有的刑事案件撤案决定权已成为事实上“不受控制的权力”，法律并无相关约

[1] 所谓刑事案件撤销，是指在侦查过程中，侦查机关发现不应当对犯罪嫌疑人追究刑事责任或有其他法定理由时，依法终结侦查并终止刑事诉讼的一项制度。我国《刑诉法》并未明确规定该程序，但《程序规定》第 183~186 条作了相关补充性规定。

束性规定，司法机关的监督难以介入撤案程序，导致实践中滥用“撤案权”现象屡见不鲜。而作为刑事案件的被害人，则完全沦为该程序的“看客”，既无权参与其中发表意见，也无法在事后进行有效的救济。

（三）被害人知情权缺乏实质有效的保护

1. 法律对犯罪嫌疑人和被害人知情权的保护失衡

所谓侦查程序中被害人的知情权，是指被害人知悉诉讼进程和诉讼中的重大事项的权利。根据我国法律规定，侦查机关在对犯罪嫌疑人第一次讯问之日起，有告知其法律权利的义务，在采取刑事拘留、逮捕等强制措施时，也有告知其亲属或所在的单位的义务，且在案件撤销、侦查终结等各个环节，犯罪嫌疑人均享有较为充分的知情权。反观被害人一方，法律很少在报案、控告、询问以及侦查各环节中规定其知情权，即便是已有的规定也未能明确告知人员、告知方式、告知期限、侦查机关不履行告知义务的法律后果以及权利救济途径等内容，致使被害人的知情权保护与犯罪嫌疑人相比明显处于滞后状态。

2. 知情权的内容仅限于处理结果而非程序

尽管当前法律规定了侦查机关的某些告知义务，但几乎都是对办案结果（如不立案决定）的告知，而对办案过程中、结论作出前可能涉及被害人重大利益的事项，如是否改变管辖、犯罪嫌疑人是否逮捕、是否取保候审、是否财产保全、是否退回补充侦查等均无规定告知义务，被害人在上述各环节中始终处于信息闭塞状态，甚至不乏案件早已撤销或终结而被害人仍在苦等处理结果多年的案例。

（四）委托代理权缺失造成被害人参与能力不足

根据《刑诉法》第44条的规定，公诉案件的被害人有权自案件审查起诉之日起委托诉讼代理人，但是对侦查阶段被害人是否有权委托诉讼代理人却没有规定，这种立法滞后造成了司法实践中许多被害人因缺乏专业法律帮助导致诉讼能力不足而无法有效参与侦查程序和诉讼程序的情况。例如，在报案或控告时，许多被害人由于直接遭受犯罪行为侵害，身心受到巨大创伤，无法精准描述案发情况和损失情况，此时若有律师或其信任的人辅助其表达，将会有利于侦查机关全面细致掌握案发情况。又如，许多被害人并非法律专业出身，并不了解侦查阶段自身的合法权利，对侦查机关的各项义务也无从了解，这就需要法律专业人士提供法律服务，对侦查机关的不当询问、调查取证、应当回避的情况、不当变更强制措施以及未尽保护义务等情况提出建议、意见或申诉，帮助被害人争取自身的合法权益。

四、完善我国刑事侦查程序中被害人参与权保护的几点建议

（一）转变诉讼观念，重视侦查程序被害人参与权的保护

“国家尊重和保障人权”不仅是宪法所珍视的核心价值，也是《刑诉法》修改后确立的基本原则。当今中国，“人权”早已不是抽象的政治口号，而已幻化为法律制度下的权利话语，被害人参与刑事追诉活动各环节的诉权是必须尊重和保障的人权。而传统诉讼观念却认为，司法机关通过打击和惩罚犯罪，能够维护社会秩序稳定，在国家公共利益得以实现的同时，被害人的利益自然得以实现。但晚近的研究成果和域外的司法实践均表明，国家利益和公共利益并不能完全代替被害人利益。❶ 例如，在多数案件中，被害人既是侦查程序的启动者，又是法律赋权的独立诉讼主体，其参与追诉的目的并不等同于侦查机关，对其权益的尊重和保护至少理应与犯罪嫌疑人同等，甚至优于犯罪嫌疑人。例如，建议公安机关在《程序规定》第一章“任务和基本原则”第 9 条中，❷ 增设第 2 款：“公安机关在刑事诉讼中，应当尊重被害人独立的法律地位和诉讼请求，保障其依法享有参与诉讼的权利。”其要理在于，在《程序规定》基本原则中明确被害人独立的法律地位并给予尊重和保护，提升被害人诉讼参与权的重视程度，可在一定程度上弥

❶ 笔者认为，国家利益或公共利益都是十分抽象的概念，界定起来十分困难，但其本质上应当是每一个国民个体利益会聚起来的集合体。公益的最大价值，在于最大限度地实现身处其中的私益，失去民意基础空谈公共利益或集体利益毫无意义。

❷ 目前的《程序规定》第 9 条为：“公安机关在刑事诉讼中，应当保障犯罪嫌疑人、被告人和其他诉讼参与人依法享有的辩护权和其他诉讼权利。”

补过去那种仅作为“其他诉讼参与人”被长期忽视的不足。

美国当代法学家艾伦·德肖维茨曾指出，“权利来自于人们对过去经历的暴行磨难的反思”，“最能维护权利的方式是主动而持续地为权利辩护，而非被动地仰赖‘最高的权威’”，“为权利而斗争，权利才能永存”。❶ 如前所述，由于观念上的误解和偏见，许多被害人不愿跟公安机关或司法机关打交道，选择消极应付侦查机关的执法工作，殊不知自己的“消极被动”会增加追诉难度、助长犯罪行为逃避法律追责，从而最终伤害自身权益。为此，一方面侦查机关要健全制度化的被害人心理干预机制，对被害人的怀疑、偏见、抵触或惧怕等负面心理实施干预，鼓励其积极参与侦查程序；另一方面被害人群体自身要转变观念，“变被动为主动”，更为关注自身权利，敢于和侦查机关打交道，主动提供证据、大胆提出诉求，以程序参与者和监督者的姿态积极配合与协助侦查机关的执法行为。

（二）构建完善侦查程序中被害人控告权的保障机制

1. 降低立案标准，切实解决“控告难”问题

事实上，我国刑事案件立案标准无论与英美法系国家“合理怀疑”还是与大陆法系国家“有犯罪事实发生”相比较，都是比较高的。❷ 立案标准偏高的最大隐患是导致立案程序虚置，大量犯罪行为因难立案而无法进入追诉程序，直接影响侦查机关对犯罪行为的追查，进而导致被害人的控告权无法实现。有基于此，笔者建议适度降低刑事案件立案标准，将《刑诉法》第110条修改为：“……认为有证据证明有犯罪事实的，应当立案；无证据证明有犯罪事实的，不予立案……”如此修改的理由有二：一是清晰直观地将标准定位为“有证据证明有犯罪事实”，即只要不是捏造事实报案或控告，控告人有初步证据（非充分证据）证明有犯罪行为存在即可启动立案程序；二是将“需要追究刑事责任”剔除以降低立案标准，并且将“犯罪事实显著轻微，不需要追究刑事责任”单独作为“撤案标准”，

---

❶ ［美］艾伦·德肖维茨．你的权利从哪里来［M］．黄煜文，译．北京：北京大学出版社，2014：8.

❷ 陈卫东．模范刑事诉讼法典［M］．北京：中国法制出版社，2005：298.

以解决实践中的“不破不立”问题。❶

2. 完善被害人对不立案决定的救济机制

针对前述“不立案决定救济机制实效性不足”问题，笔者建议从两个方面加以完善：（1）删除由不立案决定作出机关“自我复议”的规定。建议将《程序规定》第176条规定修改为：“控告人对不予立案决定不服的，可以在收到不予立案通知书后七日内向作出决定公安机关的上一级公安机关申请复议；上一级公安机关应当在收到复议申请后七日内作出决定，并书面通知控告人……”以此解决“自己做自己案件法官”的程序正义问题。（2）增强检察机关对不立案决定监督的“肌肉力”。为保障《刑诉法》第111条规定具有可操作性，让监督更具实效，有必要在国家监察委体制改革的背景下，立法赋予相关部门对不立案决定权更具实效性的监督权。例如，若检察机关通知公安机关立案而对方不立案或立而不侦的情况发生时，应赋予检察院自行立案侦查权。❷

3. 完善被害人参与下的刑事撤案监督与救济机制

针对前述我国刑事撤案制度缺乏有效司法监督的现状，笔者建议：一是将撤销案件决定权授予人民检察院侦查监督部门统一行使。为防止侦查权的恣意，许多国家原则上不允许直接从事侦查工作的侦查机关自行决定撤案，转而由负责审查起诉的机关决定，如法国的预审法官、德国的检察官等，❸ 这是实现撤案程序正当化的需要。二是建立撤案救济机制。一方

---

❶ 需要说明的是，降低立案标准有可能导致刑事案件立案率在一定时间和范围内有所增加，但大可不必担忧，其完全可以通过查证后以“撤销案件”形式予以矫正。但与以往那种牺牲被害人控告权以换取所谓的“低犯罪率”相比，切实解决“控告难”问题其实更有利于社会的和谐稳定。

❷ 赋予检察机关自行立案侦查权的理由在于：一是当前《刑诉法》对公安机关接到立案通知却不立案的行为缺乏必要的监督措施，使侦查机关消极不作为难以得到有效遏制；二是很多国家（如法国、德国等）都有赋予检察机关侦查权的立法例，已被证明是行之有效的监督方式，且并不与我国当前司法体制冲突。（许海峰．法律监督的理论与实证研究［M］．北京：法律出版社，2004：22.）

❸ 参见《法国刑事诉讼法典》第177条、德国《刑事诉讼法典》第170条第2款的规定。

面，应赋予被害人就撤案决定向检察机关提出申诉的权利；另一方面，在当前“以审判为中心”的诉讼体制改革环境下，建议设置“撤案司法审查制度”，即被害人若不服撤案决定的，有权向人民法院提出审查申请。人民法院可考虑以听证方式对申请进行审查，必要时可以要求撤案决定机关移送全部案卷材料。若认为申请理由成立的，裁定撤销撤案决定并指令继续侦查；认为申请理由不成立的，裁定驳回申请。❶

（三）完善侦查程序被害人知情权的保护

知情权的满足是被害人参与侦查程序的前提，只有知悉相关程序的具体进展，被害人才能有的放矢地采取措施维护自身权益。针对前述知情权保护中存在的不足，笔者建议着重从以下两个方面加以完善。

一方面，要注重被害人知情权的平衡保护。当前我国的刑事诉讼制度缺乏对被害人知情权保护的总体设计，现有的知情权保护规定过于向犯罪嫌疑人、被告人倾斜，例如在《刑诉法》中没有对知情权保护的原则性规定，这是造成后续被害人知情权保障性条款缺失或不平衡的根源。因此建议在《刑诉法》总则部分增设一条：“人民法院、人民检察院和公安机关应当保障犯罪嫌疑人、被告人、被害人和其他诉讼参与人依法享有与诉讼有关事项的知情权，法律规定不予公开的除外。”作为所有当事人知情权保护的原则性条款，在强调知情权独立保护必要性的同时，也借以平衡被害人知情权保护的“先天性不足”。

另一方面，知情权获取范围应最大限度覆盖侦查程序全过程。从被害人向公安机关报案或控告开始直至侦查终结，法律应全面保护被害人的知情权。❷

---

❶ 刘文莉．被害人刑事诉权研究［D］．重庆：西南政法大学，2012：123.

❷ 我国传统的侦查理论认为，出于防止嫌疑人逃避侦查、干扰证人作证等侦查安全考虑，侦查程序需要保密，即所谓“侦查秘密原则”，在此意义上，对被害人的知情权加以适度限制是有其合理性的。但笔者认为，“侦查秘密原则”不等于“侦查神秘原则”，否则将使侦查程序排除一切外来监督，最终走向封闭化与极权化。“阳光是最好的消毒剂”，侦查秘密理论亦从未主张所有侦查活动均应保密，必要的程序公开有助于提高执法透明度、提升办案效率和群众满意率，因此侦查程序并不排斥被害人的知情权，那种认为被害人知晓侦查过程就会破坏侦查进而忽视其知情权保护的观点是完全站不住脚的。（程雷，吴纪奎．侦查秘密原则初步研究［J］．山东警察学院学报，2006（4）：95.）

例如，侦查机关应改变过去封闭式办案的做法，将办案过程中涉及被害人权利的重要事项在作出结论前予以告知，给予被害人提出意见或申诉的机会。如在变更犯罪嫌疑人强制措施时，法律应要求公安机关将《变更强制措施通知书》副本送达被害人并征求其意见；人民检察院决定变更逮捕措施时也应当对被害人进行告知，这有利于被害人及时掌握犯罪嫌疑人动态，以便评估自身安全并采取下一步维权措施。在此方面，公安部刑事侦查局曾发布《关于实行“办案公开制度”的通知》（公刑〔2005〕1228号），在全国公安机关刑侦部门实行办案公开制度，要求实行“立案回告；破案回告和命案工作进展回告；被害人权利义务告知；办案程序、时限、进展、结果公开”等事项的公开，[1] 几乎涉及侦查程序所有环节，其中不乏对被害人知情权保护的有益尝试。

（四）立法明确侦查程序被害人的委托代理权

为弥补被害人诉讼能力的不足、填补当前我国侦查阶段被害人委托代理制度的立法空白，笔者建议将《刑诉法》第44条修改为：“公诉案件的被害人及其法定代理人或者近亲属，自被害之日起，有权委托诉讼代理人；在侦查期间，只能委托律师作为诉讼代理人……”有学者认为，刑事诉讼的开始始于侦查机关的立案，意味着被害人开始获得当事人地位，故被害人委托诉讼代理人的权利应始于立案阶段。但笔者认为应当将委托权前移至“被害之日”，理由有二：首先，虽然教义学意义上的刑事诉讼始于立案，但被害人的权利保护需求却自被害之时就已产生。实际上，被害人委托代理人的目的就是促使报案或控告能成功立案以便追究刑事责任，倘若因案件未能立案便否认被害人委托代理人的权利，并不符合《刑诉法》关于权利保护的目的。其次，从犯罪嫌疑人和被害人权利平衡保护角度看，被害人的委托代理权至少不应晚于犯罪嫌疑人的“第一次讯问或者采取强制措施之日”，因此从被害人权利最大保护立场出发，应将“被害之日”作为被害人委托诉讼代理人的起算点。但需要说明的是，考虑到侦

[1] 叶晓欣．试论公安机关对刑事被害人权利的保护［J］．公安研究，2011（9）：54.

查工作“侦查秘密”的需要，应参考《刑诉法》第33条，将诉讼代理人资格限定在专业知识和职业操守更精良的律师，这样既能为被害人提供更优质的法律服务，也能在侦查程序中“不越界”，保证代理在法定的界限内进行。

第三节 基层公安机关法制部门的困境与反思

在基层公安机关，法制部门无论是在各类案件的审核把关，还是在执法监督、组织协调公安法制建设方面均发挥着重要作用。然而，人员配置、职能定位以及制度偏差等方面存在的问题，让基层公安法制部门陷入困境。如何正视并解决这些问题，提升基层公安法制部门的工作活力与效率，颇为值得反思。

公安工作要落到实处、效果好不好、群众是否满意，基层公安工作是关键。在法治社会，公安工作主要表现为公安执法，因此，基层公安机关的执法工作是整个公安工作的核心。在基层公安机关内，法制部门是“领导本辖区的公安法制工作，组织、规划、协调、推动本辖区公安法制建设”的工作机构，它的工作成效无疑是衡量整个基层公安执法工作的重要参考。因此，适时地关注基层公安法制部门的运转情况并在此基础上对发现的问题进行必要的反思，对于提高公安工作效能以及推进公安队伍正规化建设具有较强的现实意义。

一、困境：基层公安机关法制部门生存现状

（一）人员配备不足且整体法律素质不高

根据公安部规定，基层公安机关法制部门人员按全局民警的2%比例配置。[1] 笔者曾经在2008年和2017年两次赴基层公安机关法制部门挂职

[1] 范如意．对公安机关人力资源配置问题的探讨［J］．山西警官高等专科学校学报，2007（8）．

锻炼，以笔者曾经所在的Y县及周边县公安局的情况来看，法制部门的干警配置一般在4~6人。同时，就Y县（2005~2008）3年的数据显示，县公安局各类案件总和都在几千件以上，光是刑事案件就不低于1 000件，而这些大大小小的案件，在现实操作中，几乎都需要经过法制部门的审核。[1] 可以想象，成年累月中，区区几个民警面对动辄数以千计的案件，其工作压力和工作效率如何。另外，由于目前警察院校中法学教育普遍不足，相当一部分新任民警法律素质不高，且许多老民警又是20世纪的军转干部或复员军人，有些只是中专文化，导致许多法制部门工作人员法律专业知识不够扎实，法律思维与业务操作技能不足，在一定程度上影响了基层公安法制工作的开展。

（二）法制部门职能定位不明确

目前，就针对基层公安机关法制部门职能定位的法律文件看，其对法制部门的定位是不够明确的。部级规章与各地规范性文件之间存在冲突，造成实践中法制部门与相关部门工作职能冲突或衔接不好，影响了队伍的整体战斗力，具体可以表现为以下两个方面。

1. 法制部门与其他业务部门职能错位

由法制部门承担几乎所有案件的审核任务，至少会造成两个不利后果。第一个不利后果是相关业务部门“消极怠工”，未能发挥其本应有的工作效能。公安机关的执法工作大部分是通过业务部门完成的，每一个案件从发生到调查取证直至依法处理，应当是业务部门义不容辞的职责。虽然期间可能会“执法违法”，但为了遏制这种现象而改由法制部门对审核阶段工作全面接手，未免有些矫枉过正，就像是拦腰截断了正常的工作链。[2] 这样一来，业务部门对每一个案件的处理结果会逐渐丧失法律预期，

---

[1] 近年来，相当一部分基层公安机关为了规范执法监督，把各类案件的审核权都划归到法制部门（主要指法制科）。在职能设定上，这样的规定有超越公安部《公安机关法制部门工作规范》第7条划定的职责之嫌。但由于各省市对此规定理解并不统一，实际做法更不尽相同，实践中让许多法制部门的干警叫苦不迭。

[2] 张永强．进一步提高公安机关执法水平和执法质量的思考［J］．公安研究，2007（3）．

弱化其自身的法律分析能力，反过来会影响前期办案过程中的调查取证。同时，如果业务部门不承担审核任务，它就无法及时通过个案审查发现业务工作中存在的漏洞，难以掌握一段时期辖区内的案发规律，也就难以采取有针对性的措施来加以防范。久而久之，就会在业务部门中形成这样一种观念：只负责查案，遇到问题自有法制部门解决，由他们去审核把关，出了问题也不用承担责任，何乐不为。第二个不利后果是法制部门自身本应完成的工作被荒废。依据公安部《公安机关法制部门工作规范》第 7 条，县级公安机关法制部门职责似乎并不包括审核所有案件。[1] 纵观其职责不难发现，法制部门工作应重在“组织、规划、协调、推动本辖区公安法制建设”，而繁重的日常案件审批，不但压得法制人员喘不过气，更让案件分析、违法人员信息统计、开展法制教育、执法质量考核评议、执法监督、专项调研等原属“分内”的工作无暇顾及，真是“肥了他人田，荒了自家地”。[2]

2. 法制部门与其他监督部门职能错位

当前，公安机关具备执法监督职能的部门有法制、纪委、政工督察、信访等部门，法制部门的执法检查、案件审核、法律培训等职能与公安机关督察部门的现场督察、信访部门的受理申诉控告、政工部门的队伍培训职能交叉重叠，加上这些部门通常由不同局领导分管，这些具有执法监督职能的部门基本上是各自为战，影响执法监督工作效率。例如，业务部门

[1] 《公安机关法制部门工作规范》第 7 条：“县级公安机关法制部门领导本辖区的公安法制工作，组织、规划、协调、推动本辖区公安法制建设。具体职责是：（一）综合研究公安执法问题，组织、推动解决本辖区公安执法问题；（二）组织或者协助起草、审核、清理、汇编有关公安工作的规范性文件；（三）审核、呈报劳动教养、收容教养案件；（四）办理听证、行政复议、国家赔偿案件，代理行政诉讼案件；（五）组织、开展执法质量考核评议、执法检查、个案调查、执法过错责任认定等内部执法监督工作；（六）参与研究、处理重大、疑难案（事）件，提出法律意见和建议；（七）依照规定对有关案件进行法律审核；（八）管理公安法律文书；（九）依照规定组织、开展民警法律学习培训工作；（十）组织、开展法律服务、法制宣传和信访工作，办理执法问题的请示；（十一）办理领导交办的其他法律事务。”

[2] 范琦武．县级公安机关法制部门职能定位初探——以案件审核职能改革为背景分析［J］．福建公安高等专科学校学报，2006（5）．

案件的日常考核通常由法制部门负责，而督察部门也有权对这些部门进行日常的执法检查，实际上是某种重复劳作。另外值得注意的是，执法质量检查应该是全过程的检查，当然应该包括审核阶段，要是由法制部门负责执法考核评议、执法过错责任追究等工作，就会造成“自己做自己案件的法官”局面，因为前期案件都是由法制部门审核把关的，如果再由自己对这些案件进行考核监督并追究执法责任，效果可想而知。有人提出由纪检、督查等部门来监督，笔者认为也并不可行，因其必须突破现有公安部内部执法监督的规定，更不要说这些部门非法律专业人员的法律素质能否达到执法监督的要求。❶

（三）制度缺失导致工作被动

法制社会重视制度建设，一个良好制度所带来的价值是巨大的，“制度问题更带有根本性、全局性、稳定性和长期性”。公安法制工作需要好的制度作为保障，科学制度的建构是长期和曲折的，它需要不断实践。在制度逐渐完善的过程中，必定遭遇诸多问题，以下着重列举一二，以期抛砖引玉，引起重视。

1. 缺乏科学的执法质量考评体系

首先，由于目前尚未建立科学统一的执法质量考评体系，公安机关考核下级（内部）单位的执法质量，主要看这个单位的案卷，这种把案卷质量等同执法质量的做法是欠科学的。❷ 于是基层执法单位为了应对上级检查和“确保”办案质量，只好将所有案件统归法制部门审核把关。实际上，即使是案件审核也不能保证案件质量过硬，因为案件审核是事中审核，前期的证据材料和法律手续已经成型。到了最后，个别地方为确保考核过关，只好对案卷进行“再加工”。其次，执法质量考评等方式属于事后监督，对于容易导致执法问题发生的事前环节难以掌控，使得发现和纠

---

❶ 邵祖峰，王秀华．论公安机关执法全面质量管理体系的构建［J］．辽宁警专学报，2007（2）．

❷ 在笔者参与Y县2017年度执法质量考评过程中，基层科所队许多同志对目前适用的考评办法表示出怀疑和抵触情绪，对其中存在的问题提出了来自一线民警的意见和建议，非常值得规则制定者予以关注。

正执法问题的难度和成本加大。再加上考核标准的不科学设置以及加减分评判的随意性，加剧了法制部门和业务部门的矛盾。最后，执法质量考评与上级政府考核标准存在一定冲突。例如，对于立案问题，政府部门和上级机关考核指标要求：“案件逐年下降，破案率逐年提高。”❶ 为了考核过关，不少单位只能在“数据”上做文章，“不破不立、多案少立、破案多立”等各种怪现象应运而生。在事关单位名誉利益的重大问题面前，法制部门“势单力薄”，只能随大流，于是，当事人信访、上访等事件逐年增多。

2. 执法责任追究力度不够

“如果有了制度不遵守，只是停留在文字上，则不如无制度”。据笔者了解，在基层公安机关有不少民警这样认为：“任你考评扣分，反正到最后工资照发，福利照旧，多一事不如少一事。”的确，执法责任追究在客观上确实存在责任认定难的情况，处理的执行尤其困难，处理的效果总体较差。例如，在区分执法过错案件审批人、审核人、办案人的具体责任上，缺乏明确规定，区分责任归属及大小难以确定。更有一些部门碍于情面不敢得罪人，只纠正案件本身错误，而不对有过错的人员进行追究。另外，由于没有时限约束，一个过错案件从被追究到做出具体处理决定，往往要经过一段较长时间。“迟来的正义非正义”，这种责任追究制度本来的意义到此估计已丧失殆尽。

二、反思：以职能改革带动法制部门工作新局面

（一）明确法制部门职能，探索分层次的案件审批制度

如前所述，法制部门目前承担了太多本不应由它承担的工作，因此必

❶ 对于这样的指标，笔者认为只能是一种美好的“愿望”，因为它在事实上可能违背了某种客观规律。如果说破案率可以通过人的努力加以提高，那么案发率要人为“控制”，显然是忽视了一个地方经济、文化、自然与社会环境等多因素综合作用的“客观力量”。只有正视案发率，在案件背后找经济、文化等诱发案件的深层次原因，寻找对策；同时努力提高破案率，形成良性循环，才是可取之道，而非急功近利的控制“数据”。

须减负，使其回归到“组织、规划、协调、推动本辖区公安法制建设”的本位上来。具体来看，就是将大部分案件审核权分流到各部门，法制部门仅对疑难、重大或有分歧的案件进行审核，实行有层次的案件审批制度。例如，我国《治安管理处罚法》规定，派出所有500元以下罚款处罚权，这类案件就无须法制部门把关，由派出所所长自行审批。这样一来，就把所长推到一线，促使派出所干警提高学法用法能力，彻底解决当前一些派出所所长不会办案、不会审案的问题，同时实现公安部提出的做强、做大派出所的目标。又如，可以考虑将刑侦、治安、消防、交通案件分别由这些部门领导审核，然后再由分管局领导把关，这样既能让业务部门熟悉业务、全面掌握本部门法制工作情况，又能落实公安部关于所队负责人是执法监督第一责任人的规定，强化他们的责任意识，切实做到“谁审批谁负责”。因此，由派出所所长、业务部门和县局领导分级审批的案件处置机制是于法有据并符合现实的，它能够体现效率和权责相适应原则的要求。只有当办案民警和领导认为案件疑难、重大、有分歧时，才由县局法制部门介入审核把关，这样既调动民警、领导的执法责任心和积极性，又能让法制部门有更多的精力来组织、协调、指导、推动公安执法工作。

（二）提高法制工作人员的法律素质与职级待遇

一支具备高素质的干部队伍，是做好公安法制工作的基础，要提高公安机关执法公信力，关键是要提高公安执法人员的执法素质和执法水平。因此，应当重视以下几点：首先，要严把入警关。通过严格的考核选拔，把具备较高法律素质的优秀人才引进公安执法队伍，确保新进人员质量。其次，加强在职民警的执法培训。开展多种渠道、多种方式的法律业务培训，尤其重视针对性法律业务培训，需要什么学什么，不断提高执法人员的业务素质和职业道德水平。最后，把公安队伍中具备扎实法律知识、业务精、能力强的民警配备到执法监督岗位，使法制部门成为一支业务精通，作风过硬，敢监督，擅指导的综合执法队伍。

近年来，各地公安机关内部的刑侦、治安、派出所等科所队，随着形势发展纷纷机构升格，职级高套，实行特殊的岗位津贴制，而法制部门承担的业务逐年增多，职级待遇方面却未见起色，一些地方法制部门的待遇与工作比例已严重失衡。例如，由于要配合一线执法，法制部门时常需要24小时轮流值班，时时审批，而实际待遇却不如一线执法单位。在一些地方，法制部门被视为“清水衙门”，他们的职级待遇均低于被监督的业务部门，造成法制民警工作底气不足、监督乏力的尴尬局面。同时，这种物质与心理的失衡打击了许多优秀法制民警的工作积极性，迫使其转调其他“油水部门”，使得法制部门留不住优秀人才。以上现象表明，国家重视法制建设的政策在公安队伍内远未能够引起足够重视和得到实质性的贯彻落实，公安队伍法制部门在基层公安队伍建设中应占据核心地位，只有这样的职能定位，才能配得起当下法制部门在实际执法中发挥的作用。

（三）法制部门工作应制度化、现代化

法制工作制度化，能够带来长效机制，因此法制部门应当立足于法律法规，认真梳理各警种、各单位的执法依据；明确各单位、各警种、各个岗位的执法职责；划清公安机关与其他机关、公安机关内部各警种的执法权限，规范执法行为、执法程序、责任追究；协调公安机关内部警种之间、公安机关与检察院、法院、人大等外单位之间的关系；组织开展公安普法宣传工作；认真总结基层民警执法办案的优秀做法与经验，以此推动全局执法工作。例如，须进一步完善执法质量考核评议机制，制定科学合理的考核标准；切实把各项业务工作全面纳入执法质量考评范围之内，真正形成全方位的执法监督态势，对“不如实立案”等行为，实施有效监督；对各项量化考核指标参数，会同业务部门进行科学论证，提高考核评价的可行性和可操作性；把年度考评与日常考评、专项执法检查有机地结合起来；把单位考评结果作为各部门领导政绩表现的重要依据，使基层领导更加重视执法工作，民警更加重视严格执法。又如，要完善执法过错责任追究制度，重视程序的价值，尽快研究制定公安机关组织监督和个案监督程序，明确执法过错责任追究的程序、标准、期限及效果，切实将执法过错责任落实到个人，对因执法过错造成严重影响的，予以严肃查处并依法追究责任。另外，还要重视公安法制工作的技术现代化。传统的文案式

工作模式不仅效率低下，而且阻塞了法制民警法律知识和案件信息的及时更新。我们要充分利用现有的公安内外网络资源，开发和应用案件评判记分系统、执法监督报表自动生成，电子卷宗自动生成等功能，整合公安法制的相关内容，形成具有涵盖各项执法监督指导功能的多层次、开放式的公安法制信息系统，实现动态的信息化管理模式。

第四节　大数据时代公安机关侦查模式的转型

大数据时代中，以智能型、网络型犯罪为表征的犯罪趋势迫使公安机关侦查模式转型。大数据侦查以其多维度、合作型、预测型侦查等特征，为侦查模式的转型提供了侦查思维、侦查资源、侦查效能等方面的功能优势。但侦查模式转型并非一蹴而就，需要在此过程中确立大数据侦查应遵循的如比例原则、防范权力溢出原则、权责一致等基本原则，并重点防范大数据侦查对公民隐私权的不当侵犯，以及通过塑造大数据侦查理念，完善大数据侦查规章制度等方式确保转型得以实现。

一、大数据催生公安机关侦查模式的转型

关于“大数据”（big data）的概念，目前未有统一界定。一般认为，大数据是指信息大飞跃、大爆炸时期，由于网络通信技术的广泛使用所产生的海量化、多样化、高速化、价值化的数据信息，并表征或命名与大数据密切相关的各类科学创新、技术创新与应用发展变化的趋势。[1] 从理论上看，大数据研发的目的在于通过大数据技术在不同领域的应用，从海量且多样的巨量数据中快速获取有价值的信息。因此在实践中，“大数据”不仅指数据本身的规模庞大，也包括以数据采集的工具、平台和数据分析系统为表征的大数据技术。在大数据时代，我们以一种前所未有的方式收集和分析着海量数据并从中获取优质价值的产品和服务。然而，大数据在

---

[1] 樊崇义，张自超．大数据时代下职务犯罪侦查模式的变革探究［J］．河南社会科学，2016（12）：40.

给我们生活带来便利的同时，也正在被犯罪分子利用于实施犯罪。当前各类新型犯罪层出不穷、作案科技含量不断提高，犯罪日益呈现出数据化、智能化趋势。例如，利用互联网和电信网络实施互联网、电信诈骗犯罪；利用 APP、微信公众号、手机二维码以及公共场所免费 WiFi 窃取公民信息犯罪；制造病毒侵入商业或政府数据库；利用网络传播谣言、制造恐怖事件；利用网络实施洗钱犯罪、金融犯罪等，由于此类犯罪手段多属远程操控，技术性和隐蔽性强，作案者多具有较高的智商和反侦查能力，使得公安侦查工作面临着较大压力。作为回应，公安机关传统侦查手段、侦查方式和侦查策略必须改变以适应大数据技术发展带来的挑战。

侦查模式是指公安机关在刑事案件侦办过程中，为查明案件和查获犯罪嫌疑人所采取的经过长期实践和总结的类型化、固定化的侦查工作办案方法、机制和理念的总和。❶ 侦查模式反映了侦查要素的结构关系和运行逻辑。按照侦查工作信息化程度的不同，学界通常将侦查模式划分为传统侦查模式和信息主导侦查模式。近年来，随着大数据技术的运用和普及，有学者进一步将信息主导侦查模式细分为业务信息主导的侦查模式和大数据驱动的侦查模式。❷ 从侦查模式对现代信息与数据技术利用水平看，对于信息及数据的获取、存储以及分析方式等差别构成了不同类型侦查模式的根本区别。传统侦查模式是一种“由案到人”或“由人到案”的侦查模式。“由案到人”侦查模式的基本逻辑是：发生案件（接到报案）— 现场勘查（案发现场）— 提取物质及心理痕迹 — 分析案情 — 发现线索 — 收集证据 — 查获犯罪嫌疑人。而“由人到案”侦查模式的基本做法是：以犯罪嫌疑人为基点，围绕其行为特征、活动轨迹、人际关系、心理特质等要素寻找线索，查明案情以及合理定罪。无论是“由案到人”还是“由人到案”，传统侦查模式不同程度

---

❶ 需要说明的是，根据我国《刑事诉讼法》的相关规定，享有刑事侦查权的机关并不局限于公安机关。为避免论述场域过于分散而可能导致的诸多问题，故本书选择以公安机关刑事侦查权作为分析对象和论证范围。

❷ 为便于表述，本书从语义上将大数据驱动型侦查模式简称为大数据侦查模式。[相关概念参考自：何军．大数据与侦查模式变革研究［J］．中国人民公安大学学报（社会科学版），2015（1）：73-74.]

表现出以现场勘查为驱动、依赖犯罪现场痕迹证据，科技含量较低等特征。❶随着科技的不断发展，社会发展信息化已成趋势，犯罪活动亦随之呈现出数字化、智能化、虚拟化、隐蔽化等特征。例如，以网络诈骗为代表的非法利用信息网络犯罪中，犯罪行为地难以借助传统的犯罪空间理论在地理维度上进行坐标界定，而只能通过网络空间进行数字化的追踪认定。传统的侦查模式已难以回应并解决信息化乃至数据化新型犯罪带来的种种问题。而大数据时代的到来，更是凸显了传统侦查模式与新型犯罪之间的紧张关系。从认识论和方法论角度看，大数据不仅仅指向海量的数据，它更强调对数据的整合、分析、研判、预测等专业化处理。探寻事物发展变化的新知识、内在联系及其规律，在获取价值信息的基础上提升认识、分析以及决策能力，这才是大数据带给我们的启迪。❷ 在此意义上，大数据应当成为公安机关办理刑事案件的一种新思维、新方法，成为一种能够对案件分析、预判与决策提供有力帮助的武器。

二、大数据侦查的特征与功能优势

在大数据时代，借助科技手段实施的智能化犯罪日益增多，并且此类犯罪隐蔽性强、取证难等特点使得传统侦查模式面对这些犯罪时的侦办难度越来越大。在此背景下，大数据侦查应运而生。借助于在历史案件比对、犯罪趋势分析和犯罪模型搭建等方面的优势，大数据侦查迅速成为当前各国警察部门广泛使用的侦查手段。❸ 需特别指出的是，大数据侦查并

---

❶ 有学者认为，传统侦查模式下信息的分析研判科技含量较低，能否破案主要取决于侦查人员的经验，投入人力的多少，甚至包含运气成分。如果说这种侦查模式能够满足传统静态、单一的社会及犯罪形态的话，那么在信息化、数据化的社会形态下则很难满足打击刑事犯罪的需要。

❷ 樊崇义，张自超．大数据时代下职务犯罪侦查模式的变革探究［J］．河南社会科学，2016（12）：40.

❸ 世界上最早利用大数据进行犯罪侦查的做法始于美国纽约市警察局于 1994 年启用的治安信息管理系统 CompStat，它是一种以数据情报为基础来分析并确定警力资源分配、犯罪预防和打击对策的新型的情报信息主导下的警务战略模式（详细信息可参阅 https://www1.nyc.gov/site/nypd/stats/crime-statistics/crime-statistics-landing.page）。

非简单将大数据作为一种技术或手段应用于刑侦工作，而是一种集侦查思维、侦查方法、侦查机制、侦查理念为一体的全新侦查模式。事实上，正是大数据侦查凭借其优越的特性与功能推动着公安机关侦查模式的转型与变革。

1. 多维度侦查有利于拓展侦查思维

所谓多维度侦查，是指大数据侦查注重对信息、数据获取以及分析的全面性，力求从时间、空间、事件及人物等各个维度收集海量数据。与传统侦查模式主要依靠经验和逻辑分析、试错式的办案手段相比，大数据侦查能够快速获取与犯罪案件及嫌疑人相关的几乎所有信息。例如，案件发生后，公安机关除了能够通过现场勘查、走访询问等传统侦查手段获取必要的案件基础信息外，还可以通过调取视频监控、通话记录、网络聊天或交易记录以及空间定位等方式，甚至可以通过采集公众数据的方式迅速获取案件相关信息、展开分析研判、锁定犯罪嫌疑人。这种突破时空限制的大数据采集和分析方式突破了时间、地域和人物维度的限制，能够立刻将摸排范围扩大到整个社会甚至全球各国。传统侦查思维一般是根据有限条件，提出侦查假设，然后按逻辑关系推理、验证假设，侦查视野局限于线索周围的信息，是一种点到点的单线条、线性式侦查思路。而大数据侦查能够将侦查视野从现实物理空间拓展到虚拟数字空间，侦查工作可以通过收集海量数据信息，从时空、人物、事件等多维度进行全景式、立体化的数据搜索、运算、比对和分析，向信息要线索、向数据要证据，以此修正侦查人员的直觉和偏见，使侦查工作更加趋于客观、理性。在大数据侦查思维下，事物之间的因果关系已非绝对首要的侦查思路，寻找事物之间的普遍联系则成为侦查人员的全新视野。[1]

2. 合作型侦查有利于整合侦查资源

合作型侦查是指将侦查活动中原本分散的，不同层级、不同地域的主体及其行为整合到一起，以数据共享机制为纽带所形成的一种互联互通、

[1] 樊崇义，张自超．大数据时代下职务犯罪侦查模式的变革探究［J］．河南社会科学，2016（12）：41.

有机合作的侦查方式。在传统侦查模式下，侦查资源的配置是以行政区划为基础展开的不同层级、不同业务部门的“条块结合、以块为主”的分配模式。由于缺乏高效、稳定的信息联通与合作机制，使得侦查合作并不容易，既表现为公安机关内部各职能部门间的沟通不畅，也包括公安机关与其他机构或社会力量的联动乏力。大数据时代下，数据共享能够产生价值，建立高效的合作机制已成为各行业普遍共识。大数据驱动侦查模式要求打破侦查信息的行政区划界限，颠覆传统侦查的金字塔式层级决策和指挥结构，以侦查信息“共建、共管、共享”为目标，构建全方位互联互通的侦查信息网络，实现由孤军作战的区域型侦查格局向联合作战的跨区域型侦查格局转变，最大限度地提高侦查整体效能。❶

3. 预测型侦查有利于提升侦查效能

传统侦查模式是一种回溯型侦查，遵循着“案件发生—侦查介入”的基本方法，侦查逻辑在于重建过去，但时空、人员的流动以及不可逆等因素严重制约了侦查的效率和质量。❷ 在大数据时代，侦查介入案件的时间得以借助大数据运算而大大提前，不仅在很多情况下能够做到侦查行为与犯罪行为时间同步，更能预测特定时空条件下犯罪行为的发生，使得“主动型侦查”成为可能。大数据的重要价值之一是预测，即借助大数据对信息的收集、筛选、分类、比对、运算等一系列技术过程，既能够锁定并预测单一个体的犯罪概率，还能够预测某一时间、某一地点某种类型犯罪的发生概率，甚至能够测算某一区域乃至全国的某种类型的犯罪趋势，侦查视野得以由过去、当下提前到未来。借助预测型侦查这一特征，能够使侦查方案设计、侦查手段筛选、警力资源调配等侦查行为更具有科学性、实

---

❶ 此类合作平台如公安部主推的“金盾工程”（公安通信网络与计算机信息系统建设工程），它包括“全国违法犯罪信息系统”“全国公安指挥调度系统”“全国公共网络安全监控系统”等信息平台，且正在将“消防安全系统”“交通管理系统”“出入境管理系统”“禁毒信息系统”等整合其中。“金盾工程”是公安机关利用现代信息技术，增强统一指挥、快速反应、协调作战打击犯罪能力，提高公安工作效率和侦查水平，满足大数据时代不同警种和部门间互联互通、协同作战需求的重要举措。

❷ 何军．大数据与侦查模式变革研究［J］．中国人民公安大学学报（社会科学版），2015（1）：77.

效性，“好钢用在刀刃上”，变被动跟随为主动出击，切实提升刑事案件的侦办效能。

三、公安机关侦查模式转型中应注意的问题

侦查权作为打击犯罪的重要国家权力，其既拥有极强的侵略性，又同时兼具人权保护之面向，如何对其侵略性进行法律规制，使之在面对犯罪时既能展示其强权性，又能在面对人民时收敛其侵略性，寻求侦查权与人权之间的平衡一直是学界和实务界关注的话题。大数据时代中，大数据技术在满足现代侦查需求的同时也引发了不少担忧：在专门立法缺位的情况下，大数据侦查如何规范运行？在近乎无孔不入的大数据侦查面前，以隐私权为代表的公民权利如何保障？侦查模式转型过程中，公安民警作为侦查主体是否能够适应这种变革并满足了大数据侦查所需要的观念和技能？现有制度设计能否有效规范大数据侦查？追问和反思这些疑问构成了公安机关侦查模式转型中值得重点关注的问题。

（一）确立大数据侦查应遵循的基本原则

大数据时代中，侦查权以大数据侦查的形式更为精准、高效地打击着刑事犯罪，但借助于近乎无孔不入的互联网和尖端通信技术，侦查权在获取犯罪信息的同时，同样能轻而易举地获取海量公民个人信息，其中不乏涉及公民隐私权、财产权的信息。近年来，我国发生的数起案件[1]表明，

---

[1] 2012年10月，河南省商城县公安局民警童某非法获取、出售公民个人信息1.2万多条，牟利6万余元，依法被判处拘役（详情可参阅陕西法制网，http：//www.shxlaw.com/view-6174-1.html）；2016年7~8月，洛川县公安局交警大队事故中队民警孟某因擅自将公安数字认证书借给他人使用，致使公民个人信息被违规查询、出售2 000余条（详情可参阅央视网，http：//news.cctv.com/2016/12/26/ARTIS5AZkJ-FywUqzbXMMvAHJ161226.shtml）；2016年1月6日，安徽警方官方微博发布3张抢夺幼女案件犯罪嫌疑人的正面照，并象征性的在嫌疑人照片头部位置打上“文字马赛克”（并未有效遮挡面部）。该消息被大量转发并引起热议，部分网友表示“这是史上最帅马赛克”，但也有网友表示此举涉嫌侵害犯罪嫌疑人隐私权（详情可参阅人民网，http：//hb.people.com.cn/n2/2016/0108/c192237-27497557.html）。

大数据侦查如同一把“双刃剑”，若控制不当势必对公民权利造成侵害。在当前我国大数据侦查专门性立法阙如的情况下，确立其应当遵循的基本原则是指导大数据侦查有序推进的首要问题。

1. 大数据侦查应当受比例原则限制

比例原则作为源自行政法学中的重要原则，意指行政行为应兼顾目标实现和相对人权益保护，若目标的实现可能对权益造成不利影响，那么该影响应被控制在尽可能小的范围和限度之内，二者要有适当比例。比例原则虽为行政法上控制自由裁量权的重要原则，但早已被各部门法所借鉴和吸收。具体到侦查实践中，大数据侦查作为侦查机关打击犯罪的侦查手段，其适用必须具有正当目的，即不能为私人目的或利益所使用，这是大数据侦查适用的前提。在此基础上，其使用必须具备必要性，即不可替代性原则。换句话说，大数据技术已成为犯罪侦查必需的手段，在别无他法的情况下，侦查机关应当选择对公民权利最小侵害的方式实施。确立大数据侦查比例原则的意义在于，让侦查权运行兼顾公益和私益，在目的与手段间寻求利益平衡，在价值取向上与法治公安建设和人权保障相一致，也符合新时代中国特色社会主义法治国家建设的目标要求。

2. 大数据侦查应遵循权力溢出防范原则

大数据侦查在对违法犯罪行为进行打击的同时，基于当前技术上的局限，难免附带性获得尚无违法和犯罪嫌疑的普通公民的个人信息。为避免“误伤”事件发生，有必要确立侦查权溢出防范原则。也就是说，虽然大数据技术的应用使侦查能力实现了质的提升，但更强的信息收集与监控能力往往容易侵入普通民众的日常生活，[1] 如无处不在的监控探头极易引发隐私权保护危机。为此，侦查机关应自谦自抑，妥善运用大数据侦查措施，不得滥用此项权力，避免过分影响普通公民的权益。

3. 确立大数据侦查决策和运行中的权责对等原则

所谓权责对等原则，是指权力拥有者所拥有的权力应当与其所承担的

---

[1] 任惠华，金浩波．人工智能侦查的实践应用与制度构建［J］．河北法学，2018（6）：52.

责任相适应的原则。对侦查机关而言，明确权责对等原则的意义在于，强调侦查决策和执行人员的责任，避免权力滥用。为此，一是尽可能明确大数据侦查措施审批和执行岗位责任制，明确相关责任；二是建立侦查权运行监督机制，大数据侦查应当接受来自上级、同级、社会、媒体等各方面的监督，利用监督倒逼侦查机关谨慎用权、尽职尽责；三是实行责任追究制度，要对大数据侦查过程中的重大失误进行追查，并按责任情况予以追责。结合当前警务实践需特别指出的是，相关领导因指挥不当或不作为的，同样构成失职，也必须追究责任。

（二）重点防范大数据侦查对公民隐私权的不当侵犯

对于身处大数据时代的人们来说，不胜其烦的垃圾短信、推销电话以及APP盗取信息等遭遇所折射出的个人信息乃至隐私泄露问题日趋严重。大数据侦查在打击此类违法犯罪时，同样可能因对个人信息的不当采集、使用而侵犯公民隐私权。其一，网络侦查与监控对私密信息的侵犯。侦查实践中，利用互联网将特殊软件程序植入犯罪嫌疑人电脑以搜集其犯罪证据是常见的技侦手段，但同时也可能将“嫌疑人”与案件无关的私密信息一览无余，这种未经许可便侵入他人私密空间的行为是否具有法律授权和履行了正当程序饱受质疑。❶ 为维护网络安全与秩序，公安网安部门依法有权对网络进行实时监控，既包括对网络通信中的数据和信息进行截获、解密、追踪以实现对犯罪信息的掌控，也包括日常网络监视、过滤不良信息、监控网民网上活动。换言之，网络监控过程中触及公民个人信息甚至隐私的情况在所难免，如果控制不当该权力将成为公民隐私权的极大威胁。其二，身份、行踪等私人信息的违规调取与使用。公安信息平台能够让民警快速查询任意公民的户籍、车辆牌照、违法犯罪记录等个人信息，虽然公安部三令五申禁止违规查询，但违规为他人调取、泄露公民个人信

---

❶ 此类事件的典型如宜宾杨化军案：宜宾南溪县男子杨化军（化名）因在家浏览和下载黄色淫秽图片而被公安局网监大队查处并罚款3 000元，此事经媒体报道后引起热议。宜宾警方随后对此复查并作出“对杨化军的处罚适用法律不当，撤销原处罚决定”的回应（详情可参阅网易，http：//news. 163. com/10/0327/05/62OQT5SH0001-46BB. html？ ad=1）。

息的现象依然屡见不鲜，如违规查询并外泄公民宾馆入住记录的行为已然构成对隐私权的极大侵犯。其三，指纹、DNA 等个人信息的不当采集。指纹、DNA 等信息因专属性、唯一性而具有人格权、隐私权属性，国家有义务保护公民此类信息的知情权和自决权。在指纹信息广泛使用（如指纹支付、指纹锁等）的今天，公安机关管理不当造成指纹信息泄露或滥用无疑将造成财产和信誉的极大损失。又如，刑事案件侦办中经常需要对犯罪嫌疑人、被害人以及相关人员进行指纹、掌纹、毛发、DNA 取样等鉴定、取证措施。但在许多案件中，被害人、当事人近亲属等相关人员的取样工作并未依法依规进行，存在欺瞒或强迫取样的情况。并且，如何保障这些私密信息被妥善保存以及合法使用需要公安机关建立起相关数据信息的内部防控机制，否则个人信息存在着被随意查询、使用、传播的风险。其四，违法犯罪信息的不当泄露。大数据侦查在违法犯罪信息比对时，通常会牵连出嫌疑人既往的违法信息，如卖淫嫖娼、吸毒、赌博等违法记录，不少办案人员并未将这些信息视为应当保密的对象而是随意将其透露给当事人家属、单位甚至予以公布，涉嫌侵犯隐私权的同时还容易引发连锁矛盾，影响家庭和社会关系稳定。其实对于违法者而言，违法行为并不能成为限制或牺牲人格尊严的正当理由，他们仍应享有包括隐私权在内的宪法所尊重和保障的基本权利，侦查机关未经慎重权衡便将有关违法犯罪信息予以曝光做法的正当性值得商榷。

综上所述，在我国隐私权立法不完善、缺乏有效法律规制的情况下，当前网络数据隐私权的保护更多依赖于行业自律。为此，公安机关应当建立大数据应用监管机制，在大数据侦查中对涉及公民隐私权的行为实施审批机制。同时应努力将各项侦查措施和程序规定制度化、流程化，对侦查活动进行全方位的监督和干预，通过侦查权的自我抑制将其对公民合法权益的侵害降至最低。

（三）整合侦查资源，塑造大数据侦查理念

虽然公安机关信息化建设已推进多年，但在国内许多地区，由于观念更新、警力配置等诸多因素掣肘，不少地方公安机关信息化水平仍旧偏

低。一方面，由于多数侦查员缺乏系统、专业的“大数据”理念与技能训练，实践中还不能熟练使用高科技设备收集、分析证据，仍习惯于采用传统侦查模式办案，致使大数据侦查理念未能充分确立。另一方面，当前各地侦查部门通常是情报与业务部门相对分立的格局，业务部门侦查员通常不熟悉数据情报应用，而情报部门懂技术但警力少、任务重，再加上两部门交流融合机制缺失，致使大数据侦查难以得到深度应用。针对这种情况，应从以下两方面入手加以改善。

1. 大力开展专题培训，全面塑造大数据侦查理念

侦查工作显然不能仅依靠“数据”，关键还是要依靠“人”来落实，因此，培养符合信息化发展理念要求的侦查员是当下提升侦查实战部门战斗力的关键举措。例如，可充分利用在职培训机制，将大数据侦查作为进修培训的必修科目，重点普及大数据侦查理念，让每一个基层民警塑造起信息化、数据化的侦查意识。同时可以举办面向侦查部门警力的专题研修班，重点展开大数据侦查技能训练，如在培训中设置互联网技术、犯罪情报学、现代科技犯罪与对策等与大数据侦查紧密相关的专题培训，通过技术训练促进侦查员科技意识、数据理念的塑造，让“人”的因素满足公安机关侦查模式转型的需要。

2. 打造专业大数据侦查队伍

公安机关侦查模式转型建设的每个环节都需要依靠专业人员完成。例如，警务大数据合成作战平台的建设、维护离不开专业技术人员的参与；对纷繁复杂的大数据信息进行分析研判、提炼出有价值的信息需要熟悉侦查规律、掌握侦查技术的资深侦查员实施；重大智能型、科技型犯罪案件的侦查指挥需要善于利用信息技术手段的领导运筹帷幄。在此意义上，我们必须培养一支懂指挥、懂技术、懂管理的大数据侦查专业队伍。一方面，应当整合现有侦查资源，设置专门的信息侦查部门，招募拥有技术专业背景侦查员的同时，将刑侦业务部门中的骨干力量部分调入，在办案中将两种力量融合为高效精干的大数据侦查专业职能部门；另一方面，即使在维持现有情报和刑侦部门分立格局的情况下，也应当建立两部门间常态化的联合作战机制，保持信息时时畅通，优化指挥决策、沟通协调以及人

员流动机制，精简内部流程、提高办案效率，力求打造一支符合大数据侦查规律和需求的专业化侦查队伍。

（四）完善大数据侦查规范运行的各项规章制度

1. 建立健全大数据信息收集管理制度

一是要探索和构建多渠道数据信息获取机制。在信息时代中，大数据侦查需要海量的数据支撑，数据信息掌握得越全面，情报分析才能更准确。但仅依靠公安机关收集信息显然无法满足打击刑事犯罪的需要，必须充分利用制度资源，联通其他政府部门和企业数据库，拓展数据获取渠道和方式，实现数据共享，丰富数据信息库。二是对数据的收集和存储实行分类管理和监测。为提高数据信息使用效率，应针对不同的数据信息类别进行类别化处理，形成主题不同的数据信息库，实行分门别类的管理与监测，避免数据调取时的混乱和低效，真正提升大数据侦查的效率。[1] 三是建立健全数据信息收集合法性审查机制。为避免侦查机关利用技术优势强势获取私人或商业信息，大数据侦查信息的收集必须合法依规进行，公安机关有必要明确大数据信息收集方法、程序和审批标准，从源头控制好大数据侦查的规范运行。

2. 完善大数据使用管理制度

一是建立数据信息甄别机制。数据信息的真伪和关联度对大数据侦查的效果影响重大，数据信息的甄别环节至关重要，因此应尽可能从制度上设计一种甄别数据信息的科学方法，将虚假信息或无用信息从海量数据中滤除，从而为案件侦破提供可靠的数据支持。二是对大数据信息的使用进行规范管理。大数据信息的规范、合法、合理使用事关侦查活动在刑事诉讼中的最终效果，因此有必要完善、补充现有侦查规范，将大数据信息提取和使用环节进行制度性地梳理，或建章立制或填补漏洞，将侦查中大数据信息使用环节纳入法制化管理。

---

[1] 陈纯柱，黎盛夏．大数据侦查在司法活动中的应用与制度构建［J］．重庆邮电大学学报（社会科学版），2018（1）：35.

3. 建立大数据侦查合法性评价机制

一是整合、完善大数据侦查法律依据。公安机关刑侦部门作为行政机关中的特殊力量，具有“准司法”属性，大数据侦查除了要遵守《人民警察法》等警察基本法律外，还要依据《刑法》《刑事诉讼法》《公安机关办理刑事案件程序规定》《关于办理刑事案件收集提取和审查判断电子数据若干问题的规定》等刑事司法依据运行。侦查员在办案中要掌握庞大且层级不等的执法依据并不容易，因此公安机关应及时将与大数据侦查相关的法律依据汇编成册并集中对侦查员进行执法规则培训。二是将大数据侦查全过程纳入监督及绩效考核体系。为规范执法纪律、提升执法效能，各地公安机关均设置了相应的执法监督和绩效考核体系，将民警执法的过程、效果纳入监督考核。作为未来重要的执法形式，大数据侦查相关内容也应纳入其中。三是建立健全大数据侦查追责管理体系。权责一致是侦查权运行的重要原则，故应当将那些违纪违法、侵犯公民权利的执法行为纳入监督范围，对大数据侦查中负有故意或重大过失责任的执法者实行追责机制，通过制度倒逼执法民警规范化执法。

参考文献

一、著作

[1] 蔡定剑．宪法精解［M］．北京：法律出版社，2004.
[2]［法］孟德斯鸠．论法的精神：上册［M］．张雁深，译．北京：商务印书馆，1992.
[3] 屠春友．中国共产党执政新理念研究［M］．北京：中共中央党校出版社，2006.
[4] 谷春德．中国特色人权理论与实践研究［M］．北京：中国人民大学出版社，2013.
[5]［英］戴维·M. 沃克．牛津法律大辞典［Z］．邓正来，等译．上海：光明日报出版社，1988.
[6]［法］让·雅各·卢梭．社会契约论［M］．何兆武，译．北京：商务印书馆，2003.
[7] 林喆．权力腐败与权力制约［M］．济南：山东人民出版社，2009.
[8] 王人博，程燎原．法治论［M］．济南：山东人民出版社，1998.
[9] 卓泽渊．法理学［M］．北京：法律出版社，2000.
[10]［日］田口守一．刑事诉讼法［M］．刘迪，等译．北京：法律出版社，2000.
[11] 姜明安．行政法与行政诉讼法［M］．2版．北京：北京大学出版社，2005.
[12] 惠生武．警察法论纲［M］．北京：中国政法大学出版社，2000.
[13] 江山．人际同构的法哲学［M］．北京：中国政法大学出版

社，2002.
[14] 卢云．法学基础理论［M］．北京：中国政法大学出版社，1993.
[15] 黎国智．行为法学在中国的崛起［M］．北京：法律出版社，1993.
[16]［澳］吴明安．马来西亚司法制度［M］．张卫，译．北京：法律出版社，2011.
[17] 陈卫东．模范刑事诉讼法典［M］．北京：中国法制出版社，2005.
[18]［美］艾伦·德肖维茨．你的权利从哪里来［M］．黄煜文，译．北京：北京大学出版社，2014.
[19] 许海峰．法律监督的理论与实证研究［M］．北京：法律出版社，2004.
[20] 胡锦光．宪法学关键问题［M］．北京：中国人民大学出版社，2014.
[21] 余凌云．警察行政权力的规范与救济——警察行政法若干前沿性问题研究［M］．北京：中国人民公安大学出版社，2005.
[22] 韩大元，王建学．基本权利与宪法判例［M］．北京：中国人民大学出版社，2013.
[23] 张翔．基本权利的规范建构［M］．北京：高等教育出版社，2008.
[24] 程华，高文英，叶晓川．警察行政法［M］．北京：中国政法大学出版社，2016.
[25] 余凌云．警察法讲义［M］．北京：法律出版社，2015.
[26] 李步云，李先波．警察执法与人权保护［M］．长沙：湖南大学出版社，2013.
[27] 杨建顺．行政规制与权利保障［M］．北京：中国人民大学出版社，2007.
[28] 袁曙宏，宋功德．统一公法学原论——公法学总论的一种模式（上卷）［M］．北京：中国人民大学出版社，2005.
[29] 高文英，邢捷．警察法学［M］．北京：中国政法大学出版社，2017.
[30]［瑞］皮亚杰．发生认识论原理［M］．王宪钿，译．北京：商务印

书馆，1981.
[31] 毛泽东．毛泽东选集（1~4卷）[M]．北京：人民出版社，1991.

二、论文

[1] 刘杰．论我国警察权的宪法制约与监督机制的构建 [J]．安徽警官职业学院学报，2005（2）.
[2] 刘洋．警察执法的宪法维度 [J]．中国人民公安大学学报（社会科学版），2015（2）.
[3] 刘琳璘．警察含义的宪法分析 [J]．中国人民公安大学学报（社会科学版），2012（6）.
[4] 李元起．警察权法律规制体系初探 [J]．河南公安高等专科学校学报，2010（2）.
[5] 范琦武．县级公安机关法制部门职能定位初探——以案件审核职能改革为背景分析 [J]．福建公安高等专科学校学报，2006（5）.
[6] 邵祖峰，王秀华．论公安机关执法全面质量管理体系的构建 [J]．辽宁警专学报，2007（2）.
[7] 邓国良．《人民警察法》修改应协调的几个关系之思考 [J]．江西警察学院学报，2015（6）.
[8] 朱炜．修改《人民警察法》应注意的几个宏观问题 [J]．江西警察学院学报，2015（6）.
[9] 周罗庚．共产党执政方式的重大创新 [J]．社会科学，2003（2）.
[10] 郭道晖．人权的国家保障义务 [J]．河北法学，2009（8）.
[11] 丁国锋．问题和对策：公安执法规范化的完善路径 [J]．公安研究，2013（2）.
[12] 唐洁，龙波．加强公安队伍职业化建设的几点思考 [J]．湖北警官学院学报，2009（1）.
[13] 雷鑫洪．对公安执法规范化建设一些问题的认识 [J]．公安教育，2013（6）.
[14] 张永强．进一步提高公安机关执法水平和执法质量的思考 [J]．公

安研究，2007（3）.
[15] 刘江琴．从宪政意识角度析民初有宪法无宪政的原因［J］．荆州师范学院学报，2002（1）.
[16] 张爱卿．论人类行为的动机：一种新的动机理论构理［J］．华东师范大学学报（教育科学版），1996（1）.
[17] 张军，朱菲菲．论人性化执法的合理定位［J］．广西大学学报（哲学社会科学版），2007（5）.
[18] 郑成良．论法治理念与法律思维［J］．吉林大学社会科学学报，2000（4）.
[19] 海子．美国人权教育的内容与特征［J］．人权，2013（1）.
[20] 高峰．法国学校公民教育浅析［J］．首都师范大学学报（社会科学版），2005（4）.
[21] 王云霞．人权法教学在英国［J］．华东政法学院学报，2001（4）.
[22] 潘涌．人权教育——奠定现代公民社会的和谐基础［J］．全球教育展望，2012（1）.
[23] 张雪莲．参与的方法在高校人权教育中的应用［J］．内蒙古师范大学学报（教育科学版），2011（7）.
[24] 朱力宇，于之伦．论我国高校开展人权理论研究与教育的几个问题［J］．思想理论教育导刊，2011（1）.
[25] 乔顺利．公安院校“体改生”培养模式存在问题及其对策［J］．江苏警官学院学报，2010（5）.
[26] 禹竹蕊，张春阳．公安院校行政法教学改革探索［J］．公安教育，2011（6）.
[27] 王秀哲．宪法事例教学研究［J］．河南司法警官职业学院学报，2008（12）.
[28] 周刚志，肖北庚．论法学教育中宪法事例教学的原理及其应用［J］．湖南师范大学教育科学学报，2007（3）.
[29] 谢姝玮．高职专宪法教学改革之思考［J］．辽宁高职学报，2009（6）.

[30] 范进学，杨阿妮．宪法事例评析之于宪法学研究的价值分析［J］．江苏社会科学，2008（6）．

[31] 万四平．试论警察院校院系二级管理体制下的警务化管理［J］．当代教育论坛，2009（3）．

[32] 赵理直．警察院校非公安专业学生管理的几点思考［J］．中山大学学报论丛，2006（4）．

[33] 陈卓．浅谈警察院校警务化管理中存在的问题［J］．甘肃警察职业学院学报，2007（2）．

[34] 贾海军．当前警察院校警务化管理存在的问题及对策［J］．吉林公安高等专科学校学报，2009（2）．

[35] 刘须群．警务化管理与学生的个性发展：由毕业生写给母校的一封信引发的思考［J］．辽宁警专学报，2002（1）．

[36] 阎继忠．关于警察院校警务化管理科学化、规范化的几点思考［J］．中国人民公安大学学报（社会科学版），2005（6）．

[37] 张青磊．软实力视角下的中国与东盟警务合作［J］．东南亚纵横，2013（7）．

[38] 刘为军．欧洲警务一体化的现状、制约因素与发展趋势［J］．欧洲研究，2004（6）．

[39] 刘为军．论申根协定体系与欧盟警务合作［J］．法学杂志，2006（11）．

[40] 李学阳．浅谈英国警察教育培训与培训的变革［J］．公安教育，2007（9）．

[41] 范如意．对公安机关人力资源配置问题的探讨［J］．山西警官高等专科学校学报，2007（8）．

[42] 刘姗姗．法国警察教育培训对我国警察教育培训的启示［J］．甘肃警察职业学院学报，2006（4）．

[43] 孙燕．韩国警察教育培训的现状及启示［J］．中国人民公安大学学报（社会科学版），2003（3）．

[44] 马群弟．警察职业教育与警察职业化“疏离”现象探究［J］．教育

与职业，2007（24）.
[45] 袁广林．论我国高等警察教育培训改革路向［J］．江苏警官学院学报，2007（5）.
[46] 李光文．国际警察教育培训轨迹倾向与我国公安教育改革发展归位的思考［J］．公安研究，2007（2）.
[47] 中外警察教育培训比较研究课题组．中外警察教育培训比较研究（上）［J］．山东警察学院学报，2007（6）.
[48] 张杰．俄罗斯警察高等教育改革思路探析［J］．江西公安专科学校学报，2005（1）.
[49] 杨琳．谈国外警察教育培训的特点［J］．辽宁警专学报，2008（1）.
[50] 朱飞．论我国警察职业继续教育形势与策略［J］．公安教育，2008（2）.
[51] 许韬，刘锦城．法治语境下的警察执法权益保障新论［J］．世纪桥，2012（1）.
[52] 李延军．论人民警察执法权益的法律保障［J］．福建公安高等专科学校学报，2006（6）.
[53] 赵建设．警察执法权益及其保障体系建设［J］．中国人民公安大学学报（社会科学版），2009（4）.
[54] 陈卫东．公法、私法理念在刑事诉讼中的冲突与共存——以英国被害人参与权为样本的研究［J］．湘潭大学学报（哲学社会科学版），2011（4）.
[55] 董士昙．犯罪被害人权利保护的理论与实践［J］．法学论坛，2005（2）.
[56] 何丽萍，李蓉．论侦查不作为的构成与防治［J］．中国人民公安大学学报（社会科学版），2009（2）.
[57] 程雷，吴纪奎．侦查秘密原则初步研究［J］．山东警察学院学报，2006（4）.
[58] 叶晓欣．试论公安机关对刑事被害人权利的保护［J］．公安研究，2011（9）.

[59] 樊崇义，张自超．大数据时代下职务犯罪侦查模式的变革探究 [J]．河南社会科学，2016 (12)．
[60] 何军．大数据与侦查模式变革研究 [J]．中国人民公安大学学报(社会科学版)，2015 (1)．
[61] 任惠华，金浩波．人工智能侦查的实践应用与制度构建 [J]．河北法学，2018 (6)．
[62] 陈纯柱，黎盛夏．大数据侦查在司法活动中的应用与制度构建 [J]．重庆邮电大学学报 (社会科学版)，2018 (1)．

[illegible]告知，[illegible]并且未将[illegible]处理结果告知被害人[illegible]。[illegible]有效的[illegible]

（三）被害人知情权缺乏完善有效的保障

1. 立法中对犯罪嫌疑人和被害人知情权的保护失衡

所谓被害人诉讼中被害人的知情权，是指被害人知悉诉讼进程和诉讼中的重大事项的权利。根据我国法律规定，侦查机关在对犯罪嫌疑人第一次讯问之日起，有告知其法律权利的义务，在采取强制措施、逮捕等强制措施后，也有告知其家属或所在单位的义务，且在案件侦查终结各个环节，犯罪嫌疑人均享有较为充分的知情权。而对被害人，立法仅在报案、控告时以及在各环节中规定其知情权，即便是已有的规定也未能明确告知人员、告知方式、告知期限，以及未履行告知义务的法律后果以及权利救济途径等内容，致使被害人的知情权保护与犯罪嫌疑人相比明显处于滞后状态。

2. 知情权的内容仅限于处理结果[illegible]

目前[illegible]规定了侦查机关的[illegible]告知义务，但其大都是对[illegible]的告知，而对办案过程中[illegible]可能涉及被害人重大利益的事项，如是否改变管辖、犯罪嫌疑人是否逮捕、是否取保候审、[illegible]是否退回补充侦查[illegible]，被害人在诉讼环节中始终处于信息闭塞状态，[illegible]案件早已侦查终结而被害人仍在苦苦等待处理结果的情形。

（四）委托代理权缺失造成被害人诉讼能力不足

根据《刑事诉讼法》第46条的规定，公诉案件的被害人在[illegible]提请委托诉讼代理人，但是对侦查阶段被害人是否有权委托诉讼代理人却没有规定。这种立法滞后或空白，[illegible]被害人因缺乏法律帮助导致诉讼能力不足而无法有效参与[illegible]。例如，在报案或控告时，许多被害人由于[illegible]，[illegible]

后　　记

（一）

当我作为读者阅读的时候，总是喜欢先翻阅著作的前言和后记，尤其偏爱后记。除了迅速了解作品之外，后记总能使我更多地了解作者，无论是创作背景、写作历程，还是人生经历甚至是奇闻轶事，使我感觉作者近在咫尺，平添了几分阅读兴趣与好感。于是，如何撰写自己首部专著的后记便成了难题。

左思右想，还是先从致谢几位影响我求学和学术道路的老师开始吧。

首先感谢的是我的初中班主任侯颖红老师。我初中就读于南宁市第十一中学，在化身为天桃实验学校初中部之前，当年这只是再普通不过的一所中学。整个初中阶段，无论从哪个方面看，我都只能算是一名“路人甲”学生。但恩师的一个举动改变了我。初三上学期时，也许是念我为人老实的缘故，老师不但让我担任班长，还将一名学习成绩优异的插班生安排与我同桌。我的变化就此展开：一是责任意识。班长一职不仅让我意识到我对管理好班级负有责任，也对自己负有责任。从此我便不再浑浑噩噩混日子，终于将好好学习作为奋斗目标。二是学习方法。树立目标最大的意义在于你愿意无条件地付出并为之坚持。当我感觉自己输在学习方法落后时，便全力向成绩比我好的同学取经。自此开始，我仿佛开窍和开挂一般，整个中学阶段成绩稳步提升，一路考上南宁二中（自治区重点高中）和中国政法大学。我经常会想，若不是侯颖红老师当年的关爱，也许我的人生轨迹就会完全不同。

第二位感谢的是我的硕士生导师，中国政法大学法学院田瑶教授。我是法大本科毕业参加工作后在职攻读的硕士学位。对老师而言，我也许并非全日制“正规军”，但老师并不因此看低我，而是倾其所有的学术经验与智慧，在我攻读硕士期间给予我极大的指点与帮助。她有教无类、诲人不倦的教育方式和严肃认真的治学态度对我日后的教师生涯影响很大，也为我的学术之路走稳走远奠定了坚实基础。

我还想特别感谢中国人民大学法学院韩大元教授、胡锦光教授。我在2012年赴中国人民大学法学院访学之前，原本申报的导师是韩大元教授。对韩老师这样的中国宪法学大咖来说，我只是求学路上的无名之辈。然而令人意想不到的是，韩老师不但特意回电告知其名额已满，并且特地安排我申报胡锦光教授仅剩的名额。如此一个细微之举不但实现了我的求学梦想，更是让我对韩老师的亲和与胸怀敬佩不已。我的导师胡锦光教授风趣、睿智，其卓越的口才与精湛的授课令我记忆深刻。在跟他求学的一年中，我的问题意识、研究方法以及写作能力均获得较大提高。胡老师不但数次让我参与其博士生的读书会，还邀请我参加同门家宴，席间把酒言欢、高谈阔论的场景仍历历在目。

最后感谢广西警察学院的张军教授。张军教授2013年由广西大学法学院院长调入我单位担任校长一职。张军教授是多年来单位里除我以外仅有的同为宪法学专业背景的教师，我仿佛久旱逢甘霖一般，困扰许久的学术问题终于有了讨教之处。虽为单位领导，但张教授平易近人、毫无架子，愿意倾听我的不同意见。6年来，我如同享受了免费的博士教育，跟随张军教授搞立法调研，撰写学术论文和申报国家级课题，在反复的学术训练下，自觉学术技艺有如练级般与日俱增。如今我能够自觉初具学术能力，离不开张军教授的指导与悉心教诲。

（二）

作为警察院校的法学教师，我一直秉持着一种学术观点，警察院校培养的是未来的警务工作者，其人才培养模式有别于普通法学院。警察院校的法律教学应该在遵循法学教育基本规律的前提下，融入警察职业特色，尤其应当突出警察法学教育与研究。因此，在我这18年的学术研究中，始终将宪法学与行政法学专业背景与警察业务相结合，坚持“警察法治”系列问题的探索。本书中大部分内容已经以论文形式于近些年陆续发表，之所以在此将其汇集出版，一是想将部分从未与公众见面的课题成果（研究报告）完整地展示出来，弥补之前以精缩版论文形式发表的遗憾；二是通过阶段性地梳理、整合学术成果，对自己近年来的学术思想和研究方法进行总结与反省，为日后的科研工作提供改进坐标与参考。

18年弹指一挥间，学术道路艰辛困苦，一路上幸得家人扶持帮助。我要感谢父亲、姐姐、妻子和天堂里的母亲，正因为有你们这些年生活上的照顾，我才有幸将身心投入科研之中。还要感谢爱子向恩小朋友，是你的呆萌与纯真给了我坚持的动力，尽管时常要忙于工作而无暇陪你放肆地玩耍而让爸爸感到愧疚。

感谢出版社老师们为本书出版提供的帮助。同时感谢公安部“公安理论及软科学计划项目”和“警察院校人权法教学能力提升项目”基金为本书部分内容提供项目研究基金和出版资助。因研究水平有限，本书许多观点还缺乏系统和深入的论证，还望得到各界专家学者的批评与指正。

感恩！

陈　华

谨志于邕城仙葫马鞍山